U0603637

中国社会科学院陆家嘴研究基地

Lujiazui Institute of Chinese Academy of Social Sciences

基地报告

REPORT OF LUJIAZUI INSTITUTE, CASS

总编■李 扬 主编■殷剑峰 副主编■何海峰

第3卷

中国经济增长前沿课题组■著

产业升级 效率提升——上海经验

社会科学文献出版社
SOCIAL SCIENCES ACADEMIC PRESS (CHINA)

中国社会科学院陆家嘴研究基地
主要成员

顾　　问　屠光绍　上海市人民政府常务副市长

理 事 长　李　扬　中国社会科学院副院长、经济学部主任

学术委员会联合主席

蔡　昉　中国社会科学院副院长、学部委员

吴晓灵　全国人大常委、财经委副主任委员

副理事长　王国刚　中国社会科学院金融研究所所长、学部委员

郑　杨　上海市金融服务办公室主任

秘 书 长　殷剑峰　中国社会科学院金融研究所副所长

常务副秘书长　何海峰　中国社会科学院金融政策研究中心主任

副秘书长　钱学宁　博士

学术交流中心主任　骆立云　博士

中国经济增长前沿课题组成员

执笔人 张　平　刘霞辉　袁富华　张自然 等

参加本项目调研的人员有

张　磊　陈昌兵　王宏淼　付敏杰　张小溪

张　鹏　陆明涛　李芳芳　辛　超　王　亮 等

目 录

CONTENTS

第一章

世界城市发展与产业效率提升——上海样本

摘　要

本章是《上海市创新转型发展指标体系研究》提出的“持续效率改进推动结构变革”命题的延续，基于上海的发展阶段和新的经济理论视角，对上海当前和今后五年逐步深化的“世界城市发展和产业效率提升”给出了问题分析和趋势评估。

课题组得出的基本结论

上海处于关键转型期，作为今后一二十年中国发展的新示范，要求在战略上有突破性思维和举措：（1）上海要从作为增长极发展起来的特大城市，转向参与国际竞争的国际城市；要从作为主导外围制造基地发展起来的副控中心城市，转向作为服务于全球资源再配置和高端产业链延伸的主控中心城市。（2）上海必须解决工业化时期运营系统、管理体制等的分割问题，加速产业横向融合，提高知识配置力，加快制度矩阵创新，培育城市聚集－创新潜力。（3）进行产业结构转型，提高服务业的效率和生产系统升级，通过可贸易现代服务业体系的建立，沿着效率提升技术创新系统，促进现代制造业零部件的国产化；通过加工度深化和一体化潜力的开发，使上海生产系统内生于国际分工之中。（4）借助自贸区的制度实验，突破传统体制对金融、医疗、教育、信息、法律等现代服务业的羁绊，着重探索金融和财税的体制试点改革，形成参与全球竞争的新体制。

上海市面临的问题

进入新世纪以来，2013年城市化率突破90%，进入了稳定期，投资推动乏力，消费拉动超过了投资；上海市服务业增加值比重超过50%，工业规模化扩张动力减弱，近年来表现出持续的“结构性减速”，增长落潮过程中产生了各种各样的体制分割问题并且其对持续增长的摩擦开始加剧。

从其他国家经济追赶经验看，一旦高增长模式启动，工业化的强大推动力将发生作用，“增长极”的资源集聚能力持续累积。此时，经济的主要矛盾和问题集中于规模化扩张，同时把制度安排及过程调整置于一种被动适应的地位。而当经济减速时，规模化工业扩张所带来的负面影响便开始显现。从经验看，有两种力量制约工业化规模扩张：一是工业资源的不足；二是土地租金的上升。两个因素迫使资源环境消耗型重化工业发生转移，“增长极”消失，经济减速发生。

经济由高速增长转向低速增长，一些制度缺陷和经济矛盾便开始凸显出来。典型的是所谓的“结构双重性”问题。与历史上拉美、日本等初级重化工业化高增长结束后所面临的问题相似，上海也不得不面对诸如大型企业和小型企业效率、工资双重性差异及产业间效率工资差异等问题，这些矛盾将是生产系统梯度由初级（传统）重化工业化向深加工度化持续爬升的重要阻力。上海“结构双重性”根源于自身生产组织安排问题：不但面临工业化带来的生产运营制度的分割——每一个产业纵向分割，要素横向基本不进行交换，更严重的是传统计划体制带来的部门分割。以开发区为例，每个开发区从园区名字就能看出主管部门，开发区成了部委的自留地。课题组走访的大量企业的共同特点就是，只要能翻越制度分割的篱笆，就能获得创新的利润。不论是金融企业、技术创新企业、互联网公司、德国的职业培训机构、开发区甚至是医院，都迫切需要进行体制变革以打破分割，推动创新发展。

更为重要的是，在上海结构性减速日渐显著的情况下，如果分割问题解决不好，很可能从与国际结构型互补转变为“结构平行”，形成比较劣势。即当上海这样的大城市演化出类似于发达国家的产业结构（或者产业服务化）时，如果依然坚持原有“干中学”技术模仿路径，那么制造业和服务业效率提高要受制于发达国家的技术扩散，而成本又大大高于后发国家，将形成国际市场竞争的“双重比较劣势”。随着上海的资源约束加剧、劳动力成本提高，如果不能及时转型，制造业比较优势不久将丧失殆尽。上海服务业本来因受管制效率就低，“双重比较劣势”已经逐步显现。这种双重比较劣势的后果，比单一工业化时期对经济的打击还要大。

上海市经济转型的理念

上海是新兴经济体特大城市发展的典型样本之一，它得以成功的基点是其通过政府的特定政策集聚了大量资源，在产业上则表现为劳动分工的深化。分工创造效率是经济学诞生时就已经确定了的基本经济规律之一，该理论最成功的应用对象是工业化，特别是生产各类标准品的工业产品。但是，过细的劳动分工产生的最大问题是，企业的生产或经营体系过度标准化，资源分割，人的作用变得越来越小。现代经济理论表明，经济中真正活跃的要素，也是可以长期促进经济增长的应该是创新和人力资本的提升，也就是人的作用应该变得越来越大。从目前的情况看，政府可以通过一定的政策集中资源，但是，如果人的作用变得越来越小，产业和分工就会越来越细。这些资源就很难得到集聚所产生的正效应。上面的分析表明，上海目前缺的不是资源，而是这些资源在现阶段不能得到有效的组合和使用。这就要求我们重新思考，上海该如何从过去追求分工深化来创造效率，转向集聚创造效率上来。

作为中国经济的心脏，上海长期扮演着发动机的角色。它既从国外吸收技术和资源，又将这些资源和技术向国内扩散；它既从国内吸收人才和资金，又向国外出口中国制造的各种类型的产品。但是，如果从全球经济的角度看，上海本质上内生于中国的经济体制和经济系统，外生于全球经济系统；它是全球经济的参与者，但不是全球经济体系的决策者，更不是全球经济规则的制定者。从本质上说，它属于全球经济的外围，而不是核心决策层。上海所追求的世界城市，其目标应该是将上海内生于全球经济体系，并成为其中的参与者和决策者。上海自贸区的建立向此目标已经迈进了一步，但路还很长。

服务业从“分工结果”到“增长条件”，最终成为“创新推进器”。从生产关联角度看，对于服务业的作用，存在两种认识：“结果说”和“条件说”。“结果说”认为服务业作为经济增长的结果而存在，或者近似表述为，服务业作为工业化过程分工的一个环节而存在。“条件说”认为服务业的重要性远超过单纯生产率的衡量范畴，在很多情况下，服务业不是增长的结果，而是增长的前提条件。目前，全球价值链（GVN）已经将产品设计、品牌分销、管理和金融服务以及产品技术定义为微笑曲线的利润两头了，而一般制造是最低端的，服务已经成为驱动经济的动力条件。1985 年联合国贸易发展理事会的研究报告指出服务业是增长的条件。1990 年之后服务业的研究受到欧洲各国的广泛重视，到了 21 世纪，互联网已经推动全球服务业展开了大范围贸易。以互联网推动的服务业可贸易带动了基于复杂产品系统的技术创新和智能制造体系的发展，已经构成了新的全球创新动力，也成了发达国家对发展中国家进行利润获取的新工具，当前的全球服务业谈判都直指这方面。我们希望上海市经济转型架构建立在创新的服务业平台上。

上海市生产系统转型的方向

发展成功的经济体，如日本、韩国、中国台湾，其生产系统以制造业转型为核心进行梯度升级的两条并行路径是：产业的加工度深化和制度矩阵更新。这也是上海生产系统转型的方向和趋势。

从工业化国家成败的经验教训看，生产系统转型成功与否，关键就是看能不能迈过制造业深加工度化这道门槛。深加工度化的魅力和挑战，就在于该阶段有一个不同于初级（或传统）重化工业化阶段的鲜明的特征，即生产的网络化和默认知识。此时，保持稳定（均衡）增长的制度安排必须重新构建，不能依靠本土资源的增长极进行扩张，而要积极参与到国际要素流的主动配置过程中，从制造中心向服务中心转变，主动调整制度安排是这一阶段所必须要经历的过程。

深加工度化阶段，无论是汽车、飞机还是现代电子产品，其生产的支撑单元是高附加值零部件，其组织形式是围绕装配线生产的一系列网络化零部件供应商，纵向和横向联合组成了一个生产综合体（或企业集团）。一旦这样的企业集群形成，便具有了生产环节上的垄断优势。典型的例子是，发达国家的汽车生产商向国外转移，常常连同其主要零配件供应商也一起转移（或者零部件从母国进口），因为FDI接受国在短期内不可能建立起本地高质量的服务商。更重要的是，深加工度化阶段的企业集团不仅是一个技术概念，它更多的是生产组织管理观念，大量技术知识、管理知识都以默认知识（师傅带徒弟，口传身教）的形式存在，这需要通过大量的培训、试错才能获得。

制度矩阵更新的目标是促使生产系统梯度爬升，我们提出两阶段的创新路径：第一阶段为分割打破，即通过制度整合和激励规则消除分割，这是城市经济的核心层面，我们把这样的创新叫作“初级创新”。协调管理的初级创新，本质上是生产组织和制度的整合，由初级重工业化向深加工度化和纵向一体化演进的十字路口是至关重要的。从生产系统结构梯度看第二阶段创新，“次级创新”发生在生产集成化时期，与深加工度化的纵向一体化相比，这个时期工业部门内部、工业与服务业之间，城市生产与生活消费之间，已经形成致密的纵横网格。因此，由“初级创新”向“次级创新”的演化，是自主创新普及的时期，不可能通过蛙跳实现。

面对初级重化工业化后增长减速，我们认为，上海现阶段首要的任务是治理分割问题，即要想实现生产系统的深加工度化，制度矩阵需要更新，目的是增强上海新增长阶段的制度适应性效率。只有横向的制度支撑建立起来，上海才有可能走向有效率的稳定路径，进而爬升到次级创新的梯度。

上海市作为世界城市的核心命题

全球经济发展经验表明，从工业化阶段向城市化阶段演进过程中，服务业发展导致的结构性减速是存在的。但是发达国家保持竞争优势的核心仍是服务业和制造业的效率改进，尽管各国策略不同。

初级重化工业化阶段，服务业作为“分工的结果”而存在。由于选择性融资主要投向工业，尤其大型重化工业，服务业仅仅作为大型重化工业的附属而存在，服务业生产率相对大型重化工业较低。之后待生产系统完成向深加工度化的转型，升级服务业、提高服务业可贸易性，才合乎经济逻辑，进入深加工阶段后，服务业是作为制造业“互补性条件”存在的，这是高级阶段的“生产条件说”。因此，我们给出的经验准则是：在生产系统梯度进入深加工阶段之后，高效的服务业效率才能创造更高的制造业效率。

世界城市就是服务于全球资源再配置和创新，它起到了全球网络控制中心节点的作用，即作为创新“缩放器”和“学中学”的知识配置力而存在，不断升级生产系统，利用制度体系服务于全球产业的要素流的配置。工业化的规模化扩张时期，初级重化工业化的技术来源是“干中学和投中学”，生产系统的知识配置能力弱，甚至对创新具有抑制作用。深加工阶段以后，随着城市化的发展，经济网络化程度更高，如果这个梯度得以顺利推进，那么网络的知识配置力会越来越强大。换言之，各种“节点”通过知识网络的相互作用，会放大知识配置能力。即通过“学中学（Learning by Learning）”不断增加网络的“知识转移能力”和企业的“知识吸收能力”，两种能力累积扩张，最终推动经济效率路径的形成。

从世界城市比较看，2010 年英国发表的《全球城市竞争力基准》报告认为，上海市的物质方面指标居于全球第一方阵，如：经济活力（Economic Strength）列全球 120 个城市的第 5 位；物资资本（Physical Capital）和金融成熟（Financial Maturity）均保持着较高的水平，略低于前 6 位城市，稳居大陆的首位。

但上海软实力就相对比较弱了，特别是：（1）制度效率（Institutional Effectiveness）低。制度效率的细类指标中包括财政自主权（Fiscal Autonomy，权重占 28.6%）、政府效率（占 28.6%）和税（包括了增值税税率和税制，权重占 14.3%）、法律执行和民主，这说明城市的成熟需要更多的财政自治，城市才能有自我发展和完善的能力。（2）社会文化和人力资本层次较低。主要差距来自文化开放、多元和活力，而人力资本中缺乏企业家精神并且存在教育质量等问题。但总体上看上海人力资本在大陆排在第一位，在全球处于中上水平。（3）全球吸引力方面：世界 500 强进驻、国际航班次数、全球领先的大学、有影响的国际会议和著名智库注册数量，在这方面上海还有很多可进取和改进的地方。

世界城市升级根本上要靠软实力，即制度、人才、企业家精神、全球资源聚集吸引力。上海已经是全球制造业“副控制中心”，即处于链接全球和区域配置的核心地位，现在要进一步突破原有增长极的制度桎梏，重塑上海的世界资源配置的服务能力，推进制度变革是关键。

几点建议

1. 打破选择性融资支持体制，还大企业和小企业公平的投融资环境

主要是打破大企业的自然、行政垄断，给予小企业在市场、融资上的便利，提升城市就业能力，增加企业创新活力。

2. 以自贸区进行全新的制度实验

第一，确立境内关外的自贸区架构，设立自贸区管委会制度，并依据自身需求设立组织机构，割断原有纵向体制对自贸区的延伸，否则打破纵向切割就成了空谈；第二，探索区域拥有适度立法权，建立财政和税收的相对独立体制，建立符合国际标准的法规体系，适应国际资源配置需要；第三，探索建立高效的监管模式。

3. 自贸区的建立着重探索世界城市的财税和金融的改革，为中国未来发展找出新的路径

集中在：（1）探索建立与国际接轨的地方税制体系，如向居民开征零售税（VAT）、由居民消费时缴纳的价外增值税，进而探索不动产税等，形成地方体制；（2）探索资本项下自由兑换，为探索多层次全球金融服务体系开路。

4. 加强知识产权保护和人力资本提升

第一，有效落实公共资助研究知识产权保护。第二，尝试适度吸收德国知识产权管理的发明人原则，充分保障研究人员参与技术创新的权利。具体地讲，就是将公共资助研究成果首先归属于研究人员，只有通过特定的行为程序才能转化为公共研究组织的财产。第三，要求公共研究组织成立专业化技术转让部门，实施排他性专利许可，并激励其建立高科技衍生

企业或初创企业，以增强公共研究组织，特别是研究人员参与创新合作的谈判能力，从而发挥基础研究在突破性创新中不可替代的作用。第四，借鉴英国模式，由政府资助机构在体制、融资和技能上对公共研究组织成果商业化活动提供一次性的全方位扶持。第五，重塑公平的市场竞争环境，按照十八届三中全会的精神尽快建立知识产权法庭，确保创新外溢效应发挥。在保护知识产权的同时，提升人力资源的培训系统，增加人力的聚集，保证服务业的提升和生产系统升级。

第一节 导言

本次研究是《上海市创新转型发展指标体系研究》提出的“持续效率改进推动结构变革”命题的延续，主要基于上海的发展阶段和新的经济理论观点对上海当前和今后五年逐步深化的“世界城市发展和产业效率提升”进行关键要素调研和测量。我们对金融机构、科技创新企业、开发区、医院、互联网培训组织、德国商会等十家机构展开调查，并对劳动力市场、产业、制度分割和服务业的外部效应做了测量，给出了上海发展趋势的政策性评估。

课题组得出的结论如下：上海正处在一个巨大的转型过程中，作为今后一二十年中国发展的新示范，要求在战略上有突破性思维和举措。我们认为：（1）上海要从作为增长极发展起来的特大城市，转向积极参与国际竞争的国际城市；（2）上海必须打破工业化时期运营系统、管理体制等的分割现状，加速横向融合，形成现代聚集－创新的城市和创新的制度矩阵；（3）坚决进行产业结构转型，提高服务业的效率和生产系统升级，通过现代服务业可贸易体系的建立，提升产品复杂系统技术创新，沿着效率提升阶梯一步一步向前；（4）加大对现有经济管理体制的改革，特别是借助自贸区的制度实验，摆脱诸多传统体制的羁绊，形成一个可参与全球竞争的新体制。

作为具有深厚工业化底蕴的大城市，改革开放30多年来，上海一直处在城市化、经济服务化发展的快车道上，大致分为两个时期：第一个时期是以工业化为推动力的规模化扩张时期，超高的经济增长速度一直持续到2007年，即我们前期《上海报告》所谓的“结构性加速”时期；第二个时期是，进入新世纪以来，上海市服务业增加值比重超过50%，规模化经济扩张动力减弱，近年来表现出持续的“结构性减速”。随着工业化规模扩张向城市化成熟时期均衡增长的演化，经济矛盾也将表现出本质上的不同。从世界其他国家经验看，一旦高增长模式启动，工业化的强大推动力将发生作用，“增长极”的资源集聚能力将持续累积。此时，经济的主要矛盾和问题集中于规模化扩张之上，同时把制度安排及过程调整置于一种被动适应的地位。而当经济减速发生时，规模化工业扩张所带来的负面影响才会被明显觉察，有两种力量制约工业化规模扩张，一是工业资源不足，二是土地租金的上升（理论中为“竞租，Bid Rent”）。两个因素迫使资源环境消耗性重化工业发生转移，“增长极”消失，经济减速发生。此时，保持稳定（均衡）增长的制度安排必须被重新审视，不能依靠本土资源的增长极进行扩张，而要积极参与到国际要素流的主动配置过程中，从制造中心向服务中心转变，积极参与到国际竞争中获取国际城市发展，主动调整制度安排是这一阶段所必须要经历的过程。

全球经济发展经验表明，从工业化阶段向城市化阶段演进过程中，服务业发展导致的结构性减速是存在的。尽管各国策略不同但是发达国家保持竞争优势的核心仍是服务业和制造业的效率改进。效率改进的背后是市场激励、人力资本、企业竞争力提升，以及政府和社会协调效率改善。

我们需要改变发展主义理念，迈向依托市场激励，以效率持续改进推动转型与增长的成熟经济体。正是基于这样的认识，本报告在如何提高效率和推动经济转型方面给出了进一步分析。具体体现在这三个问题上：第一，经济结构性减速之后将要面对的核心问题是什么？第二，初级（或传统）重化工业的规模化扩张结束后，为什么只有极少数国家完成了转型，大多数国家却没能爬到更高的增长阶段，中途就倒下了？第三，为什么要发展服务业？

首先看第一个问题，经济由高速向低速增长的演替，由于潮落，一些制度缺陷和经济矛盾凸显，典型的是所谓“结构双重性”问题。与历史上拉美、日本等初级重化工业化高增长结束后所面临的问题相似，上海也不得不面对诸如大型企业和小型企业效率、工资双重性差异、产业间效率工资差异等问题，这些矛盾将是生产系统梯度由初级重化工业化向深加工度化持续爬升的主要阻力。现在看来，能够迈过这个门槛，而不至于掉进增长陷阱中的国家，实属幸运。更为重要的是，当上海产业结构服务业趋势日渐显著，即出现我们所谓的“结构平行问题”时（见下文表述，就是说上海产业结构与发达国家趋同，但是产业效率低下，以至于出现双重比较劣势），在面临成本上升压力和资源刚性压力下制造业比较优势将逐渐失去，在发达国家高端服务业控制下上海服务业提升难度增大，处理不好的话很可能出现制造业和服务业的双重比较劣势，这种问题将加剧减速和分割。

第二个问题的核心是，生产系统梯度完成向深加工度化的转型，是之后通往均衡增长的关键一环。这道关过不了，就无法期望“高工资＋高增长”生产系统梯度持续爬升的良性螺旋模式。因此，面对初级重化工业化后增长减速，首要的任务是治理分割问题，即要想实现生产系统的深加工度化，制度矩阵需要更新。为此，我们提出“初级创新”和“次级创新”的创新梯度概念及治理顺序。创新上没有蛙跳，只有循序渐进。“初级创新”主要针对上海目前广泛存在的纵向分割治理而言，也是为了避免可能出现的双重比较劣势，其根本目的就是提高上海新增长阶段的制度适应性效率。只有横向的制度支撑（包括一体化的正式规则，更强调企业间合作的非正式规则）建立起来，上海才有可能走向有效率的稳定路径，进而爬升到次级创新的梯度。

报告对第三个问题产生的有意义的探讨是提出了“服务业发展阶段性假说”和“服务业发展的经验准则”。初级重化工业化阶段，服务业作为“分工的结果”而存在，由于这个阶段选择性融资向工业，尤其大型重化工业提供支持，服务业比较效率低下有其内在经济逻辑。如果不改变这种发展模式，提出升级服务业质量没有现实依据，就是想发展高端服务业也搞不起来。之后待生产系统完成向深加工度化的转型，升级服务业、提高服务业可贸易性，才合乎经济逻辑，进入深加工阶段后，服务业是作为制造业“互补性条件”存在的，这是高级阶段的“生产条件说”。因此，我们给出的经验准则是：“在生产系统梯度进入深加工阶段之后，高效的服务业效率才能导致更高的制造业效率”。

上海一直在积极地转型，从 2012 年试点“营改增”，提升服务业在上海的聚集，2013 年又被国家批准成立上海自贸区，其通过转型参与到国际城市竞争的战略非常清晰。但转型确实是困难的，中国不但有工业化带来的生产运营制度的分割——每一个产业纵向分割，要素横向基本不进行交换。更严重的是传统计划体制带来的部门分割更为严重，以开发区为例，每个开发区从园区名字就能看出主管部门，开发区成为部委的自留地，上海自贸区只有打破部委分割才能在制度上前进。而工业化体系带来的纵向分割需要加大服务业发展才能冲破部门的羁绊，走访的大量公司共同的特点是，只要能翻越制度分割篱笆，就能获得创新的利润，不论是金融企业、技术创新企业、互联网公司、德国的职业培训机构、开发区甚至是医院，都迫切地需要体制变革打破分割，推动创新发展。虽然发展的道路曲折，但方向明确，而且微观的创新已经给了我们一系列创新需要具备的制度矩阵要素，政府必须积极推动转型，才能完成上海从“增长极”的国内领先发展城市转变为参与国际竞争的“世界城市”。并通过国际要素流动中的创新使用和再优化配置，服务于中国和世界，获得全球要素网络中的核心节点的位置，成为世界城市。

第二节 “增长极”的大城市与“分割”特征

后发经济体工业化过程，基本上是经济变量在地理空间聚集、形成增长极的过程，以此推动产业复合体在城镇中出现。增长极是指在城市配置不断扩大的工业综合体，通过其推进工业化的一种机制。增长极首先体现为国家战略层面的先导产业增长，而后是产业综合体发展。在此理论框架下，经济增长被认为是一个由点到面、由局部到整体依次递进、有机联系的系统。其物质载体表现形式或包括各类别城镇、产业、部门、新工业园区、经济协作区等，通过产业纵向分工和“扩散－回流”机制进行区域的组织和推进。

作为中国工业化发展时期的大城市，上海市是中国发展的“增长极”，是中国所有先导产业培植的中心，成为中国工业化发展最快的典范。2007年工业化带来的高增长阶段逐步回落后，工业化带来的产业纵向一体化分割和制度分割显露出来，追赶所导致的经济异质性加剧，构成由高速增长向均衡增长的主要障碍。分割产生的内在原因是，政府主导经济增长模式下“增长极”对资源的过度集聚和依赖、先导产业的国家战略支持和“选择性融资支持（Selective Financing）”。这三条在新的发展阶段遇到了问题，上海在工业化中的高产业关联性主导产业从高度聚集过渡到处迁阶段，如钢铁和重化工、造船和汽车制造等高关联产业因环保、土地价格上涨、劳动力成本等多因素要转移，选择性融资支持也失去对象，工业化中的资源集中变得没有方向了。城市中企业空间聚集和创新活动赖以发展的“横向联系聚集－创新模式”——即所谓的“面对面交流”、“劳动力流动”、“企业家创业聚集”和“大学知识外溢”等的创新机制，与原有的工业化推动的“纵向一体化”聚集有着巨大的差异。工业化推动的纵向分割主要表现是各种各样的结构双重性（Dual Structure）；大企业与小企业生产率的差异；产业间生产率的差异；区域间生产率的差异；（在中国）所有制企业生产率的差异以及相应工资差异等。

以上海为例做简单的测量，得出上海经济分割现象见下述四张表格表1-1、表1-2、表1-3和表1-4，分别从企业规模、企业所属关系（央地企业）和企业所有制关系三个层面，给出上海效率和工资分割状况的简单说明。前期《上海报告》中，我们已经就二、三产业效率差异问题，给出过比较详细的说明，因此，这里就细分行业和工业企业的问题进行分析。

1. 大中小型工业企业效率分割显著

表1-1、表1-2是按照工业企业规模对效率分割给出的比较。截止到2011年，经过30年的规模化扩张，大型企业与中小企业之间的劳动生产率和人均资本装备差异比较明显。

表1-1 上海按规模分的工业企业效率双重性：2011年

	总产值劳动生产率（万元/人）	人均资产（万元/人）	资产利润率（%）
1万人及以上	375.5	296.9	5.8
5000~9999人	190.7	190.6	14.7
3000~4999人	185.9	154.4	10.5
2000~3000人	125.7	126.6	6.3
1000~1999人	36.1	36.8	6.5
500~999人	88.7	82.7	7.4
300~499人	120.2	113.4	9.8
100~299人	77.5	74.4	6.9
100人以下	108.5	101.6	5.8

数据来源：《上海统计年鉴》。

表 1－2 上海按规模分的工业企业效率双重性：2002 年和 2007 年

	2002 年			2007 年		
	总产值劳动生产率（万元/人）	人均资产（万元/人）	资产利润率：%	总产值劳动生产率（万元/人）	人均资产（万元/人）	资产利润率：%
1 万人及以上	103.5	196.9	6.5	360.9	279.0	6.3
5000～9999 人	80.1	110.3	7.9	109.7	137.9	7.2
3000～4999 人	61.5	83.3	5.6	147.4	117.0	7.1
1000～2999 人	38.3	51.7	3.1	75.0	84.8	6.5
1000 人以下	42.5	56.8	5.1	63.7	59.3	6.6

数据来源：《上海统计年鉴》。

从 2011 年与之前年份的总产值劳动生产率对比来看，尽管中小型工业企业与大型工业企业表现出逐渐缩小的态势，但是两者差距依然较大，除去 1 万人以上的大型企业，3000 人以上的大型企业劳动生产率约为小型企业的 2～3 倍。大型企业与中小型企业效率差异，主要来源于人均资本装备水平的差距。从数据可以看出，大型企业与中小型企业人均总资产的差异，也通常在 2～3 倍。

一般认为，由于资本存量较低，中小型企业往往比大型企业具有较高的资本利润率，因为只有这样，经过一段时期的发展，才能实现自由竞争的利润均等化和中小企业对大企业的追赶。但是，上海的工业企业的资本利润率，在大型企业和中小企业之间差距缩小的趋势不显著，这是规模化经济增长中的一个值得关注的问题。

2. 中央和地方工业企业分割显著

表 1－3 中中央和地方工业企业的分割，主要表现在劳动生产率和资本装备的差异上。从 2002 年以来的情况看，上海市地方工业的劳动生产率与人均资本装备，与中央企业的差距愈来愈大。地方工业企业的资产增

值能力（资产利税率），在2007年以前与央企有较大差距，但近年来差距逐步缩小，2011年基本与央企资产利税率持平。

表1－3　上海中央、地方工业大中型工业企业双重性

	2011年		2007年		2002年	
	中央	地方	中央	地方	中央	地方
工业总产值劳动生产率(万元/人)	467.5	112.0	319.3	82.7	74.7	45.5
年末人均资产(万元/人)	14.1	91.4	418.8	65.7	143.6	57.8
资产利润率:%	4.2	9.9	7.1	6.3	5.7	5.2
资产利税率:%	14.7	13.9	13.4	9.5	11.9	8.7

数据来源：《上海统计年鉴》。

3. 不同所有制行业分割显著

表1－4提供了上海不同所有制行业的工资比较，包括国有单位、集体单位、外资单位以及其他单位。总体印象是，汇聚了中国个体私营小企业的“其他单位”与国有、集体、外资单位的工资差距，在各个行业均比较明显（除去个别行业，如公共管理和社会组织）。一个有意思的现象是，上海国有单位工资与外资单位比较起来，只要是行政垄断程度低的行业——特别是服务业中一些垄断程度较低的行业，外资单位工资都比国有单位高。

这仅仅是企业、产业、劳动力市场分割的一些特性测量，而更深刻地体现在传统体制的分割上，如开发区听其名就知道隶属哪个部委——带有科技的开发区隶属科技部，带有商务开发区的隶属商务部；保税区与海关相关，金融示范与一行三会相关，而部委资源都倾向于自己的孩子，因此开发区也变成了纵向分割的产物。而部委类的监管体制直接妨碍了企业的横向跨界创新，我们调研的大量企业和机构多遇到主管部门监管分割，他们认为当前打破“分割的栅栏，就获得超额的利益”。城市创新的核心是聚集导致的知识外溢，没有横向交流，知识外溢便无法实现。如我们调研的上海三鑫公司通过自己努力打破产学研中的各类瓶颈，创新能力得到提升。

表 1-4 上海行业工资的制度双重性：工资指数的比较

	国有单位工资指数	集体单位工资指数	港澳台及外商投资单位工资指数	其他单位工资指数
全 市	1.6	1.0	1.4	0.7
制造业	1.5	1.0	1.3	0.7
建筑业	1.6	1.3	2.2	0.9
交通运输、仓储和邮政业	1.2	0.6	1.4	0.9
信息传输、计算机服务和软件业	1.7	1.0	1.6	0.7
批发和零售业	1.6	1.0	2.4	0.6
住宿和餐饮业	1.5	1.1	1.0	0.9
金融业	1.2	0.5	1.8	0.9
房地产业	1.4	1.1	1.6	0.8
租赁和商务服务业	1.3	0.9	3.3	0.7
科学研究、技术服务和地质勘查业	1.4	1.2	2.2	0.7
水利、环境和公共设施管理业	1.2	0.8	0.5	0.8
居民服务和其他服务业	2.2	1.6	1.3	0.9
教育	1.1	0.7	1.6	0.5
卫生、社会保障和社会福利业	1.1	0.8	1.4	0.4
文化、体育和娱乐业	1.4	1.0	0.8	0.5
公共管理和社会组织	1.0	0.8	0.0	1.1

注：（表中工资指数 = 各所有制单位工资 ÷ 平均工资）。数据来源为《上海统计年鉴》。

若把工业化历程回溯至改革开放之初，即使像上海这样有着深厚工业底蕴的大城市，其增长轨迹也呈现出鲜明的“资源禀赋产业（纺织服装）→规模化重化工业（钢铁石化）→差异化专业分工（机械设备制造）”雁阵追赶模式。上海以其区位优势取胜，其成功之处在于，只是用了 30 年的时间实现了迅速的规模扩张。但是，由于创新型追赶能力的缺乏，上海只能算是一个国内工业化的成功领跑者，而非国际市场竞争的合格参与者。换言之，就生产组织而言，上海工业化是在国际产业链条的低效率环节上运作，工业规模扩张走的是一条“原材料进口支撑制成品出口”的初级重工业化道路，而非“机械进口支撑机械出口”的高级工业化路径。这种状况下，服务业只是作为工业规模扩张的分工形式存在，高增长的

“回波效应”导致优质资源过度向工业集中，工业与服务业分割和效率差异由此产生。高速增长时期，这种差异常常被规模化扩张的追赶动机掩盖，一旦出现减速和规模化扩张约束，由分割、服务业弱质性所导致的结构升级瓶颈将会凸显，可持续的一体化均衡增长诉求将无法达成。

重化工业化时期高增长所造成的经济集中现象，会导致各种各样的结构双重性，其中最典型的就是“先导性特征”，将大行业（重化工行业）和小行业（如当时的服务业）、大企业与小企业生产率和工资率的差异拉开。动态机制是在选择性融资支持下，资本资源向大行业、企业集中，推动大企业资本深化加速，导致大企业与小企业生产率差异和工资差异。

选择性融资支持是政府主导赶超经济模式下常用的方法，亚洲、拉丁美洲甚至工业化早期的发达资本主义国家都不同程度使用过。在中国工业化规模扩张中，选择性融资支持一方面表现在区域增长极的发展上；另一方面表现在对央企、地方大型企业的重点支持上，对于遍历工业化各个追赶阶段的上海，这方面的体会尤为深刻。选择性融资支持不仅抑制了中小型工业企业的资本深化，而且以小企业为主体的服务业更是备受冲击。产业发展极化的回波效应，以及工业部门分割对服务业部门的涓滴效应让人印象深刻。

重化工业时期广泛存在劳动市场分割现象。道格拉斯－有泽广已法则认为：城市家庭财务状况是决定劳动供给的主要因素，户主为了养护家庭而工作，如果户主收入降低，家庭其他成员不得不为了获得收入出去就业（因此，户主收入越低，家庭就业率越高。对于农户而言，当农业收入较低，家庭成员为了提高收入，不得不外出寻找副业就业机会，以贴补家用）。以获得基本生活收入为动机、而非以获得竞争性工资为目的就业方式，成为低效率中小企业增长的土壤。由于经济追赶的投资需求成为经济高增长的主要动力，消费拉动能力的低下只是次要问题。但是，一旦经济高增长结束，由分割导致的收入增长差异过大和消费需求不足的问题，将会逐渐变成经济稳定增长的障碍。

工业化赶超过程的纵向分割和相配套的管理体制分割在上海市调研和各类指标测量中随处可见，并把城市的“聚集－创新”功能碎片化。当规模化扩张结束，经济减速发生时，分割问题就开始凸显出来，规模化扩张的内在机制是“干中学”和模仿，即使没有技术进步发生，技术的可获得性加上廉价的资源使用，仍然可以大幅度提高生产率，但当规模化追赶结束，经济向可持续均衡路径转型时，技术创新的网络化效应将成为必需。上海市必须摆脱增长极堆积起来的城市模式，加快打破“分割”步伐，重塑城市“聚集－创新”功能，才能参与国际竞争，推动中国经济整体的转型升级。

第三节 分割治理、结构调整与复合目标

本部分结合日本的经验，针对经济减速时期的分割治理进行分析。为清晰起见，提供两个并行的逻辑线路：生产系统梯度升级与制度矩阵功能嬗变。

1. 生产系统梯度升级与生产组织方式

（1）生产系统梯度升级的线性与非线性趋势

上文所述工业化过程的增长加速与减速，与生产系统梯度升级的特定阶段有关，相应地，分割治理与生产组织方式和制度框架的功能演进密切相关。借用小泽辉智（Terutomo Ozawa）的雁阵追赶分析框架，图 1－1 给出了生产系统结构升级梯度的一个直观表述，这个图示是线性升级路径——即升级环节具有清晰的阶梯爬升特征。基于现有工业化经验，产业结构次序爬升的路径如下：①要素禀赋使用阶段（即资本、劳动驱动阶段，典型如纺织业）→②非差异化分工阶段（即规模驱动阶段，此时重化工过程发生，企业产品相似，后果是重复建设。典型如钢铁、石化产

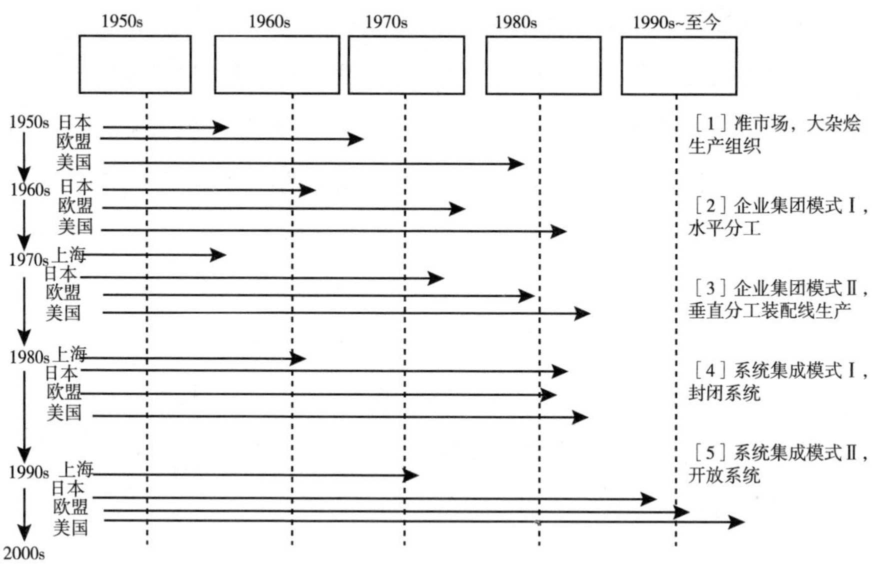

图 1－1 经济追赶阶段及生产组织

资料来源：Terutomo Ozawa（2005），《上海统计年鉴》。

业）→③差异化分工阶段（即装配线生产阶段，典型如汽车、电子元件产业）→④熊彼特创新阶段（即知识驱动阶段）→⑤信息经济阶段（即IT 驱动阶段或新经济阶段）。就线性趋势而言，小泽辉智的理论认识到，就环太平洋区域而言，在“美国－日本－东盟－中国”的雁阵模式下，处于领头地位的美国已经把传统国际分工链条改变，美国不再单是在制造业链条上发挥比较优势，更贴切地说是把制造业链条甩给梯度较低的其他国家，美国自己则稳固转移到了高级服务业的分工端。正如我们在可贸易服务业分报告中指出的那样，在第三次工业革命初见端倪的今天，产业组织正经历过去大企业和供应链为主体的纵向链条结构向网状的立体平台的结构转变。制造业的“软化”和服务化，将使得企业之间的关系超越传统的“需求－供应”关系，不同产业链相互交织，形成开放的、多维的复杂网络结构。

因此，20 世纪 90 年代以来，在美国新经济知识扩散的影响下，其他国家的升级梯度受到扰动，不再是非常清晰的线性爬升阶梯，而是一方面接受制造业的国际产业链分工，另一方面接受诸如信息产业的国际知识扩散和转移。国家间产业传递的雁阵模式因此具有非线性特征。对于中国整体而言，由于工业比重仍然较大，线性升级梯度仍为主线，但是对于上海这样经济结构已经呈现显著服务化的大城市来说，来自制造业、服务业双重升级的国际压力就比较大。关于这一点，我们在下文将提出“结构平行问题”，以显示分割治理的必要性。

（2）生产组织方式

上述五个生产阶段对应着五种生产组织管理方式：①准市场或政府主导的生产组织→②水平分工的企业集群 I→③纵向一体化的企业集群 II→④向内的系统集成模式 I（即企业、金融等的国内一体化）→⑤开放的系统集成模式 II（典型如美国、欧盟企业全球资源配置）。粗略划分，我们把上述 5 个生产系统升级梯度归纳为三类：①到②为初级重化工业化阶段，这个阶段的增长由劳动、资本要素驱动，在国际分工体系中处于产业链末端，原材料进口支撑制成品出口和规模化是其典型特征。政府主导的水平分工是主要生产组织形式，生产管理粗放、重复建设、资源消耗大、附加值低、生产链条短、以低要素价格获得国际竞争力是主要问题。③为深加工度阶段，这个阶段的重要特征是生产一体化，生产上移到国际产业链的中间环节。“以机械设备进口支撑机械制造出口”和注重效率是其典型特征，由于一体化的需要，协调管理作为一种创新形式逐渐变得重要。④和⑤为精细化阶段，网络化资本主义作为一种创新形式开始出现。

（3）分割的产生

高速增长之后的“落潮效应”，发生在初级重化工业化向深加工度阶段的转型过程中。其间，原材料资源消耗型增长动力消失，高增长时期生产管理粗放、重复建设等造成的分割问题浮现，高增长时期留下来的管制问题成为经济中的重要摩擦点。

日本生产系统结构演进在 20 世纪 60 年代完成了第一个梯度爬升，即：从依赖资源禀赋的阶段①向初级重化工业阶段②的爬升。以“已经不是战后”的 1956 年为转折，日本从比较优势战略跃升到竞争优势战略，持续的超高速增长发生在这个时期。由于劳动力短缺，1970 年以后经济减速，“落潮效应”的分割（主要集中于大中小型企业效率、工资差异）显现。实际上，截止到 20 世纪 70 年代，日本已经意识到初级重化工业化带来的环境、资源、结构不平衡的压力，很多大城市开始拒绝一度红火的招商引资，把注意力转向分割治理。其效果就是 20 世纪 70 年代完成了深加工度化的第二个梯度爬升。其间，规模化增长模式，被更为注重效率、工资、环境改善的管理型增长模式替代，日本突破模仿奔向自主创新的重要转折即发生在这个时期，我们称其为“协调管理的创新形式”。这为 20 世纪 80 年代后技术立国策略的实施，以及 20 世纪 90 年代熊彼特创新提供了基础，也是以后生产系统梯度持续爬升的良好开端。

（4）“结构平行问题”、双重比较劣势与分割的加剧

需要强调的一点是，日本突破模仿建立自主创新，得益于其国内“市场民主”和对“大众消费时代”的认可，并认为政府主导的经济模式与经济步入成熟阶段的发展要求不相容。按照我们的理解，当经济由工业化时期步入城市化时期——进而步入技术成熟时期，以前以动员全社会资本进行生产追赶的模式，在减速时期受制于分割的影响，已经不可能为持续增长提供动力。而且，对于处于追赶前沿的上海这样的大城市而言，若坚持原有增长路径，将会碰到“结构平行问题”。

我们对“结构平行问题”的解释是：当上海这样的大城市演化出来类似于发达国家产业结构（或者成为产业服务化）时，如果依然坚持原有“干中学”模仿路径，那么不仅制造业要受制于发达国家，而且服务业也将受制于发达国家。即上海这样的大城市，将面临国际市场竞争的

“双重比较劣势”，这种“双重比较劣势”的后果，比单一工业化时期对经济的打击还要大。因为若保持制造业的比较优势，至少还有进行国际分工的本钱。但是随着上海这样的大城市资源约束加剧及重化工业部门的迁出，如果不能及时转型，制造业比较优势不久将丧失殆尽，加之服务业本来就弱，“双重比较劣势”发生的可能性很大。

如果这个推理成立的话，可以说，上海这样的大城市比中国其他地区将面临更大的减速风险。总之，在制造业和服务业都处于国际分工低端的情况下，“结构平行问题”可以解释结构性减速发生的原因。拉美国家大城市的发展状况，可以为这种推理提供一些有说服力的佐证。

2. 分割治理与制度矩阵功能演替

对于追赶型经济而言，应对“落潮效应”引发的经济问题，是减速时期最棘手的事情。诺斯的“制度矩阵”或“制度框架”理论认为，特定时期为促进经济增长的制度安排，具有相互联系和自我强化的路径依赖特征。一旦经济事件性质发生变化，这种路径依赖性会成为转型的阻碍，因此制度矩阵功能需要做出相应调整，甚至归零后重新再来。特定时期制度矩阵（正式规则和非正式规则）的作用，是形成社会的激励结构。如中国工业化高增长时期政府主导增长的制度安排，此时，正式制度是主要的。

但是当经济进入城市化阶段，创新激励需要交给市场完成的时候，不仅正式制度（如融资制度、公平制度）需要改变，非正式制度（主要是企业间的合作方式）可能更为重要，并成为连接交易网络和畅通交易行为的重要环节。诺斯指出发达国家如美国和欧盟经济稳定增长的重要标志，就是它们都有着较强的制度矩阵“适应效率”，即制度结构应对各种冲击的弹性较强。当然，经济网络中非正式制度的建立，是一个漫长的过程，对现有正式制度进行改良，增强制度对新阶段的适应效率和弹性，是治理分割的首要环节（如上海的营改增、自贸区建设）。

（1）制度矩阵嬗变的目标是生产系统梯度爬升

回溯经济思想历史及发达国家经验，可以认为资本主义制度矩阵功能有三个交替变化阶段：即生产型资本主义——如马克思理论视野中生产扩张的盲目性及有效生产组织的缺乏；管理型资本主义——这个理论的贡献者是钱德勒，基于重化工业时期经济问题的审视；网络化资本主义，20世纪 90 年代之后针对知识经济兴起的系统性思考。政府主导的工业化高增长时期，制度矩阵的国内成分包括：财政金融的选择性产业支持、税收优惠、要素价格的统筹、区域增长极政策等。经济减速时期的分割治理，首要的是放弃选择性融资支持，把制度、资金和税收优惠向小企业的资本深化和技术改进方面倾斜。分割打破——即以制度分割打破促进产业分割、企业分割、市场分割打破，是管理型资本主义的核心层面，协调管理作为一种创新形式出现在后续增长中，我们把这样的创新叫作“初级创新”。

（2）管理型资本主义的核心是“初级创新”潜力塑造

经济学的浪漫主义喜欢用“蛙跳”“跳跃式”发展这样的术语憧憬未来。如果说用于要素驱动的规模扩张阶段尚且可行的话，那么，对于加工度深化以后增长阶段的适用性，就很值得探讨。当你面对生产系统的种种分割和经济失衡时，思维逻辑上的第一件事情应是如何通过协调和管理形成纵向一体化。此时，尽管“R&D”很重要，但是往往缺乏开展“R&D”的环境，典型例子是初级重工业化“原材料支撑制成品生产出口”的技术外部依赖性，不会让你马上“蛙跳”到广泛的自主创新上去。协调管理的初级创新，本质上是生产组织和制度的整合，既具有前瞻性，又具有基础性。这种“初级创新”，在由初级重工业化向深加工度化和纵向一体化演进的过程中是至关重要的。这一步迈不出去，经济将陷入“拉美模式”，后文将重提这个问题。

（3）网络化资本主义的核心是“次级创新”潜力的开发

在管理的“初级创新”上尽管有相似之处，但是，与管理型资本主义相比，网络化资本主义的“次级创新”应该包含更多的内容。这个时期，熊彼特意义的创新特征突出。国内制度环境的协调，使得资本家逐利能动性得以发挥，资本家对技术知识的需求推动了“R&D”潜力的持续发挥。从生产系统结构梯度看，“次级创新”发生在生产集成化时期。与深加工度化的纵向一体化相比，这个时期工业部门内部、工业与服务业之间，城市生产与生活消费之间，已经形成致密的纵横网格。这是稳定增长路径形成的时期，均衡性是其典型特征。因此，由“初级创新”向“次级创新”的演替，是自主创新普遍的时期，不可能“蛙跳”实现。

（4）悲催的拉美与爬坡的日本

如果拿两个区域的工业化思想进行对比，我们会看到，拉美经济理论常常被一种理想主义和抱怨的色彩笼罩，日本的工业化思想更具有现实色彩和深刻洞察力，尽管两个区域的经济理论均受到西方思想的强烈影响。这种思维方式在实践中的反映是，在经历进口替代和出口替代的失败尝试后，拉美国家生产系统似乎被捆缚在分割的大坑中，产业结构爬升到初级重化工业化的门槛下就止步了，没能达到深加工度化及其后阶段。拉美国家二三产业的效率双重性、劳动市场的分割、经济一体化机制的缺乏以及协调管理“初级创新”受阻，迫使高增长后期的拉美陷于困境，经济增长在不确定性阶段徘徊，无法演化到较高级的“管理型资本主义”阶段。

面对20世纪70年代初期浮现的减速及“落潮效应”，日本理论界当时已经意识到分割和“结构双重性”问题的严重性。当时，初级重化工业化所带来的一系列问题包括：大型企业与小型企业间的效率差异和工资差异；工资差异导致的消费需求拉动力不足和投资需求过度；20世纪60年代的高增长推动了城乡一元化进程，但是城市部门中服务业替代农业成为劳动力储水池，导致服务业劳动生产率低于工业劳动生产率。同时，劳动力拐点的出现以及环境刚性约束的出现，加剧了以廉价劳动力和原材料进口为支撑的初级重工业化持续的艰难性。也就是在这个时期，一些有见识的经济学者，开始意识到“二次加工”，即后来的深加工化对于增长转型的重要性。如，筱原三代平就明确指出，日本成功之处，在于“二次加工”所导致的劳动生产率提高，抵消了工资上涨的成本效应，从而使日本国际贸易条件持续改善。初级重化工业时期廉价劳动力比较优势让位于生产率竞争优势。这样的见地和实践，在拉美是看不到的。

也正是从这个时期开始，日本实际上已经清晰认识到“高劳动生产率、高工资收入”增长路径的正确性。但是，只有在迈过深加工度化这个门槛之后，经济才算走向稳定均衡的路径。1970 年开始，国家有意识地在环境标准方面向企业施压，1980 年更是采取了极其严厉的生产标准，同时，工会在工资提升方面也不断施压，最终倒逼日本“管理型资本主义”的定型。

日本采取主要措施是：以往选择性融资支持逐渐淡化，以金融支持和加速折旧的措施帮助中小型企业深化资本、更新设备、提高技术水平。可以认为，日本这一时期最值得惊叹的成就，就是完成了分割的整合。20 世纪 70 年代，大小企业之间效率开始出现均一化，服务业劳动生产率超过工业。同时，工资差距缩小，消费需求逐步取代投资需求，开启了日本城市化成熟期的均衡增长大门。

3. 复合目标：兼论上海的生产系统与制度要求

上文分析隐含的一个基本命题是：经济追赶时期的初级重化工业阶段，制度矩阵的设计，是瞄准规模化扩张的单一目标，这是“生产型资本主义”的存在基础。深加工度化之后，生产的一体化不仅要求制度变革，而且要求增长目标改变，这个要求很关键，因为更高级的生产系统，需要更多因素的相互联系和作用。由此，增长“复合目标”的提出，是高增长之后的事情，这不仅植根于一体化协调、网络化的生产系统，而且关注重点也开始向生产与消费的联动方面递进，此时，真正的城市化过程才能启动。“复合目标”对增长的要求，开始由高速度、规模化，演替为稳定均衡和效率提升。

作为上述理论分析的延伸，我们来看一下上海。回顾图 1－1，上海生产系统梯度爬升的顺序是：20 世纪 70 年代经历了——①要素禀赋使用阶段，以廉价劳动力使用的轻工纺织是产业支柱；20 世纪 80 年代经历了——②非差异化分工阶段，投资驱动的重化工业化推动了规模扩张；20 世纪 90 年代至今正经历——③差异化分工阶段，即初级重化工业化向深加工度化的转型。

与生产系统结构演替的次序相对应，上海市正在发生由规模驱动的高速增长、向效率驱动的低速增长的过渡。近几年渐现的“落潮效应”，是增长规律作用的结果，分割问题和矛盾的出现，在可以测度范围之内。具体地，正如上文上海分割的统计数据所呈现的那样，制度分割（央企、地方企业）、效率差异（大中型企业之间、工业和服务业之间）、工资差异非常显著，环境代价与增长成果也都很大。

分割消除的过程，也是增长目标重塑和制度矩阵的重构过程。把高速增长阶段的单一规模化目标诉求，用更有利于持续增长的复合目标替代——即注重稳速增长的同时，更加关注效率、福利、环境的改善。根据发达国家——无论是历史上老牌工业化国家还是战后富国俱乐部先进的经验，政府主导的生产型工业化规模扩张，有可能带来特定时期的增长高速度，但是不可能将经济推入稳定持续增长轨道。经济稳定持续增长的支撑是大众消费时代的来临以及制度因素的调整，需要扭转单一型增长目标。

第四节　服务业推进创新升级生产系统

21 世纪以来，服务业成为创新推进器，它有助于生产系统升级和结构梯度上升，同时，与服务业匹配的制度矩阵功能演替，突破了传统城市化发展模式，使城市更好地参与国际竞争，成为全球资源配置的重要节点。

1. 服务业发展的阶段性假说：关联机制

前文对生产系统梯度升级路径及增长阶段转型过程中的分割机制进行了分析。从长期增长角度看，有必要对工业化向城市化阶段过渡时产生的一些问题进行专门分析，问题焦点集中在服务业的发展上。

（1）服务业从“分工结果”到“增长条件”，最终成为“创新推进器”

从生产关联角度看，对于服务业的作用，存在两种基本认识：“结果说”和“条件说”。第一，服务业作为经济增长的结果而存在，或者近似表述为，服务业作为工业化过程分工的一个环节而存在。这种观点比较传统，在马克思的剩余价值理论中得到过系统阐述。第二，服务业的重要性远超过单纯生产率的衡量范畴，在很多情况下，服务业不是增长的结果，而是增长的前提条件。实际上这时以外包为基准的国际分工体系形成，全球价值链（GVN）已经将产品设计、品牌分销、管理和金融服务以及产品技术定义为微笑曲线的利润两头了，而一般制造是最低端的，服务已经成为驱动经济的动力条件。1985 年联合国贸易发展理事会（United Nation Conference On Trade and Development）的研究报告指出服务业是增长的条件。1990 年之后服务业的研究受到欧洲经济学家的广泛重视，研究重心逐渐向更具体的服务网络化领域挺近。1985 年联合国关于服务业的新认识，实际上是植根于发达国家经济新阶段的一个精辟见解。到了 21 世纪，互联网已经推动全球服务业展开了大范围贸易。以互联网推动的服务业可贸易带动了基于复杂产品系统（Complex Product System，CoPS）的技术创新和智能制造体系的发展，已经构成了新的全球创新动力，也成为发达国家对发展中国家进行利润获取的新工具，当前的全球服务业谈判都直指这方面。我们将制造、创新和服务业进行梳理，并赋予它对经济问题的理论解释力。

表 1-5 服务业发展的阶段性特征

Ⅰ(20 世纪 50~70 年代) 发展分工的结果	Ⅱ(20 世纪 70~90 年代) 增长的条件	Ⅲ(21 世纪) 创新推进器
润滑剂作用	促进生产力的功能	创新和资源优化配置功能
财务	管理、财务	信息和全球化网络服务平台
管理控制	品牌与市场营销	全球化的金融市场
存货和物流	外包和物流	教育、研发和知识产权保护
银行主导	研发、产品设计和知识产权保护	管理、财务等咨询业全球化
消费服务	金融市场	品牌、设计、外包和物流
城市基础设施服务	房地产市场	基于复杂系统的大数据分析
	信息	全球不动产市场
	消费服务	大众消费服务细分市场发展
	城市基础设施服务	公共服务细分市场全面发展

(2) 服务业发展的阶段性假说

让我们联系生产系统升级梯度和制度矩阵功能演替，对服务业发展的阶段性假说给出说明：即规模化扩张的工业化阶段，服务业作为分工的结果而存在；稳定增长的城市化阶段，服务业作为生产条件而存在。全球信息化条件下，服务业的可贸易水平提升，成为经济创新的推进器。

我们进一步的认识逻辑是：对于二元经济向一元经济过渡的国家或区域来说，有两个引人注目的变化需要引起关注：第一个是劳动力贮水池的演替；第二个是劳动力供需动态的变化。①第一个变化出现于规模化扩张的工业化阶段，过剩劳动力从农村流向城市现代部门。当高速增长繁荣发生时，越来越多的农业剩余劳动力被吸收进工业部门，当高增长暂时性收缩时，过剩劳动力躲进就业弹性较高的服务业。通常情况是高增长持续一段时期后，服务业替代农业作为劳动力贮水池，以适应经济周期性的繁荣和衰退。这个阶段，我们认为，服务业作为分工结果存在是合理的。②当劳动力拐点发生，劳动力市场由过剩的非均衡转向均衡，服务业与工业两部门的劳动力资源争夺加剧，为服务业劳动生产率的上升提供了契机。此时，城市化面临着两个选择：第一个选择是消极的，即如果生产结构梯度不再爬升，向深加工度化的演化动力消失，这种情况下提服务业结构升级没有任何理论和现实基础，想上也上不去；第二个选择是积极的，为了促进深加工度化的推进，生产一体化、集成化、网络化使特定生产性服务业发展成为必需，服务业业态多样化出现，服务价格（部分是因为服务业部门劳动力短缺）上升，服务业效率提高，工业与服务业分割消失。

现有历史统计和各国增长经验可以为服务业的“结果说”和“条件说”提供有说服力的支持。①20 世纪 70 年代以来，发达国家服务业相对劳动生产率与拉美、东南亚国家的对比。我们的前期《上海报告》，对 20 世纪 70 年代以来不同发展阶段国家的服务业相对劳动生产率进行了对比，这里提供的进一步认识是：20 世纪 70 年代以来，包括日本在内的发达国家已经步入城市化成熟期，生产系统梯度爬升到加工度深化之后，创新机制已经深深植根于均衡增长路径上，这些国家普遍表现出了服务业的高效率或与工业的趋同性。近几年，服务业劳动生产率出现下降的国家，制造业的表现也普遍不好。此为发达国家深加工度化之后，服务业为增长“条件说”的证据。同时期的拉美、东南亚国家，生产系统均未演进到深加工度化阶段，服务业相对效率很低，只是作为城市化谋生的一个手段而存在，此为后发国家初级重化工业化阶段，服务业为增长“结果说”的证据。②20 世纪 60 年代和 20 世纪 70 年代日本服务业的效率逆转。另外一个有趣的统计证据，是 20 世纪 60 年代和 20 世纪 70 年代日本服务业效率的逆转，这个逆转发生在日本生产系统梯度向深加工度化的爬升时期，而且逆转的成功对其后经济网络化的确立和创新提供了最基本的前提。根据 B. R. Mitchell 的数据库，20 世纪 60 年代日本服务业相对劳动生产率一度较大幅度地低于 1，这个时期是日本初级重化工业化的超高速度推进时期，服务业发展以经济周期劳动力贮水池的作用而存在。1970 年后，日本劳动力拐点出现，劳动力市场供求态势发生变化，服务业劳动力短缺状况发生，效率提高直至与工业效率趋同。

21 世纪以来特别是 2008 年金融危机后，全球商品贸易下降，服务贸易上升，全球发达国家主导了全球的服务贸易谈判，服务业成为新的各国技术创新的推进器和通过服务业进行全球“抽税”的新工具，任何参与国际竞争的主体必须通过服务体系才能升级其生产系统，取得国际要素流进行创新和再配置的功能。

（3）制度矩阵嬗变与服务业阶段性

一些抑制服务业发展的制度障碍，在生产系统梯度升级后也发生了变化。在日本的主要表现是选择性融资方式的退出，以及中小企业融资支持组织的建立。目前，理论研究者争论的一个领域是，为什么日本在创新和企业组织上，落后于其一度追赶成功的美国经济。典型的认识是，日本现阶段已经进入自主创新阶段，但是在网络化资本主义技术进步的追赶中却落后了。主要原因在于，现有金融制度与企业网络化组织已经不能适应梯度升级的要求，制度矩阵需要向更加开放、横向、分散性创新的模式嬗变。

2. 上海服务业发展现状及与全国的对比：统计测量

经济增长理论认为知识、创新和人力资本不仅可以作为生产要素直接促进经济增长，同时它们的外溢性还能够使规模报酬递增，并使持续的国民收入增长成为可能。那么外溢性或者外部性来源于何处？其对经济增长的作用机制如何？按国民经济行业门类分，我们将服务业分为交通运输、仓储和邮政业，信息传输、计算机服务和软件业等 14 个产业，采用 2004 ~ 2012 年城镇单位就业人员数、各行业法人单位数等数据计算了上海市服务业的三类外部性。

（1）外部性测算

Mar 外部性：即 Marshall-Arrow-Romer 外部性，该观点认为外部性主要源于同一产业内。同一产业内大量企业集聚，即专业化生产有利于知识、创新的外溢和扩散，成为推动产业发展和经济内生增长的源泉。Mar 外部性的测算指数为：

$$S_{i,k} = \frac{l_{i,k}/l_k}{l_{i,n}/l_n}$$

其中，S 代表专业化指数，k 代表上海，n 代表全国，i 代表服务业中某一产业。代表 $l_{i,k}$ 上海市 i 产业的城镇单位就业人数，l_k 代表上海市城镇单位服务业的总就业人数。$l_{i,n}$ 代表全国 i 产业的城镇单位就业人数，l_n 代表全国城镇单位服务业总就业人数。当 $S>1$ 时，说明专业化现象存在，而当 $S<1$ 时，说明去专业化现象存在。

观察表 1－6 的结果，相对于全国其他省市而言，除教育业、公共管理和社会组织业等公共事业外，上海市多数服务行业具有较强的专业化集聚倾向。

表 1－6　Mar 外部性（专业化指数）

行业＼年份	2004	2005	2006	2007	2008	2009	2010	2011	2012	均值
F. 交通运输业	1.7	1.7	1.6	1.6	1.6	1.7	1.7	1.7	1.5	1.6
G. 信息传输、计算机服务和软件业	1.0	1.0	1.0	1.0	1.0	1.1	1.1	1.1	1.0	1.0
H. 批发和零售业	1.4	1.4	1.3	1.4	1.4	1.4	1.5	2.0	2.3	1.6
I. 住宿和餐饮业	1.5	1.3	1.3	1.3	1.5	1.6	1.7	1.9	2.1	1.6
J. 金融业	1.2	1.4	1.5	1.5	1.5	1.4	1.5	1.5	1.5	1.4
K. 房地产业	2.0	1.7	1.6	1.7	1.8	1.8	1.6	1.7	1.5	1.7
L. 租赁和商务服务业	2.3	2.1	2.3	2.2	2.0	1.8	1.8	1.8	1.6	2.0
M. 科学研究、技术服务和地质勘查业	1.6	1.8	1.9	1.9	2.1	2.3	2.4	1.1	1.0	1.8
N. 水利、环境和公共设施管理业	0.9	0.9	0.9	0.8	0.9	0.9	0.8	0.7	0.7	0.8
O. 居民服务其他服务业	2.2	2.3	2.1	2.0	2.1	1.9	1.6	1.1	1.4	1.9
P. 教育业	0.5	0.5	0.5	0.5	0.5	0.5	0.5	0.5	0.5	0.5
Q. 卫生、社会、保障和社会福利业	0.9	0.9	0.9	0.9	0.8	0.8	0.8	0.7	0.7	0.8
R. 文化、体育和娱乐业	1.2	1.1	1.1	1.1	1.0	1.0	1.1	1.0	1.0	1.1
S. 公共管理和社会组织业	0.4	0.5	0.4	0.4	0.4	0.4	0.4	0.4	0.4	0.4

资料来源：历年《中国统计年鉴》《上海统计年鉴》。

Poter 外部性：该观点同意 Mar 的创新来自同一产业内的说法，差别在于对于垄断和竞争的认同。Mar 认为创新企业具有一定的垄断势力能够弥补创新的外部性，否则过多的竞争反而会使企业创新投入太少，从长期中降低经济增长率。而 Poter 认为企业间竞争的加剧，促进企业投入更多资源进行研发从而维持自身的技术优势，这样反而有利企业的技术创新。Poter 外部性的测算指数为：

$$C_{i,k} = \frac{u_{i,k}/l_k}{u_{i,n}/l_n}$$

其中，C 代表竞争性指数，k 代表上海，n 代表全国，i 代表服务业中某一产业。$u_{i,k}$代表上海市 i 产业的法人单位数，l_k 代表上海市服务业的总就业人数。$u_{i,n}$代表全国 i 产业的法人单位数，l_n 代表全国总就业人数。当 $C>1$ 时，说明上海地区该行业相比全国同行业更具竞争性，而当 $C<1$ 时，说明上海地区该行业相比全国同行业缺乏竞争性。

观察表 1－7 中的结果，相对于全国其他省市而言，除教育业、公共管理和社会组织业等公共事业外，上海市多数服务行业的竞争性较强，高于全国同行业的竞争性水平。

表 1－7 Poter 外部性（竞争能力指数）

行业＼年份	2004	2005	2006	2007	2008	2009	2010	2011	2012	均值
F. 交通运输业	2.5	2.4	2.6	2.4	2.5	2.2	2.2	1.9	1.8	2.3
G. 信息传输、计算机服务和软件业	3.9	3.2	3.0	2.6	2.1	1.8	1.9	1.7	1.6	2.4
H. 批发和零售业	5.0	4.2	3.8	3.3	2.5	2.1	2.0	1.7	1.6	2.9
I. 住宿和餐饮业	2.6	2.3	2.3	2.2	1.9	1.8	1.9	1.9	1.7	2.1
J. 金融业	0.8	1.2	1.1	1.0	0.7	0.7	0.6	0.6	0.6	0.8
K. 房地产业	2.9	2.6	2.4	2.1	1.6	1.5	1.4	1.2	1.1	1.9
L. 租赁和商务服务业	4.8	4.0	3.7	3.4	3.0	2.5	2.5	2.2	2.1	3.1
M. 科学研究、技术服务和地质勘查业	2.9	2.5	2.4	2.2	2.2	1.9	2.0	1.8	1.9	2.2
N. 水利、环境和公共设施管理业	1.6	1.4	1.4	1.2	1.0	0.9	0.9	0.8	0.8	1.1
O. 居民服务其他服务业	5.3	4.5	4.0	3.6	3.1	2.6	2.4	2.1	1.8	3.3
P. 教育业	0.3	0.3	0.4	0.4	0.3	0.4	0.4	0.4	0.4	0.4
Q. 卫生、社会、保障和社会福利业	0.5	0.5	0.5	0.5	0.5	0.5	0.5	0.4	0.4	0.5
R. 文化、体育和娱乐业	1.9	1.7	1.7	1.5	1.3	1.2	1.3	1.2	1.1	1.4
S. 公共管理和社会组织业	0.3	0.3	0.3	0.3	0.3	0.3	0.3	0.2	0.2	0.3

注：数据来源同表 1－4。

Jacob 外部性：不同于 Mar 外部性和 Poter 外部性的观点，该理论认为企业的创新主要源于区域内不同产业的集聚，即多样化生产能够使经济主体间的多样化和差异化需求形成互补，促进知识的碰撞和产生，从而促进经济增长。Jacob 外部性的测算指数为：

$$V_{i,k} = \frac{1}{\sum_{j \neq k} S_{i,j}^2}$$

其中，V 代表多样化指数，取自除 i 产业外所有其他产业在上海市的城镇单位就业人数（除 i 产业外的）中的份额的平方和的倒数。该指数越小说明上海市产业分布更加多样化。

从表 1－8 中的结果看，我们发现自 2004 年以来上海市服务业各行业的外部性指数在不断下降，说明了上海市服务业经营的多样性在不断增强。

表 1－8 Jacob 外部性

行业 \ 年份	2004	2005	2006	2007	2008	2009	2010	2011	2012
F. 交通运输业	1.2	1.2	1.2	1.2	1.1	1.1	1.1	0.9	0.8
G. 信息传输、计算机服务和软件业	1.0	1.1	1.1	1.1	1.0	1.0	1.0	0.9	0.8
H. 批发和零售业	1.1	1.1	1.1	1.1	1.1	1.0	1.0	1.0	1.0
I. 住宿和餐饮业	1.0	1.1	1.1	1.0	1.0	1.0	1.0	0.9	0.8
J. 金融业	1.0	1.1	1.1	1.1	1.0	1.0	1.0	0.9	0.8
K. 房地产业	1.0	1.0	1.0	1.0	1.0	1.0	1.0	0.9	0.8
L. 租赁和商务服务业	1.0	1.0	1.0	1.0	1.0	1.0	1.0	0.9	0.8
M. 科学研究、技术服务和地质勘查业	1.0	1.0	1.0	1.0	1.0	1.0	1.0	0.9	0.8
N. 水利、环境和公共设施管理业	1.0	1.1	1.1	1.1	1.0	1.0	1.0	0.9	0.8
O. 居民服务其他服务业	1.0	1.0	1.0	1.0	1.0	1.0	1.0	0.9	0.8
P. 教育业	0.6	0.6	0.6	0.6	0.6	0.6	0.6	0.6	0.5
Q. 卫生、社会、保障和社会福利业	1.0	1.1	1.1	1.1	1.0	1.0	1.0	0.9	0.8
R. 文化、体育和娱乐业	1.0	1.1	1.1	1.1	1.0	1.0	1.0	0.9	0.8
S. 公共管理和社会组织业	0.9	0.9	0.8	0.8	0.8	0.8	0.7	0.7	0.6

注：数据来源同表 1－4。

（2）外溢效应对服务业增长的影响

为了分析外部性对服务业增长的长期效应，建立如下计量模型：

$$\log\left(\frac{l_{i,t}}{l_{i,t-1}}\right)=\alpha+\beta\log(l_{i,t-1})+\gamma S_{i,t}+\phi C_{i,t}+\varphi V_{i,t}+\varepsilon_{i,t}$$

其中 i 服务业各部门，$i=1$，2…14，t 为时间，l 为城镇单位就业人数，S 为 MAR 外部性，C 为 Poter 外部性，V 为 Jacob 外部性，为服从正态分布的随机误差项。回归结果见表 1－9。

表 1－9 回归结果

	(1)POOL	(2)FE	(3)RE
$\log(l_{i,t-1})$	−0.957*** (−272.03)	−0.999*** (−610.93)	−0.996*** (−481.99)
S(专业化)	0.652*** (4.36)	0.798*** (10.15)	0.724*** (7.93)
C(竞争性)	−0.350*** (−3.62)	−0.260*** (−3.75)	−0.330*** (−4.35)
V(多样化)	−0.390 (−1.23)	−1.004*** (−6.19)	−0.877*** (−4.56)
常数项	1.804*** (23.91)	2.406*** (57.01)	2.393*** (24.27)
N	112	112	112
F－Test		108.6 [0.000]	
Breusch-Pagan Test			63.45 [0.000]
Hausman Test		100.62 [0.000]	
R^2	0.999	0.998	0.999

注：①（）内数值为回归系数的 t 值，[ ] 为该检验对应的 P 值，N 为样本量，R^2 在混合回归中是调整后的 R^2，在固定和随机效应情况下为 within－R^2；② * $p<0.1$，** $p<0.05$，*** $p<0.01$；③固定效应设定 F－test 的零假设是个体效应不显著，拒绝零假设就说明模型相对混合回归而言更适合用固定效应回归。Breusch-Pagan 检验的零假设是误差项独立同分布，若拒绝零假设说明模型更适合随机效应估计。Hausman 检验主要用来检验模型究竟更适合于固定效应还是随机效应，若拒绝零假设说明应该使用固定效应估计。

根据表1－9的回归结果可以看出，就业滞后一期的系数为负，说明服务业增长具有收敛现象。专业化指数 S 和多样化指数 V 能够促进服务业增长，而服务业竞争性的加剧却会降低服务业增长（从一个侧面反映了上海服务业过度竞争现象的存在，这也是上海服务业与制造业效率差异的原因）。

3. 服务业效率命题：经验准则

（1）经验准则

上述分析的一个自然推断是：在生产系统梯度进入深加工度化之后，高效的服务业效率才能导致更高的制造业效率。

（2）产业关联与效率均衡

高质量服务业发生作用的路径是什么？需要强调的是，有什么样的制造业发展思路，就有什么样的服务业结果。如果你把制造业仅仅定位在加工贸易上，很简单，就不需要什么高级服务业，因为（高附加值、知识密集）技术性服务环节，发达国家已经帮你做了；尤其是制造业发包，无法带动本国服务业高级业态的产生。

如果制造业发展思路是转向深加工度、高附加值产品制造，那么毋庸讳言，服务业的转型转向高技术服务、综合服务（担保、金融）必须考虑。从这个角度看，服务业转型已经不仅仅是制造业分工的需要，而是以重塑服务业来适应制造业发展思路的转型。

例子是：原来加工贸易制造，不需要一体化生产，生产制造可以分散进行，此时只需要基本的运输、批零、会计等服务就足够了。分割就是一大问题，分割情境下制造业能有快速发展，是基于原有追赶模式。因此，服务业高级业态没有产生的需要基础。但是，如果改变制造业发展思路，比如上海要搞深加工度、高附加值制造，那么生产一体化就需要纳入议程——设计、安装、分包等，此时，一些重要的担保、融资、生产性服务就得跟上，这个条件虽然动态内生于结构转型过程，但是却不是自发的，需要从制度角度给予支持，“创造”这个生产条件。

(3) 对于关联机制的进一步阐述

因此，高级服务业发展的基本条件是，制造业发展思路需要转型。只有这样理解，才能理解制造业与服务业关联的本质。经济追赶时期，制造业规模化扩张优先，转型升级时期，制造业与服务业发展同步。经济追赶过程中，制造业与服务业的联动，主要表现为国内生产结构制造业深加工度化与高级服务业的联动上。现有加工贸易模式下，中国进口主要是原材料，这是加工贸易的典型特征。要转向所谓高附加值（中间产品）制造品出口，那么生产（进口）模式需要转型，由现有“原材料进口支撑制成品出口”的加工贸易型模式，转变为“机械进口支撑机械出口”的发达经济模式。“机械进口、机械出口”的深加工度生产模式，意味着生产网络的密集度提高，网络化、一体化效应真正出现。高级服务业态与制造环节的关联开始发生作用，追赶的“效率升级梯度”开始浮现出来。

4. 追赶效应与消费示范效应演替

生产系统梯度升级中，有两个效应交替发生作用。一是初级重化工业阶段，生产的追赶效应居于主导地位，此时，“消费的示范效应”很少发生作用，这为高增长所需要的储蓄和资本积累提供了条件。当生产系统朝深加工度化演进之后，与这个梯度关联的是劳动力拐点的出现，工资成本的上升（以及环境治理压力）迫使经济走向“高效率、高工资”的均衡路径。此时，消费的示范效应开始发生作用，储蓄增长动力减弱，经济低速稳定增长成为常态。也正是因为如此，生产/消费均衡以及消费需求主导增长的格局形成，城市化呈现成熟气象。作为一种生产模式和生活模式的理想化具象，大城市成为“科技、精神”的现代化代名词，芒福德心目中“神灵的居所”的城市形成。

(1) 狭义的恩格尔定律

“道格拉斯－有泽广已法则”与初级重化工业化阶段紧密联系。工业化规模扩张时期过剩劳动力的存在，使得就业收入爬行在较低的层次上，此时，即使收入出现较大的增长，凯恩斯意义上的预防需求动机也将抑制消费的过快增长。消费结构缓慢发生变化，狭义恩格尔定律发生作用，服务业需求不多。即便如此，以引进模仿为主的初级重化工业化，也不会因为低消费水平导致的低人力资本水平而受到抑制。资本引致的技术进步和效率提高占据主导地位，只要有足够的劳动力转化为投入，那么人力资本和创新需求就不是那么紧迫。

（2）广义恩格尔定律

深加工度化之后，规模化动力消失，经济向稳定增长路径演进。对内来说，由于消费示范效应的增强，储蓄/投资供给呈现减少趋势，对外来说，为维持均衡增长的贸易条件需要改善。面对这两种压力，经济效率提高是必经之路，一方面以效率提高工资收入，以增加效率提高所需要的管理、技术知识；另一方面，以效率提高抵消劳动力拐点之后的工资上升。

消费的示范效应可以以各种各样的方式发挥作用。一种例子中，收入增加后对教育、培训、医疗等人力资本的投入增加，如发达国家；另一种是把收入用于非生产性投资，如中国居民的购房热。后一种示范效应发生的时机，是在初级重化工业化向深加工度化转移的十字路口，说它危险，是因为这种消费将提前耗竭以往储蓄，不利于生产系统的转型。若认识其危害，只要观察拉美国家的城市化问题即可。

第五节　作为节点的国际化大都市：上海

根据世界城市的等级分类（马莉莉，2011），纽约、伦敦等国际大都市以其资本和服务的集聚配置能力，处于世界城市经济最高层次和最核心的等级地位，是国际经济联系的主控中心。但是，像上海这样的大城市，对于外围制造基地虽然具有主导性，但是却从属于主控中心城市的服务业集聚和配置力，处于国际经济联系的副控中心地位。因此，对于上海这样处于生产系统转型的大城市，需要明晰其面对的问题和目标。有两点是根本的：一是上海作为增长转型的大城市，核心变革是制度矩阵的演进；二是与中国经济全球地位相匹配的上海将成为国际控制中心型城市，而不是副中心，其必须积极参与到国际城市竞争中来。

1. 上海经济分割的再分析

前文分析显示，上海目前正处在经历初级重化工业化向深加工度化的转型十字路口。一方面被加速向减速的“落潮效应”所困，另一方面被制度矩阵功能的转型阻力所困。毫无疑问，摆在上海经济面前的情景有两个：一是继续负重以爬上生产系统深加工度化的梯子；二是停留在初级重化工业化的门槛前，等待高投资和“消费示范效应”耗竭增长动力。与成功转型的发达国家相比（20 世纪 70 年代的日本和早期的欧盟国家），上海面临着治理分割的更大的阻碍，不只体现为融资制度功能的再塑造，更为严重的是，还面临现有制度组织方式转型的困难。作为一个对国际化大都市充满憧憬的区域经济体，上海未来步入“消费示范效应”，可以预期中国劳动力拐点的出现以及上海本身巨大的资源环境压力，也不会给其更多的规模化扩张机会。以效率提高抵消工资成本和环境改善成本，走“高效率、高收入”和“以效率改进贸易条件”的均衡增长路子，将是其不二的选择。

2. 城市节点是什么？是要作为创新“缩放器”和“学中学”的知识配置力而存在

上海学者提出的国际大都市定位以及节点城市的认识，给予我们的进一步的思考是：节点应该如何定义？行文至此，得到明确的一点是，上海处于深加工度化的推进时期，以深加工度化及其后集成化、网络化发展主线为基准，我们可以清晰认识到，所谓节点，就是上海市定位自己在国际产业链分工中的所处环节。

初级重化工业化时期的上海，实际上也是一个节点，但是这个节点的功能，是承接国际产业雁阵转移，加工模仿的规模化、低成本国际市场竞争是其主要特征。这个阶段以政府主导的制度安排为主，创新不是内在元素。为了促进节点能级的跃迁，只有实现了生产系统梯度爬升后，上海才有可能获得类似于发达国家国际大都市的节点功能。

我们认为，生产系统的产业梯度，对于创新具有“缩放作用”。工业化的规模化扩张时期，初级重化工业化的技术来源是“干中学和投中学”，生产系统的知识配置能力弱，甚至对创新具有抑制作用（干中学的创新缩小效应）。深加工度阶段以后，随着城市化的发展，经济网络化程度更高，如果这个梯度得以顺利推进，那么网络的知识配置力会越来越强大。换言之，各种“节点”通过知识网络的相互作用，会放大能力。即通过“学中学（Learning by Learning）”不断增加网络的“知识转移能力”和企业的“知识吸收能力”，两个能力累积扩张，最终推动经济效率路径的形成。因此，“干中学”向“学中学”的嬗变，也是经济转型和城市节点真正形成的标志（见图1－2）。

3. 节点作用：初级创新和次级创新

新时期的城市节点定位，本质上是激发城市创新能量。我们之所以强调深加工度化这个环节的重要性，以及这个环节的不可跨越性，是因为它是“初级创新”的基础。面对上海的种种经济分割，似乎不可能一步跨越到遍地有自主研发、遍地有高素质人力资源的环境。以协调管理（初级创新）为突破口，首先消除分割的障碍，实现生产组织的一体化和协调，本身就是极大的创新。一体化有了突破后，才有可能产生致密的生产系统网络化，网络化意味着生产环节和制度矩阵元素的紧密关联和相互依赖。

换言之，初级创新的要求，与上海现有生产模式转型的要求密切关联。20世纪90年代中期以后，上海重化工业中机械设备制造规模不断扩大，所

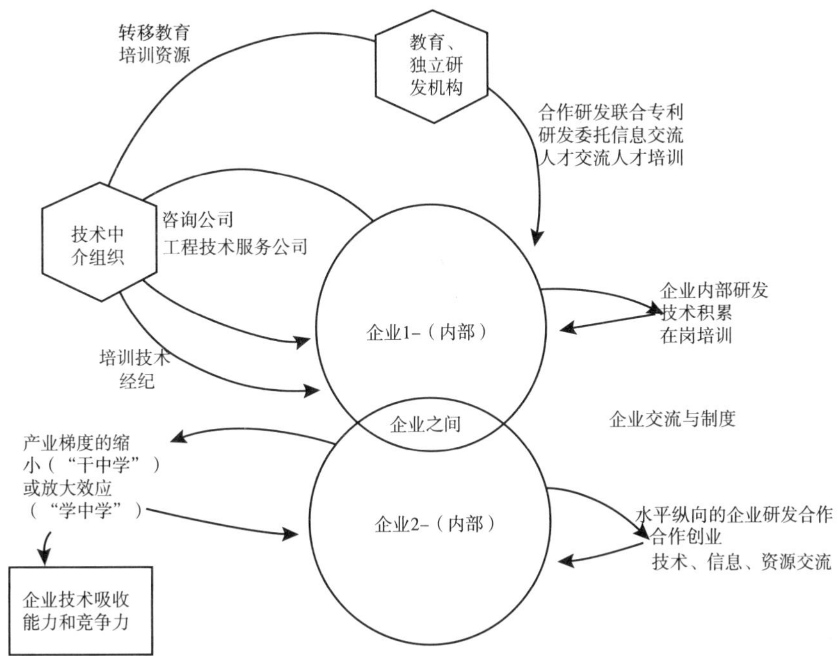

图1－2　高级产业梯度中的网络、“学中学（Learning by Learning）”与知识配置力

注：该图是OECD“国家创新系统比较项目”概念框架的修订，由于加入了产业梯度这一项，更能说明中国的问题。

提倡的高新技术产业如电子及通信设备、计算机及办公设备制造，在近年也有很大发展。但是，总体看来，上海市现阶段工业仍然处于深加工度化的初级阶段，生产一体化的技术改造、吸收处于需要继续加强的时期。面对这种情况，虽然强调自主的R&D很重要，但是首先在“初级创新”方面取得突破似乎更切合现阶段经济发展实际。因为在诸多制度分割、产业分割、企业分割的态势下，全面的自主创新模式并无真正涌现的土壤。

实际上，即使是“初级创新”，也是立足于一体化生产网络，尽管这些网络的致密性和效能与发达经济阶段相去甚远。但是，随着生产集成化的推进，生产组织越来越朝精细化方向发展，要保存现有生产环节的效率，必须进行“次级创新”，这是城市化步入均衡增长时期的现象。也只有当城市制度矩阵具有较大的自由度和开放度时，“次级创新”的内外知识交流和资金流转才能落地，就目前上海来看，这个阶段只能作为一种发展方向。

4. 税收的增长陷阱

我们来看一个制度矩阵不能及时转变的情景模拟。初级重化工业化高增长时期，由于社会资源向工业高度集聚，工业部门不仅成为规模增长极，而且是税收的主要贡献者，即“生产性税收”增长阶段（典型如增值税）。这个时期的税之所以落在企业上，是因为企业拥有大部分资源，劳动收入低下，不具有负担大份额税收的能力。只有到了比较发达的城市化阶段，当增长动力由投资主导，演变为技术主导的时候，较高的生产率引致的较高收入，才能成为税收基础，收入直接税替代增值税。也正是因为初级重化工业化时期的企业高税负，降低了企业资本积累和技术升级能力，如果经济向深加工度化过渡失败，最有可能出现的情景就是：加工型企业为高税负拖累，逐渐失去活力。这个时候，即使企业税收负担减轻，但也因无法找到税收减少弥补的措施降低国家税收，社会活动支持被迫减少，经济增长的创造性进一步受到打击，如此循环，逐渐步入不可预期的“增长陷阱”。

5. 节点和网络作为均衡的增长条件

城市节点和网络的最大特点，表现为其持续更新的能力。按照生产系统梯度爬升理论，在生产的高级阶段，产业演化和制度组织变革需要保持必要的同步性，当大量分割存在于生产系统中，如果得不到及时的协调和一体化结构重塑，即使引进了超越本阶段的先进生产方式，也不可能获得持续的效率来改进国际的竞争力。分割会阻碍技术知识的交流，网络环节的缺失会使创新基础消失。按照这个逻辑推断，城市经济稳定增长所需要的不是高级的技术，而是有生产、制度组织网络的持续更新活力。

第六节 制度支持

1. 分割治理措施

(1) 改变选择性融资

上海现有分割的形成，已经成为经济增长转型的障碍。从二战以来的发展经验看，世界上出现过很多初期追赶形势很好的国家，但是，他们过分迷恋诸如进口替代、出口替代战略形式上的追求，而纷纷倒在了从初级重化工业化向深加工度化的转型门槛之下，经济步入一种不确定性和不可预期的增长震荡中。政府支持经济发展的雄心不再，私人资本迷失在低度生产梯度的竞争中。因此，及早意识到高增长结束后经济分割的问题、分割治理的困难和治理步骤，至少可以避免增长陷入震荡后的手忙脚乱中。

第一道大坎是打破选择性融资支持体制，还大企业和小企业公平的投融资环境。主要是打破大企业的自然、行政垄断优势，给予小企业在市场、融资上的便利。撇开历史，即使看眼前的发达国家的小企业，无论在技术设备上、还是在生产管理上，通常具有不输给大企业的优势，小企业在这方面即所谓的“mini－版大企业”。

这方面，美国更不用说了。其支持中小企业的“生产集团”网络模式，不仅塑造了小企业的成长环境，而且不少企业帝国就是从小企业迅速发展来的。如，美国里根政府和克林顿政府时期，完整的中小企业成长培育体系，催生了知识经济革命。其中，支持中小企业发展的资金、技术服务等制度组织，在新经济发展中一直扮演着基础性角色。图1－3是美国培养风险企业的“生产集团”成分，从中可以看出投融资及其他综合服务在企业成长过程中的作用。

(2) 小企业组织

在存在效率分割的情况下，小企业要想追赶大企业的效率和工资水

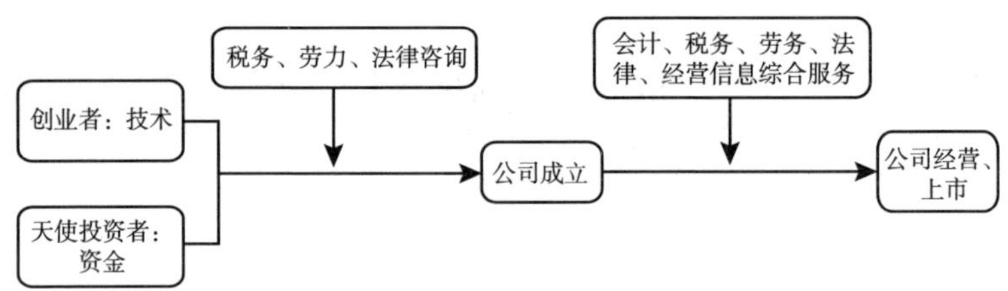

图1－3　美国培养风险企业的“生产集团”

平，进而实现企业间效率的均等化，税制和组织支持必不可少。

第二道大坎是给予中小企业有利的产业组织形式。日本的经济发展历史给人印象最为深刻的，是其20世纪70年代经济高增长结束时，国家对中小企业发展的立法。现在回过头看，一些政策很是具有魄力：第一点是关于改变小企业的生产处境的。为了改变70%的处于发包地位的小企业少受大企业的盘剥，国家要求大企业有责任在小企业的技术、设备和财务管理方面给予合作和支持，期望通过小企业技术、设备升级和产品价格的提高增加小企业边际利润，在资本深化、技术效率和管理组织方面实现追赶，提高产品价格以弥补小企业人均资本的劣势。事后看，效果比较明显，小企业工资提高速度很快，进而增强了其与大企业生产的互补性和竞争能力，这是日本在走向装配线生产梯度后下得很漂亮的一手棋。第二点是关于改变小企业的产业处境的。在强调小企业与大企业合作竞争的同时，日本允许小企业组成卡特尔，以增强他们讨价还价的能力，这一方面是对大企业垄断的适当限制，另一方面是对小企业产业组织形式的有意培育，这种差异化产业政策很有意思。第三点是为了让小企业尽快实现效率和工资的追赶，实行小企业资本加速折旧，促进技术更新换代。对小企业的支持也促进了服务业的发展，在经历20世纪60年代高速增长时期选择性融资的负面影响后，20世纪70年代日本的服务业效率发生逆转，走向了与制造业生产率趋同的良性轨道。

2. 自贸区建设与服务业升级

(1) 自贸区的制度创新

自贸区作为改革的试点，不是依靠特殊的政策营造政策洼地，而是注重制度层面的创新。针对提升贸易自由度，自贸区进行了以下三点制度创新：第一，转变监管理念，从货物管理转变为企业管理；第二，提高贸易开放度，建立与国际接轨的多元贸易模式，进一步拓展和优化贸易功能；第三，放宽政策开放度，尤其出台高度开放的外汇政策和优惠的税收政策。

针对自贸区的特点，配套的政策支持包括以下三点：第一，资金支持。推进上海国际贸易中心财政资金投入机制建设，重点支持贸易平台建设、营造贸易环境和改善贸易机构引进、贸易促进活动等，发挥财政资金的引导和激励作用。第二，贸易支持。服务贸易方面，单船单机的融资租赁向离岸服务发展，完善 SPV 退税、进口退税服务；内外贸易一体化方面，进一步扩大国际贸易结算、跨国公司总部外汇集中运营管理试点；国际外汇资金吸存和贷款的备案式管理（而非额度化管理）、跨境收付方面，对区内外汇资金先实行限额管理下的境内外双向互通；园区建设方面，统筹发展中心城区商业、新城和郊区商业、社区商业，重点建设地标性商业中心、特色商业街区；人才吸引方面，为引进的高层次、紧缺型贸易人才在户籍和居住证办理、住房、医疗保障以及子女就学等方面提供便利；对引进的境外贸易人才简化出入境手续。第三，海关监管。海关监管的政策核心在于聚集“准境外港地位”的试点，包括进一步深化期货保税交割、保税船舶登记、启运港退税试点；允许境外货船捎带国内其他港口货物进自由贸易区；允许国内运往自由贸易区的货物实行无条件的启运港退税；进驻自贸区的企业，将享有更便捷的审批流程和税费减免政策。从本质上看，包括保税区在内，我国的特殊监管区实行的仍是“境内关内”政策，采取区内仓库与卡口同时监管，致使监管手续烦琐；而自贸区则实行“境内关外”政策，即“一线放开，二线管住”。两者区别详见图 1－4。所谓“一线”，是指自贸区与国境外的通道口。“一线放开”是指对境外进入的货物，海关实行备案管理不查验货、检验检疫部门只检疫不检验，并实行区、港一体化运作管理，区内区港之间的货物可以自由流通。而所谓“二线”，是指自贸区与海关境内的通道口。“二线管住”是指货物从自贸区进入国内非自贸区或货物从国内非自贸区进入自贸区时，海关必须依据本国海关法的规定，征收相应的税额，同时海关对出口区的货物实行严格的监管，防止走私。从“境内关内”走向“境内关外”，实现贸易、投资、金融和运输四个方面的自由化，这是自贸区制度设计方面一个很大的突破。

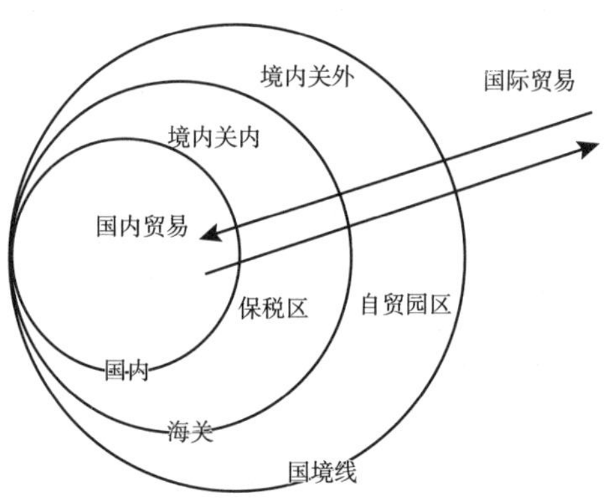

图 1－4　自贸区和保税区的区别

同时，自贸区对投资和金融行业进一步开放。利率市场化、汇率市场化、金融产品创新、离岸业务、金融业对外开放、内资外投和外资内投等在上海自贸区优先进行试点。投资领域开放的核心是内资外投和外资内投两个方面。根据自贸区的相关规定，外资内投可以获得准入前的国民待遇，企业设立和项目立项不需要事先提交项目可行性研究报告，实行少干预、无补贴政策；内资外投从原有的“核准制”转变为“备案制”，并且为区内注册登记满足条件公司提供资金援助。金融领域开放人民币资本项目可兑换、实行金融市场利率市场化、人民币跨境使用等，对符合条件的民营资本和外资金融机构全面开放金融服务业。

（2）未来需要进一步完善的制度

上海自贸区为深化改革开放探路，以开放促发展、促改革、促创新，主要针对服务业开放。随着自贸区服务业和金融业扩大开放措施的相继出台，未来自贸区需要配套完善的制度建设，具体包括以下几方面：

第一，实施双层管理体制。“加快政府职能转变”，自贸区需要实行政府管理与市场结合的双层管理体制，打破纵向切割，设立专门的行政机构和日常监管机构。同时，在充分引入市场机制的情况下，探索建立综合执法体系，鼓励社会组织参与市场监管，建立一个由政府控制的机构，对自贸区开展统一规划、土地开发、基础设施开发、招商引资、物业管理、项目管理、咨询服务、投诉处理等工作。第二，建立符合国际标准的法规体系。自贸区的建立对知识产权、劳工标准、环境保护等议题提出了新要求，这也是目前美欧等发达经济体试图树立的新型贸易标准。上海自贸区必须建立与国际接轨的仲裁制度，比照国际标准制定知识产权保护制度、劳工标准和环境标准，同时加大执法和监督力度。第三，打造信息网络平台。目前上海自贸区实行“一口受理”，即经营者只需要提交一次信息，无须重复向工商、质检、税务、海关等部门分别申报。企业完成核名程序后 4 天之内就可以拿到营业执照、企业代码和税务登记证，比原来需要的 29 天时间大幅缩短。这种国际化的方式虽然简化了行政手续，但是却对各部门的监管提出了更高要求，打造各部门共享的信息网络平台，就成为实施高效运作服务模式的重要保障，也为事后监管提供了便利和效率。自贸区可以借鉴国际经验，设置专门的信息中心，通过建立信息网络平台实现各部门的信息共享。第四，探索建立高效的监管模式。上海自贸区可以借鉴国际上施行的免于常规海关监管的理念，通过简化通关手续、减少区内监管、实现海关间的系统监管，改革和完善区域监管机制，方便自贸区内投资和货物的流动性。

3. 面向创新和多元化发展的政府收支模式改革

以政府收支模式改革实现走出分割、走向一体化配置资源，包含了政府资源自身配置为主体的公共资源配置模式改革和通过政府收支模式改革来提高市场配置资源的广度和深度两层含义。推进公共资源配置模式改革，就要打破公共预算、政府性基金预算、社会保障预算和国有资产经营预算在预算范围和预算期限上的分割状况，以全口径预算取代分割预算，以跨年底预算取代单期预算，从现有分割预算模式逐步走向公共资源的全口径长期预算，促进公共资源的一体化配置。以政府收支模式改革来促进市场资源配置效率提高，就要做到通过财税体制改革促进市场资源的有效配置。提高直接税比重，增加自然人对财政收入总量的直接贡献，逐步形成政府通过税收和财政支出来直接干预要素价格、由市场配置资源的发展模式。使市场资源自由流动和知识的交汇。这不仅能创造更多的税收，而且能创造更多财富。长期来看，以推进国家治理和提升国家能力为基本抓手，提高上海的凝聚力和市场向心力，促进上海本地经济的多元化发展。只有以包容的心态对待迁移劳动者，增强经济的多元化和本地经济对于全球新兴产业的适应能力，才能促进经济转型升级和长期繁荣的实现。

4. 上海市加强知识产权保护的政策建议

上海市可以通过如下一系列措施，对完善我国已引入的《拜杜法案》做出独特贡献。

第一，在自由贸易区，尝试消除许可收入向政府资助机构的上缴，并详细说明和规定政府事后介入权，从而有效落实公共资助研究知识产权保护。

第二，在自由贸易区，尝试适度吸收德国知识产权管理的发明人原则，充分保障研究人员参与技术创新的权利。具体地讲，就是将公共资助研究成果首先归属于研究人员，只有通过特定的行为、程序才能转化为公共研究组织的财产。

第三，要求公共研究组织成立专业化技术转让部门，实施排他性专利许可，并激励其建立高科技衍生企业或初创企业，以增强公共研究组织特别是研究人员参与创新合作的谈判能力，从而发挥基础研究在突破性创新中不可替代的作用。

第四，借鉴英国模式，由政府资助机构在体制、融资和技能上对公共研究组织成果商业化活动提供一次性的全方位扶持。（1）由政府资助机构共同开发出一个适用于公共研究成果商业化的会计核算框架，以培养更有利于公共研究成果商业化的文化和风险态度。现有的公共研究组织通常极端厌恶风险，以致阻碍了对商业化机会的追求。这是因为有效的知识转化本身就是追求风险的过程，必须以一定的失败作为代价。政府倾向于对风险行为进行惩罚则会进一步加剧公共研究组织过度关注风险回避而忽视风险管理。因此，政府对公共研究成果商业化的监督更应侧重于资产组合风险管理和透明度而非激励风险回避。（2）在增加基础研究公共资助的基础上，由政府资助机构组建种子和天使基金对公共研究成果商业化提供融资支持。事实上，只要给予技术转让这一新职责同等重视，明晰公共研究组织执行技术转让战略所产生的成本，并由政府进行弥补是必不可少的。（3）通过完善现有的高新技术开发区和发展公共资助研究创新网络，积极培养公共研究组织商业化技能。完善现有的高新技术开发区应主要借鉴美国创新的硅谷模式，通过在空间上围绕大学等公共研究组织组建科技公园和相应的企业孵化器，发挥基础研究和产业集群的协同作用，使公共资助研究知识在中小企业中得到很好的扩散。发展公共资助研究创新网络则应包括设立政府专门的技术转让政策执行机构，建设公共资助研究成果管理、利用信息发布平台和发展公共资助研究技术转让协会，成为连接大学等公共研究组织与外部市场的纽带。

第五，结合上海自由贸易区的建设，重塑公平的市场竞争环境，激励公共研究组织和中小企业参与创新活动，确保创新外溢效应发挥。

主要参考文献

Miyohei Shinohara, Structure Change in Japanese Economic Development, Kinokuniya Bookstore Co. , LTD, Tokyo.

Mitchell, B. R. , *International Historical Statistics* (4th ed): 1750 - 1993, New York: Stockton Press, 1998.

Pim den Hertog, etal. , Assessing the distribution power of national innovation systems Pilot study: the Netherlands, STB/95/051, 1995.

R. Nurkse, *Problems of Capital Formation in Underdeveloped Countries*, Oxford University Press, 1953.

Terutomo Ozawa, 2005: *Institutions, Industrial Upgrading, and Economic Performance in Japan*. Edward Elgar, MA, USA.

马莉莉：《香港之路 - 产业内分工视角下的世界城市发展》，人民出版社，2011。

中国经济增长前沿课题组：《上海市创新转型发展指标体系研究》，上海研究研究报告，2011。

中国经济增长前沿课题组：《中国经济长期增长路径、效率与潜在增长水平》，《经济研究》2012 年第 11 期。

中国经济增长前沿课题组：《中国经济减速的结构性特征、转型风险与效率提升路径》，《经济研究》2013 年第 3 期。

周振华：《营业税改征增值税研究》，格致出版社，2013。

左学金等：《世界城市空间转型与产业转型比较研究》，社会科学文献出版社，2011。

第二章

上海创新发展转型升级指标研究 2013

摘　要

在2012年发达城市创新驱动转型升级指标研究的基础上，本章继续对包括上海市的发达城市的创新驱动转型升级发展指标进行研究，并将年份从2010年延续到2012年。通过选取效率、结构、潜力、生活和稳定等五个一级指标，使用层次分析法对上海创新发展转型升级进行了评价分析，并与国内其他主要城市进行了比较分析。研究得出的主要结论为：

转型升级综合排名情况为：除2005年、2006年排名第二外，2005～2012年的其他年份上海市转型升级综合排名第一。2005年、2006年北京市排名第一。2012年，发达城市中有三个城市以2005年为基期的转型升级指数超过100——上海市以2005年为基期的转型升级指数为119.35、天津市的转型升级指数为104.90、深圳市的转型升级指数为100.37。

发达城市效率综合排名情况为：2005年、2006年上海市居于第二位，相应年份排第一的是广州市。2009年上海市排名第三位，相应年份居于第一位的是深圳，其他年份包括综合得分上海市都是排名第一。2005～2012年北京市效率综合排名第五。2012年，发达城市中仅两个城市以2005年为基期效率指数超过100——上海市的效率指数为165.01，同期天津市的效率指数为101.05。上海市的效率指数改善显著。

发达城市结构综合排名情况为：2005～2012年上海市结构综合排名

均为第二位。而 2005 ~ 2012 年北京市结构综合排名均为第一。2012 年，发达城市中三个城市以 2005 年为基期的结构指数超过 100——北京市的结构指数为 107.81、上海市的结构指数为 103.82、深圳市的结构指数为 102.78。

发达城市潜力综合排名情况为：2005 ~ 2012 年上海市潜力综合排名均为第二位。2005 ~ 2012 年北京市潜力综合排名第一。2012 年，发达城市中三个城市以 2005 年为基期的潜力指数超过 100——天津市的潜力指数为 114.09、广州市的潜力指数为 108.49、上海市的潜力指数为 101.83。

发达城市生活综合排名情况为：2009 年、2010 年排第一位，2005 年排名第二位，2006 ~ 2008 年排名第四位。2012 年，发达城市中三个城市以 2005 年为基期的生活指数超过 100——天津市的生活指数为 155.11、深圳市的生活指数为 110.98、广州市的生活指数为 103.63。而上海市的生活指数为 96.25。

发达城市稳定综合排名情况为：2005 年、2012 年上海市排名第一位、2006 年排名第二位，2007 ~ 2011 年排名第三位。2012 年发达城市中三个城市以 2005 年为基期的稳定指数超过 100——深圳市的稳定指数为 110.78、天津市的稳定指数为 108.32、广州市的稳定指数为 104.69。而上海市的稳定指数则低于 100，为 91.03。

此外，我们使用转型升级一级指标的雷达图，从雷达图可以清晰看出影响发达城市转型升级的一级指标效率、结构、潜力、生活、稳定的得分情况对比，从而可以对发达城市之间及自身发展状况进行比较。

第一节 引言

近年来，在我国转变经济发展方式及世界经济大调整的背景下，上海市在全国较早提出了结构调整与发展创新理念，相关指标的排名与有关城市相比也居于前列。不过，与国际上的发达经济体相比，上海与其的差距仍极其明显。由于现成理论总结与可资借鉴的相关经验并不多，在转型期如何使总量、结构、分配和稳定等多重目标激励相容，同时协调好经济、社会与环境之间的冲突和矛盾，许多政策实践仍在自我摸索之中，上海发展转型目前尚未形成成熟做法或模式。转型工作的针对性、科学性和系统性都有待进一步提高。

转型发展可以被理解为人类社会生产方式和生活方式的结构转变，转型升级受到效率和广义恩格尔定律的牵引。传统工业和现代工业的差别在于生产方式的不同，同样传统服务业和现代服务业的差别也在于生产方式的不同。现代生产方式的表现是生产的分工深化，可获得规模化生产能力，并得到规模收益，核心是劳动效率能得到持续的提升。现代生产方式推动了产业结构的调整，从低效率的农业转向高效率的工业，从高效率的工业转向更高效的服务业，在此过程中也推动了农业和工业发展，直到产业间效率均衡、结构稳定。生活方式则体现在广义恩格尔定律上，即从食品占消费支出比重的下降拓展到物质消费占消费支出比重的下降。因此人类需求结构会牵引着产业不断变化，服务业比重会越来越高。但在可贸易条件下，一国或一个地区供给结构不一定与需求结构完全吻合，而供给结构更多地服从效率原则。但从全球范围看，广义恩格尔定律又是决定性的，服务业需求比重持续提高。

上海未来一段时期的经济增长将处于规模收益递增（下凹型增长曲线）向收益递减（上凸型增长曲线）演变的转折阶段，处于从要素投入型规模扩张增长向效率驱动的集约和创新型增长过渡时期。上海当前的增长减速实际上遇到了发达国家遭遇的同样问题，其城市化水平高达90%，服务业比重不断上升，制造业比重不断下降，导致 GDP 增长速度下滑。重返过去的增长方式已不可能，解决问题的核心是如何能持续改进效率并形成更均衡的产业结构。本研究中尝试用一个不同于以产业政策干预为基准的“转型升级指标”，而以效率为主导，结构并举，把增长潜力（人力资本、企业研发等）、生活质量和稳定性纳入上海转型升级的评价体系中，强调了持续劳动生产率的改善才是转型升级的根本这一观点。

2012年我们已经对上海市创新驱动转型升级发展指标进行了研究，本章延续2012年的研究并将研究年份从2010年延伸到2012年。本章安排如下，第二部分是上海市与国内发达城市转型升级比较研究，第三部分是结论和政策建议。在国内外现代化指标研究的基础上，结合中国发达城市的实际，将中国发达城市转型升级分为效率、结构、潜力、生活和稳定五个一级指标，并选取了28个具体指标，利用2005～2012年数据采用层次分析法对上海创新转型发展指标进行进一步的系统量化研究。通过分析数据，我们发现上海转型升级在2005年后基本一直排在全国五大城市（上海、北京、深圳、广州、天津）之首，与全球发达国家相比，效率改进速度提升显著。当然也要看到这是由于通货膨胀和汇率等因素帮了忙，这是名义上的赶超。当前上海也面临着很大的问题，主要是第三产业相对劳动生产率（即第三产业与第二产业劳动生产率之比，第二产业劳动生产率为1）2002年起就低于1，2012年已经降到约0.7，近几年平均约为0.76，低于发达国家第三产业相对劳动生产率大于或等于1的水平。如果不加速改善服务业劳动效率，而盲目提高服务业比重的话，就会形成低效的产业结构，而提高现代服务业比重是提升服务业效率的关键。上海“每百万劳动力中研发人员数”与发达国家相比差距大，上海未来效率提升需要靠人力资本积累。在结构方面，上海工业部门就业和产值比重高，效率改善不错，但未来必然受到广义恩格尔定律的牵引，保持制造业的优势非常困难，从德国和新加坡的经验看，抑制地产泡沫是保持产业竞争力的关键。根据需求偏好相似理论[①]，上海市的整体需求与消费水平将逐步趋近于国际上的高收入经济体，消费需求升级、生活质量提高将成为未来经济发展新的增长点，创新、消费、投资、贸易和金融等都将围绕着与城市生产、生活相关的现代服务业大发展机会而展开，抓住这一机会将成为上海经济转型和可持续增长的关键所在。

第二节 上海市与国内发达城市转型升级比较

为了研究上海市转型升级问题，并和国内发达城市比较，本章在国内外现代化指标的基础上，结合中国发达城市实际将中国发达城市转型升级分为五个一级指标，并选取了 28 个具体指标，利用 2005 ~ 2012 年数据，采用层次分析法对上海转型升级指标进行研究。层次分析法及权重具体结果见附录。

1. 转型升级指标设计

将转型升级指标分为两级，其中一级指标包括效率、结构、潜力、生活和稳定，一级指标下共包含 28 个具体指标。见表 2 - 1。

表 2 - 1 上海转型升级指标设计

一级指标	具体指标
效率	TFP 贡献率
	GDP2 劳动生产率
	GDP3 劳动生产率
	资本产出率
	土地产出率
	地方税收增长

① 需求偏好相似理论（Theory of Preference Similarity）是瑞典经济学家斯戴芬·伯伦斯坦·林德（Staffan B. Linder）于 1961 年在其论文《论贸易和转变》中提出的。该理论的其中一个假定是，如果两国的平均收入水平相近，则两国的需求结构也必定相似。

续表

一级指标	具体指标
结构	服务业就业比重
	服务业占 GDP 比重
	消费对经济增长贡献
	贸易依存度
	万元 GDP 能耗
潜力	R&D
	每百万劳动力中研发人员数
	专利授权量
	劳动力受教育程度
	城市建成区与规划区比重
	资本形成/GDP
生活	环境指数
	基础设施指数
	公共服务覆盖率
	人均收入增长
	HDI
	平均房价收入比
	家庭财富增长
稳定	基尼系数
	增长波动率
	通货膨胀率
	政府收入稳定

注：其中环境指数包括人均公共绿地、空气质量、城市噪声。基础设施指数包括万人拥有医生、万人床位数、万人医院数、人均液化石油气家庭用量、万人影剧院数、万人实有出租车数、每辆公共汽电车客运总数、万人公共汽电车数量、人均铺装道路面积、人均供水量。公共服务覆盖率包括基本养老保险覆盖率、基本医疗保险覆盖率、失业保险率覆盖率。HDI 包括预期寿命指数、教育指数、人均 GDP 指数。

2. 发达城市转型升级情况

（1）发达城市转型升级排名

发达城市转型升级综合排名情况为：除 2005 年、2006 年排名第二外，2005～2012年的其他年份上海市转型升级综合排名第一，2005年、2006年北京市排名第一（见表2－2）。

表2－2　2005～2012年发达城市转型升级排名情况

城市＼年份	2005	2006	2007	2008	2009	2010	2011	2012	2005后平均
北京市	1	1	2	2	2	2	2	2	2
天津市	5	5	5	5	5	5	5	4	5
上海市	2	2	1	1	1	1	1	1	1
广州市	3	4	4	3	3	4	4	5	4
深圳市	4	3	3	4	4	3	3	3	3

2012年发达城市中有三个城市以2005年为基期的转型升级指数超过100——上海市的转型升级指数为119.35、天津市的转型升级指数为104.90、深圳市的转型升级指数为100.37（见表2－4）。

表2－3　2005～2012年发达城市转型升级指数（上一年＝100）

城市＼年份	2005	2006	2007	2008	2009	2010	2011	2012	平均
北京市	100.00	100.71	95.61	98.98	96.28	100.43	99.43	95.09	98.08
天津市	100.00	100.51	107.20	95.19	101.12	102.54	98.38	100.27	100.74
上海市	100.00	96.65	104.88	98.41	105.60	100.03	106.30	106.55	102.63
广州市	100.00	99.22	98.38	108.38	96.12	94.85	94.65	97.41	98.43
深圳市	100.00	103.23	95.44	99.16	101.08	102.54	99.91	99.23	100.08

表2－4　2005～2012年发达城市转型升级指数（以2005年为基期）

城市＼年份	2005	2006	2007	2008	2009	2010	2011	2012
北京市	100.00	100.71	96.30	95.31	91.77	92.16	91.64	87.13
天津市	100.00	100.51	107.75	102.56	103.71	106.34	104.62	104.90
上海市	100.00	96.65	101.37	99.75	105.34	105.37	112.01	119.35
广州市	100.00	99.22	97.62	105.80	101.70	96.46	91.30	88.93
深圳市	100.00	103.23	98.52	97.69	98.74	101.25	101.15	100.37

（2）发达城市转型升级综合得分图

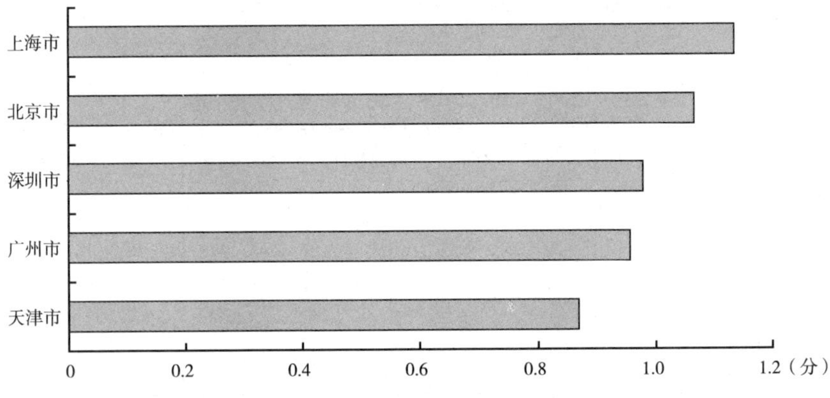

图 2-1 发达城市转型升级平均综合得分情况

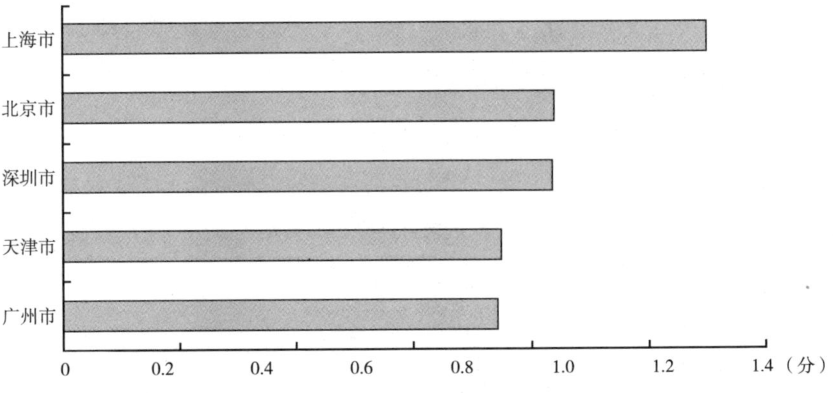

图 2-2 发达城市 2012 年转型升级综合得分情况

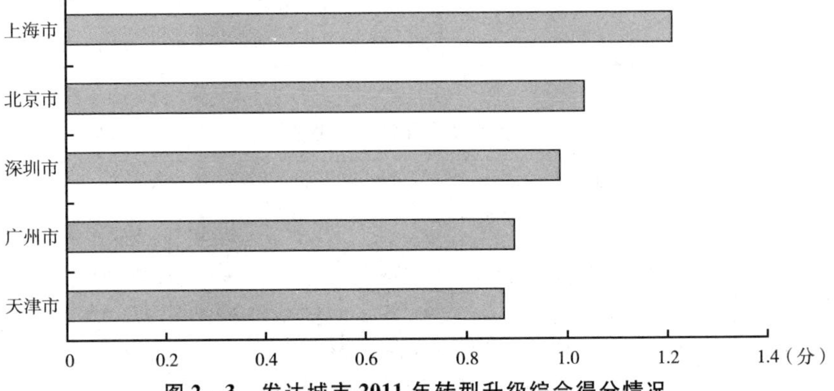

图 2-3 发达城市 2011 年转型升级综合得分情况

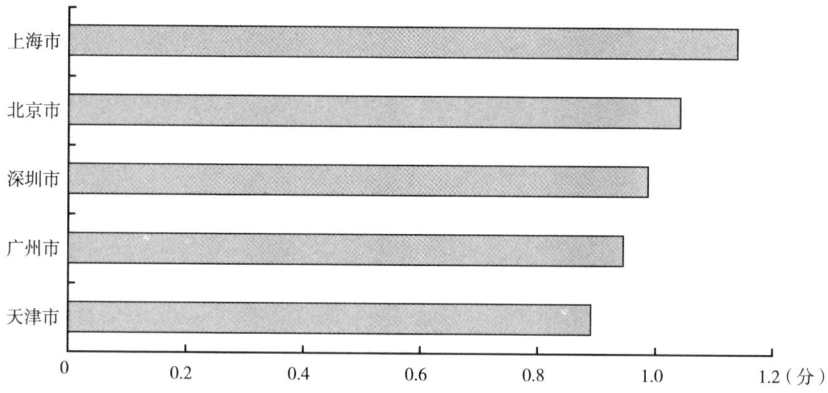

图 2－4　发达城市 2010 年转型升级综合得分情况

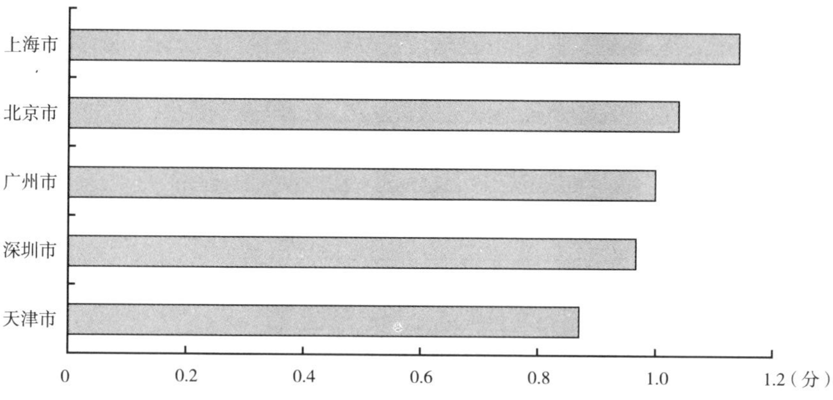

图 2－5　发达城市 2009 年转型升级综合得分情况

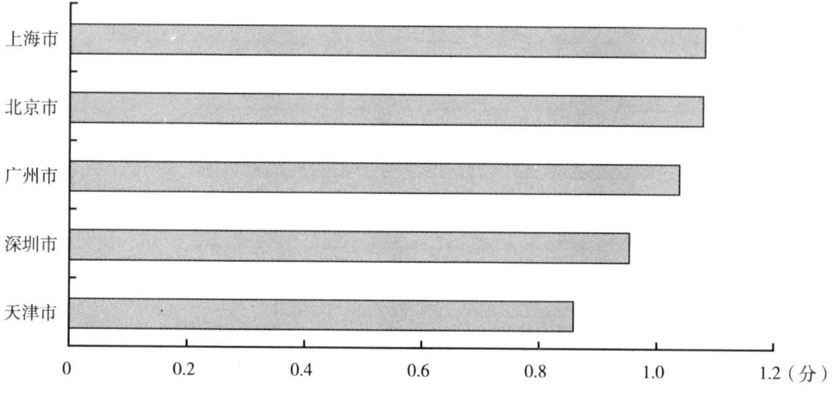

图 2－6　发达城市 2008 年转型升级综合得分情况

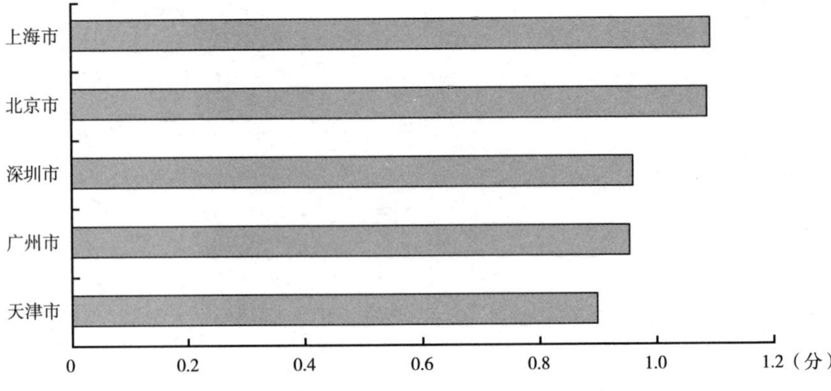

图 2－7　发达城市 2007 年转型升级综合得分情况

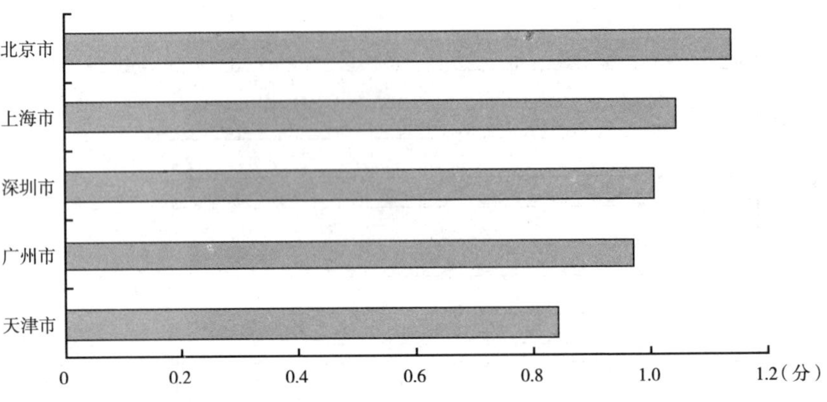

图 2－8　发达城市 2006 年转型升级综合得分情况

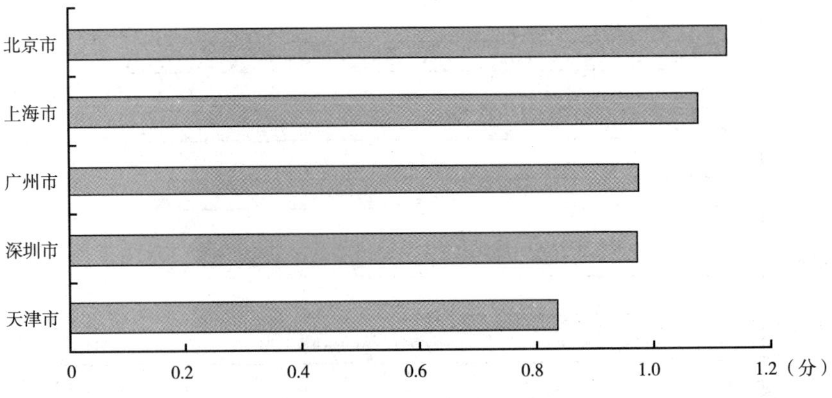

图 2－9　发达城市 2005 年转型升级综合得分情况

(3) 发达城市以2005年为基期的转型升级指数图

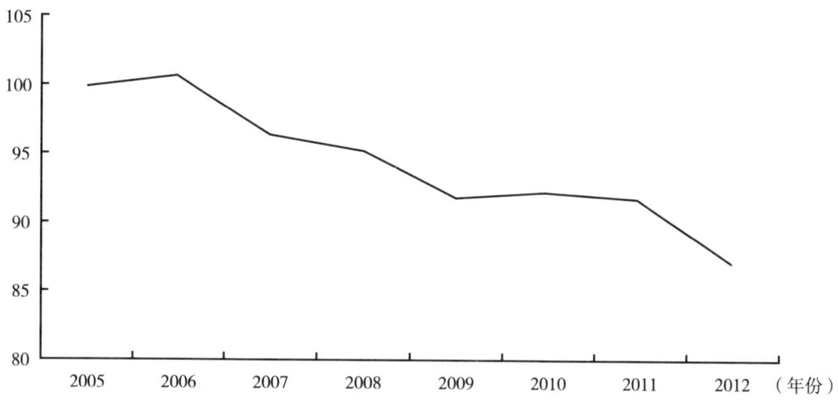

图2-10 北京市转型升级指数走势(以2005年为基期)

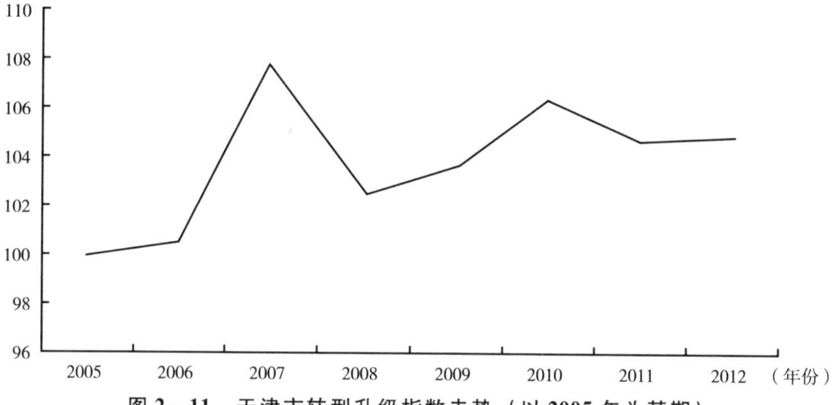

图2-11 天津市转型升级指数走势(以2005年为基期)

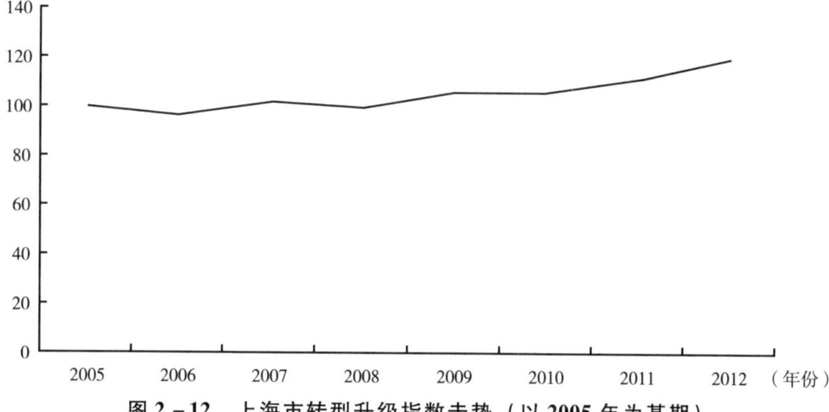

图2-12 上海市转型升级指数走势(以2005年为基期)

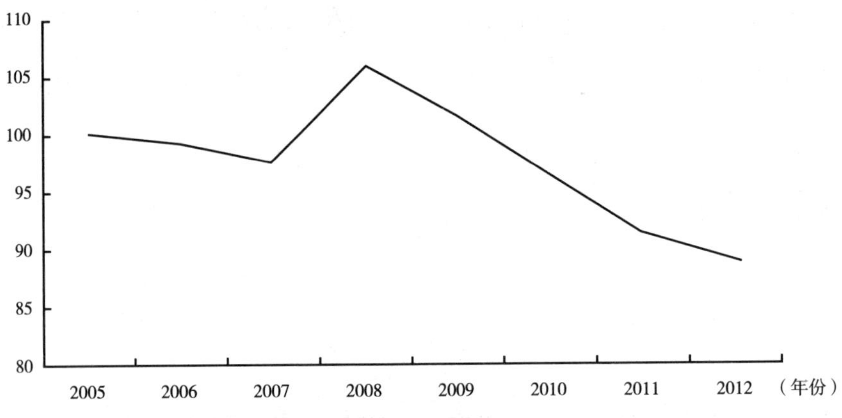

图 2-13 广州市转型升级指数走势（以2005年为基期）

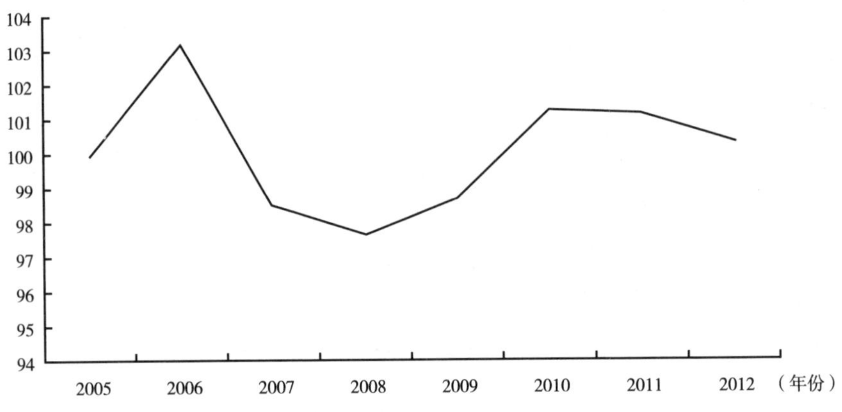

图 2-14 深圳市转型升级指数走势（以2005年为基期）

注：为了便于横向比较，该基期数据均是通过标准正向化后的分析结果。

第三节 发达城市转型升级一级指标情况

1. 发达城市效率情况

(1) 发达城市效率综合排名

发达城市效率综合排名情况为：2005年、2006年上海市居于第二位，相应年份排第一的是广州市。2009 年上海市排名第三位，相应年份居于第一位的是深圳，其他年份包括综合得分上海市都是排名第一。2005 ~ 2012 年北京市效率综合排名第五（见表 2 - 5）。

表 2 - 5 2005 ~ 2012 年发达城市效率排名情况

城市\年份	2005	2006	2007	2008	2009	2010	2011	2012	2005 后平均
北京市	5	5	5	5	5	5	5	5	5
天津市	4	4	4	4	4	4	3	2	4
上海市	2	2	1	1	3	1	1	1	1
广州市	1	1	3	3	2	3	4	4	3
深圳市	3	3	2	2	1	2	2	3	2

发达城市中仅两个城市以 2005 年为基期效率指数超过 100，上海市以 2005 年为基期的效率指数为 165. 01，天津市的效率指数为 101. 05（见表 2 - 7）。上海市的效率指数改善显著。

表 2 - 6 2005 ~ 2012 年发达城市效率指数（上一年 = 100）

城市\年份	2005	2006	2007	2008	2009	2010	2011	2012	平均
北京市	100. 00	99. 04	102. 07	95. 75	74. 82	119. 85	93. 39	81. 98	95. 27
天津市	100. 00	97. 96	99. 69	89. 45	103. 92	105. 65	101. 36	103. 94	100. 28
上海市	100. 00	101. 32	109. 01	99. 12	94. 70	118. 10	116. 26	115. 92	107. 78
广州市	100. 00	99. 75	94. 42	105. 16	106. 95	84. 44	84. 56	86. 51	94. 54
深圳市	100. 00	101. 52	95. 54	108. 93	111. 36	86. 01	96. 94	93. 92	99. 17

表 2 - 7 2005 ~ 2012 年发达城市效率指数（以 2005 年为基期）

城市\年份	2005	2006	2007	2008	2009	2010	2011	2012
北京市	100. 00	99. 04	101. 09	96. 79	72. 41	86. 79	81. 05	66. 44
天津市	100. 00	97. 96	97. 66	87. 36	90. 79	95. 92	97. 22	101. 05
上海市	100. 00	101. 32	110. 45	109. 47	103. 67	122. 44	142. 35	165. 01
广州市	100. 00	99. 75	94. 18	99. 05	105. 93	89. 45	75. 64	65. 44
深圳市	100. 00	101. 52	96. 99	105. 65	117. 64	101. 19	98. 09	92. 13

（2）发达城市效率综合得分图

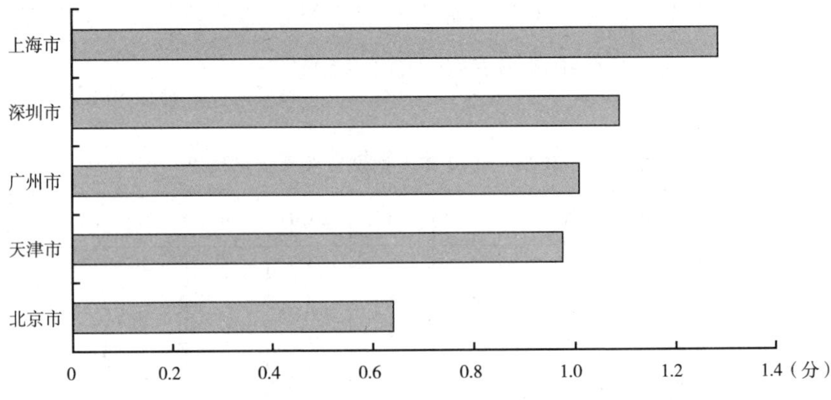

图 2-15　发达城市效率平均综合得分情况

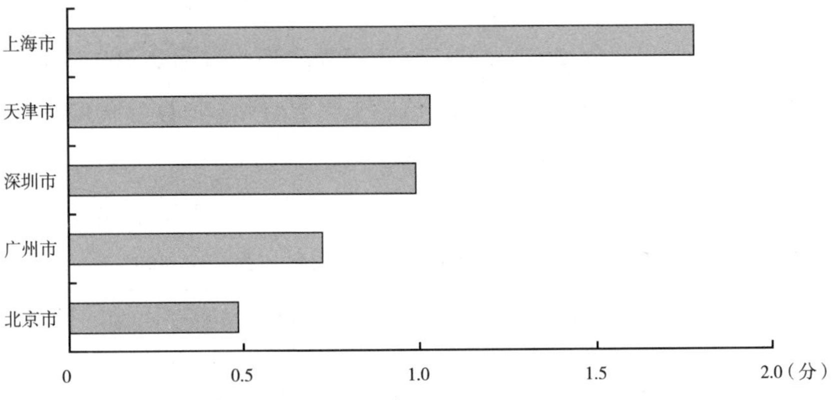

图 2-16　发达城市 2012 年效率综合得分情况

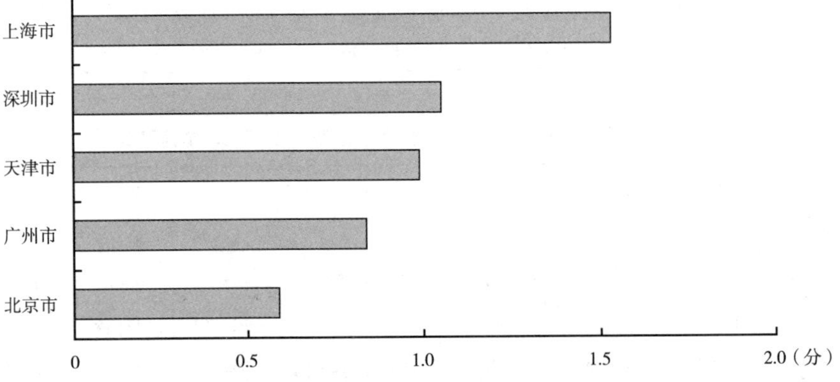

图 2-17　发达城市 2011 年效率综合得分情况

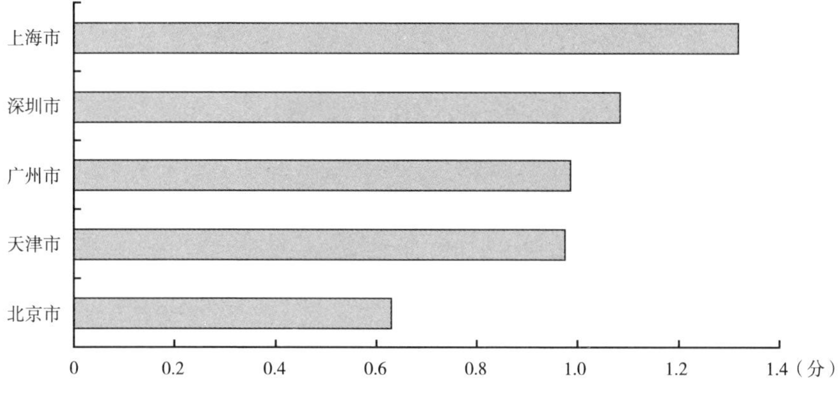

图 2－18　发达城市 2010 年效率综合得分情况

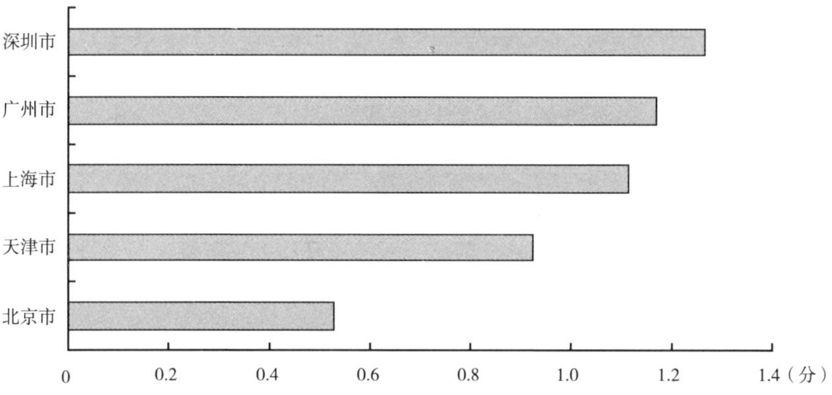

图 2－19　发达城市 2009 年效率综合得分情况

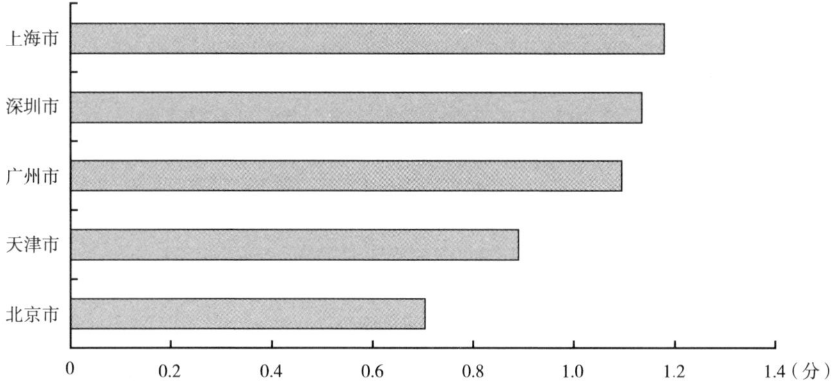

图 2－20　发达城市 2008 年效率综合得分情况

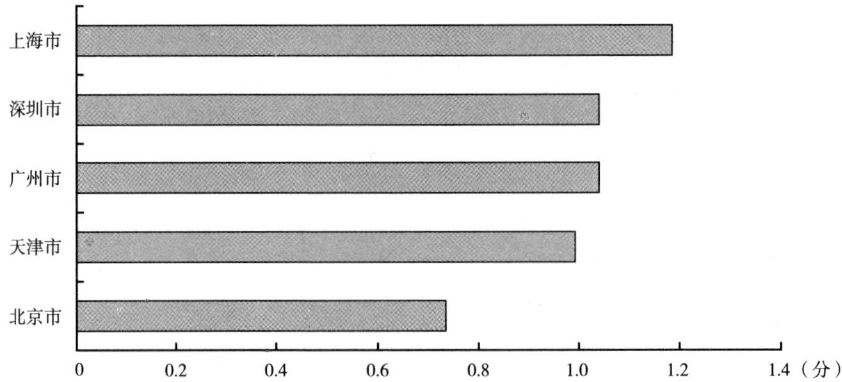

图 2-21 发达城市 2007 年效率综合得分情况

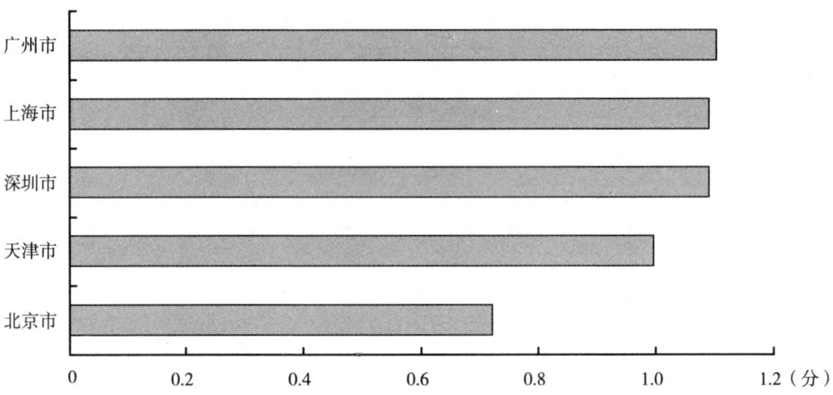

图 2-22 发达城市 2006 年效率综合得分情况

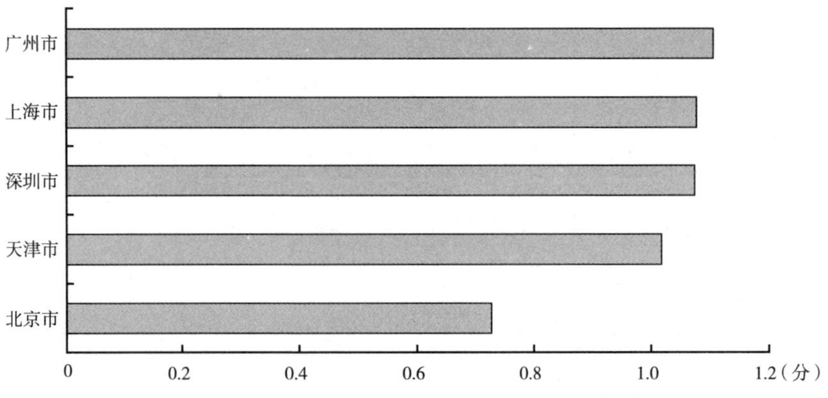

图 2-23 发达城市 2005 年效率综合得分情况

（3）发达城市以2005年为基期的效率指数图

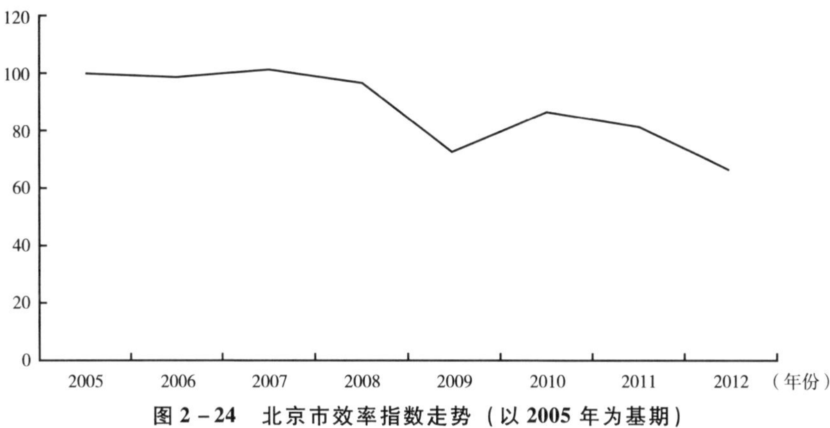

图2-24 北京市效率指数走势（以2005年为基期）

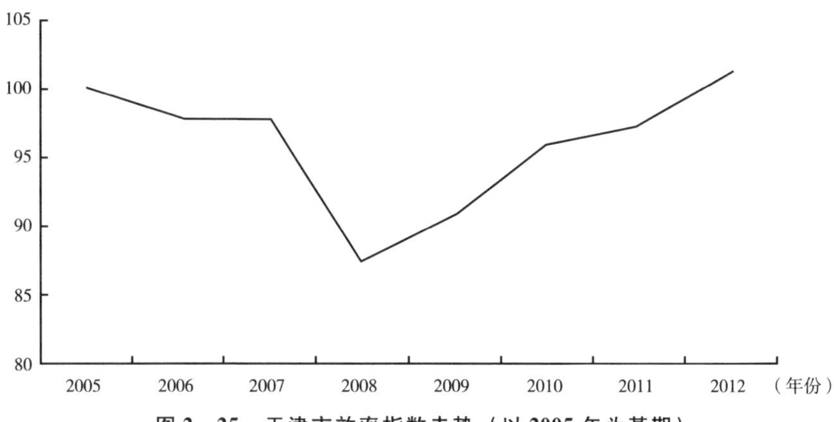

图2-25 天津市效率指数走势（以2005年为基期）

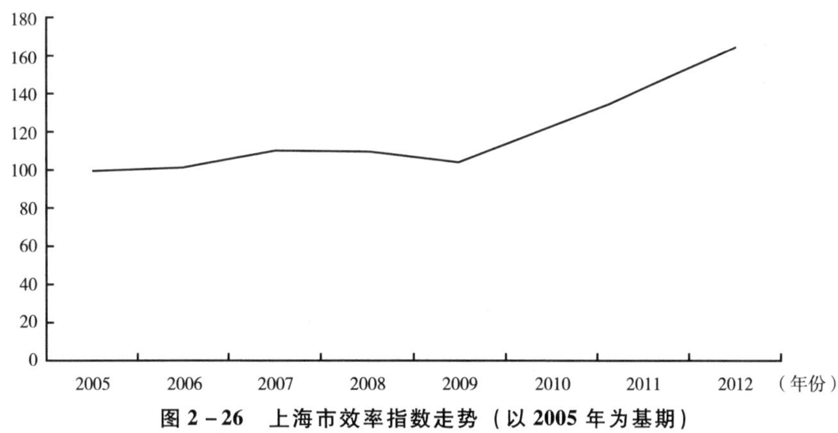

图2-26 上海市效率指数走势（以2005年为基期）

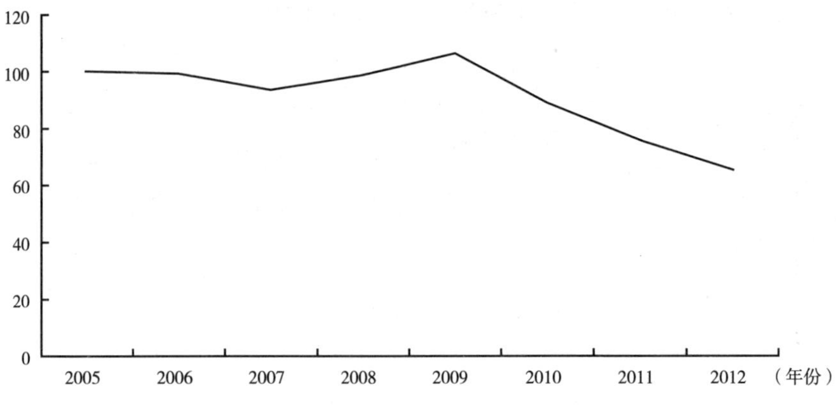

图2－27　广州市效率指数走势（以2005年为基期）

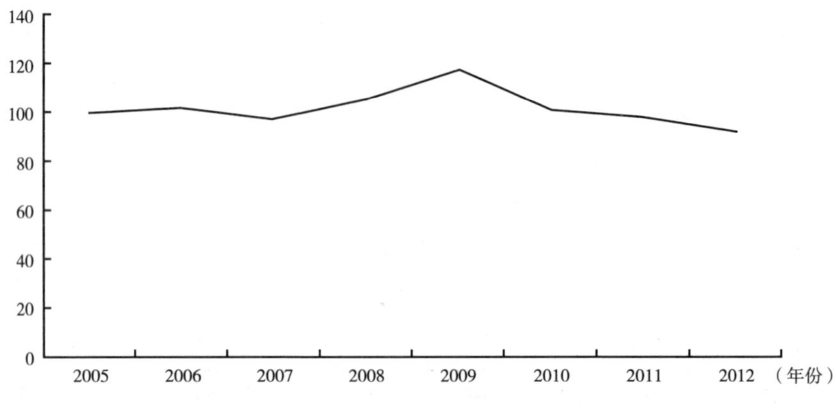

图2－28　深圳市效率指数走势（以2005年为基期）

2. 发达城市结构情况

（1）发达城市结构排名

发达城市结构综合排名情况为：2005～2012年上海市结构综合排名均为第二位。而2005～2012年北京市结构综合排名第一位（见表2－8）。发达城市中三个城市以2005年为基期的结构指数超过100——北京市的结构指数为107.81、上海市以2005年为基期的结构指数为103.82、深圳市的结构指数为102.78（见表2－10）。

表 2－8 2005～2012 年发达城市结构排名情况

城市＼年份	2005	2006	2007	2008	2009	2010	2011	2012	2005 后平均
北京市	1	1	1	1	1	1	1	1	1
天津市	5	5	5	5	5	5	5	5	5
上海市	2	2	2	2	2	2	2	2	2
广州市	3	3	4	4	4	4	4	4	4
深圳市	4	4	3	3	3	3	3	3	3

表 2－9 2005～2012 年发达城市结构指数（上一年＝100）

城市＼年份	2005	2006	2007	2008	2009	2010	2011	2012	平均
北京市	100.00	102.58	100.89	102.74	98.85	99.95	103.58	99.08	101.10
天津市	100.00	99.16	99.55	97.20	100.40	99.78	93.04	97.52	98.09
上海市	100.00	98.80	99.37	100.47	102.03	100.17	99.38	103.63	100.55
广州市	100.00	99.08	98.32	100.26	98.57	101.07	99.31	98.18	99.26
深圳市	100.00	99.84	101.64	98.25	100.45	99.01	102.58	101.03	100.40

表 2－10 2005～2012 年发达城市结构指数（以 2005 年为基期）

城市＼年份	2005	2006	2007	2008	2009	2010	2011	2012
北京市	100.00	102.58	103.50	106.33	105.11	105.06	108.82	107.81
天津市	100.00	99.16	98.71	95.95	96.33	96.12	89.43	87.21
上海市	100.00	98.80	98.18	98.64	100.64	100.81	100.19	103.82
广州市	100.00	99.08	97.42	97.68	96.28	97.31	96.64	94.87
深圳市	100.00	99.84	101.48	99.71	100.16	99.17	101.72	102.78

（2）发达城市结构综合得分图

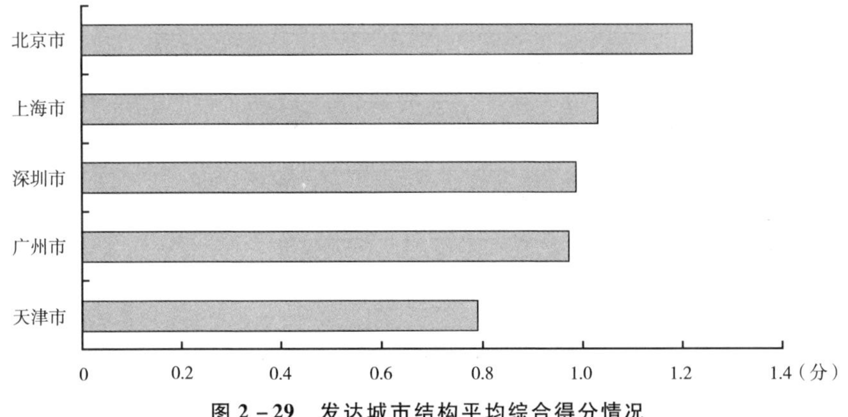

图 2－29 发达城市结构平均综合得分情况

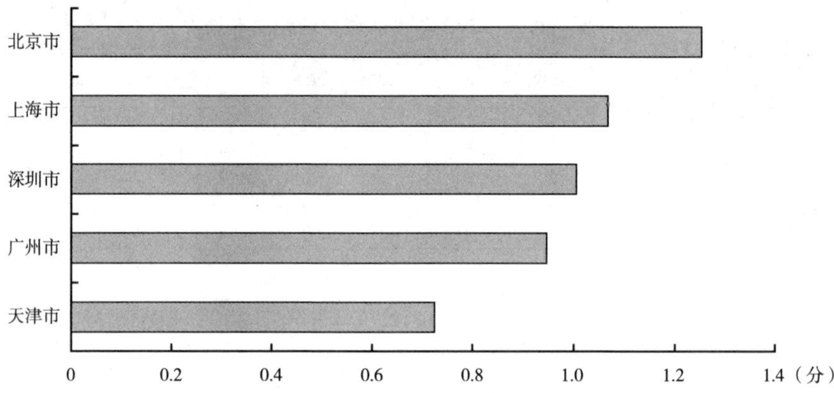

图2－30　发达城市2012年结构综合得分情况

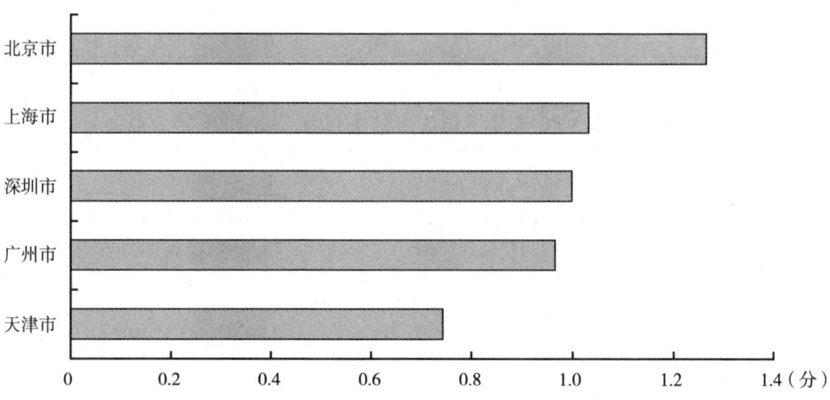

图2－31　发达城市2011年结构综合得分情况

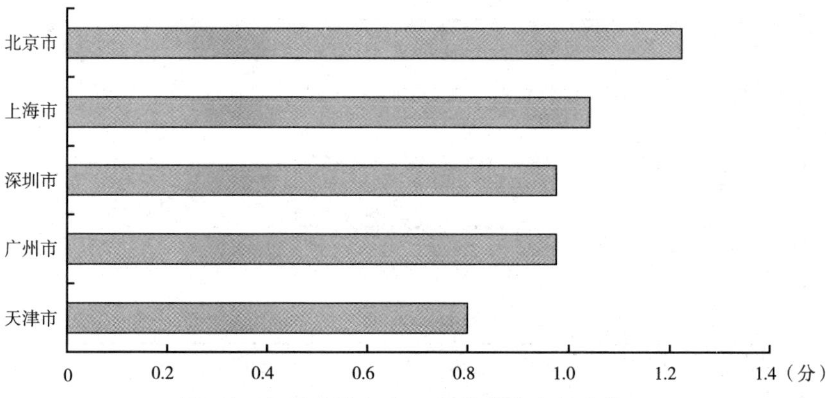

图2－32　发达城市2010年结构综合得分情况

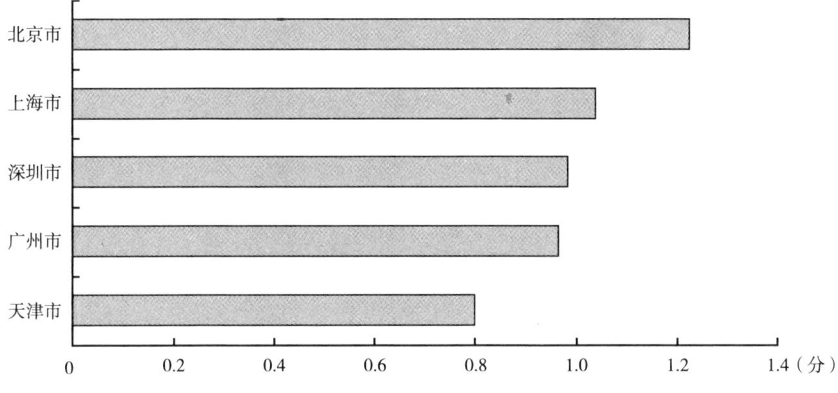

图 2－33 发达城市 2009 年结构综合得分情况

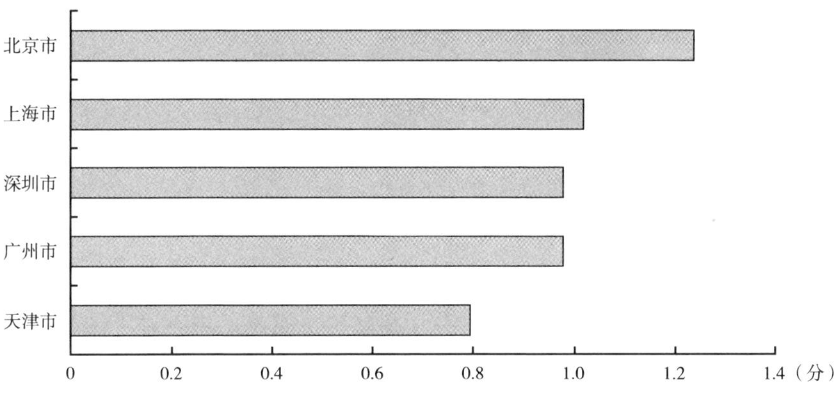

图 2－34 发达城市 2008 年结构综合得分情况

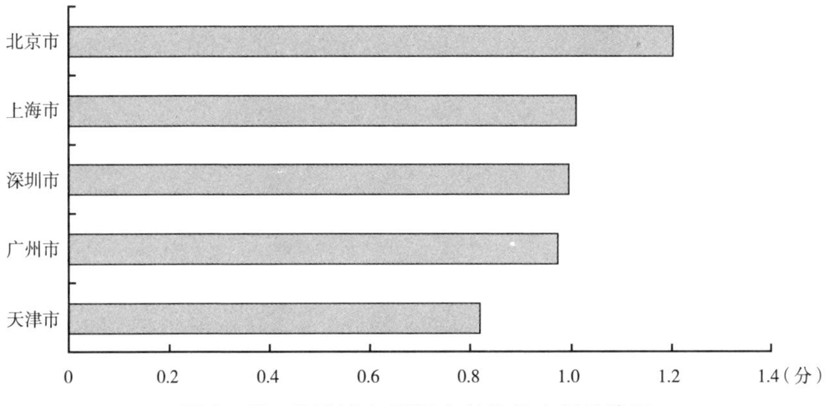

图 2－35 发达城市 2007 年结构综合得分情况

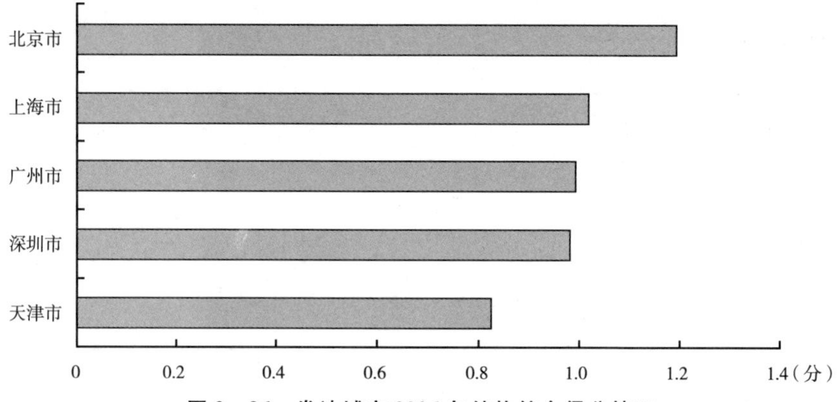

图 2-36 发达城市 2006 年结构综合得分情况

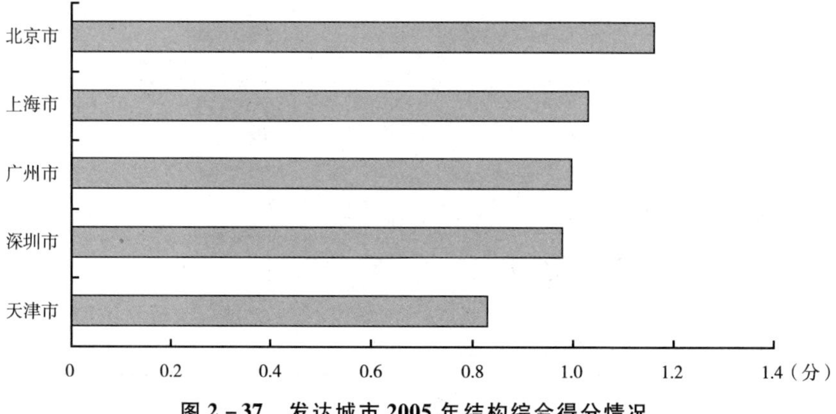

图 2-37 发达城市 2005 年结构综合得分情况

（3）发达城市以 2005 年为基期的结构指数图

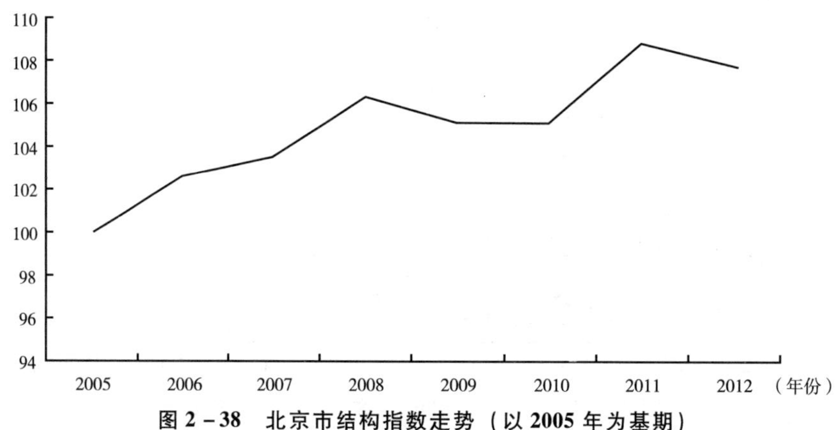

图 2-38 北京市结构指数走势（以 2005 年为基期）

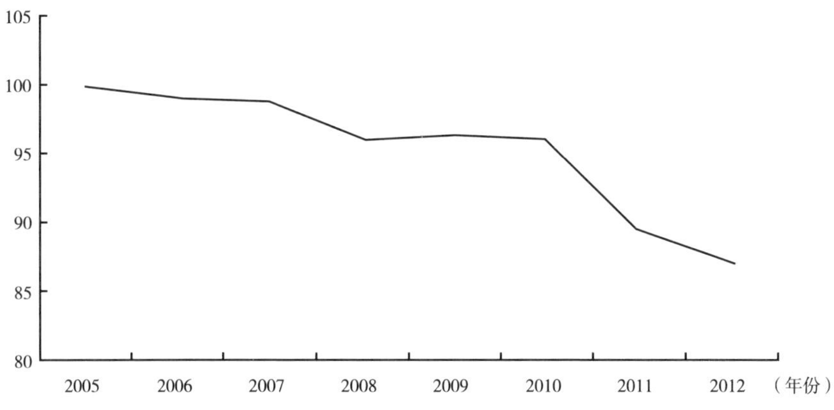

图 2－39 天津市结构指数走势（以 2005 年为基期）

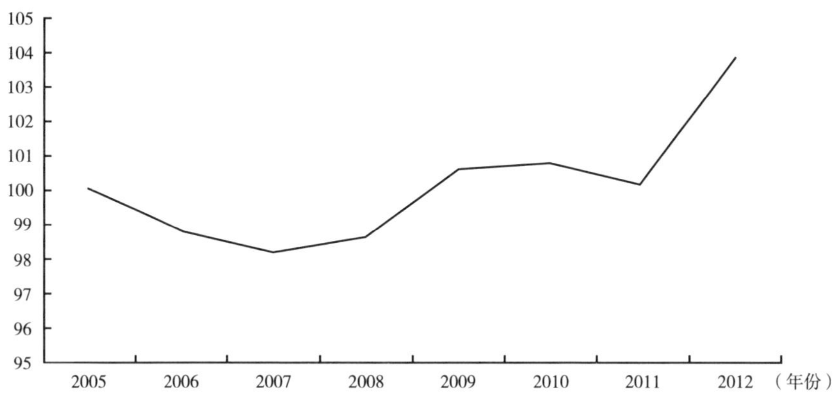

图 2－40 上海市结构指数走势（以 2005 年为基期）

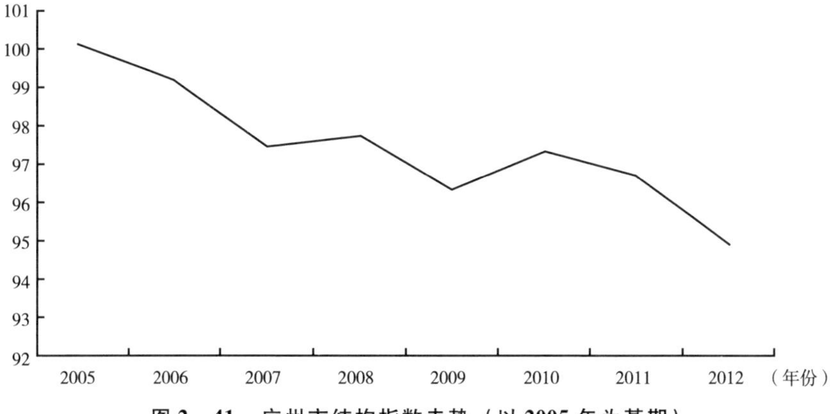

图 2－41 广州市结构指数走势（以 2005 年为基期）

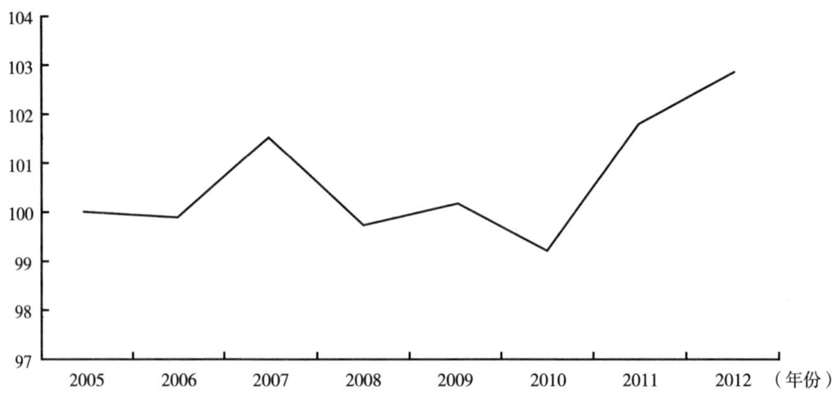

图 2－42　深圳市结构指数走势（以 2005 年为基期）

3. 发达城市潜力情况

（1）发达城市潜力综合排名

发达城市潜力综合排名情况为：2005～2012 年上海市潜力综合排名第二位。2005～2012 年北京市潜力综合排名第一（见表 2－11）。

表 2－11　2005～2012 年发达城市潜力排名情况

城市 \ 年份	2005	2006	2007	2008	2009	2010	2011	2012	2005 后平均
北京市	1	1	1	1	1	1	1	1	1
天津市	5	5	5	5	5	5	5	5	5
上海市	2	2	2	2	2	2	2	2	2
广州市	4	4	4	4	4	4	4	4	4
深圳市	3	3	3	3	3	3	3	3	3

发达城市中三个城市以 2005 年为基期的潜力指数超过 100，天津市的潜力指数为 114.09、广州市的潜力指数为 108.49、上海市的潜力指数为 101.83（见表 2－13）。

表 2-12 2005~2012 年发达城市潜力指数（上一年=100）

城市\年份	2005	2006	2007	2008	2009	2010	2011	2012	平均
北京市	100.00	96.84	95.43	100.25	95.05	106.24	95.14	100.06	98.43
天津市	100.00	103.82	101.92	102.28	100.12	102.11	104.27	98.89	101.92
上海市	100.00	102.49	103.68	96.53	102.88	91.92	104.99	99.99	100.35
广州市	100.00	99.76	100.17	100.88	102.72	101.33	101.45	101.92	101.17
深圳市	100.00	99.43	101.04	101.93	101.65	98.82	96.54	99.14	99.79

表 2-13 2005~2012 年发达城市潜力指数（以 2005 年为基期）

城市\年份	2005	2006	2007	2008	2009	2010	2011	2012
北京市	100.00	96.84	92.42	92.65	88.06	93.56	89.01	89.07
天津市	100.00	103.82	105.82	108.23	108.36	110.65	115.37	114.09
上海市	100.00	102.49	106.26	102.58	105.53	97.00	101.84	101.83
广州市	100.00	99.76	99.93	100.81	103.55	104.92	106.44	108.49
深圳市	100.00	99.43	100.47	102.41	104.10	102.87	99.31	98.46

（2）发达城市潜力综合得分图

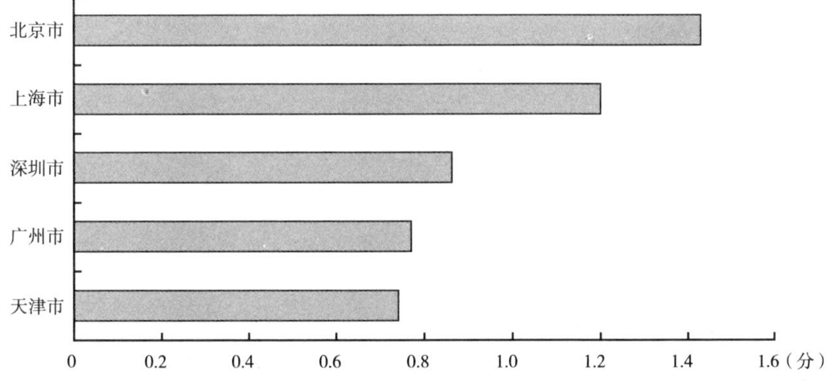

图 2-43 发达城市潜力平均综合得分情况

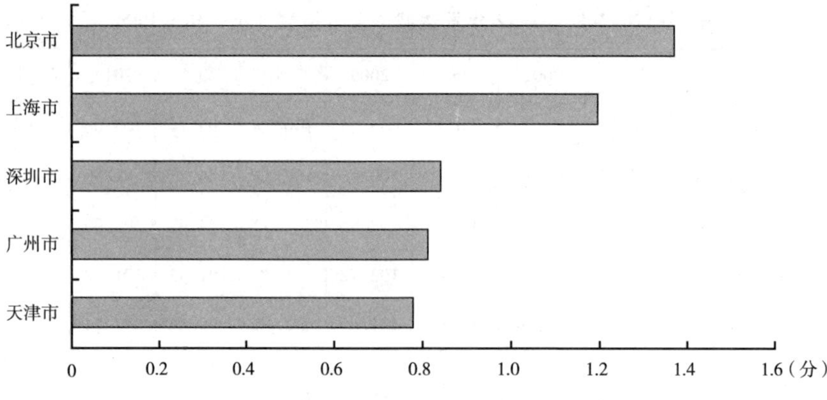

图 2－44　发达城市 2012 年潜力综合得分情况

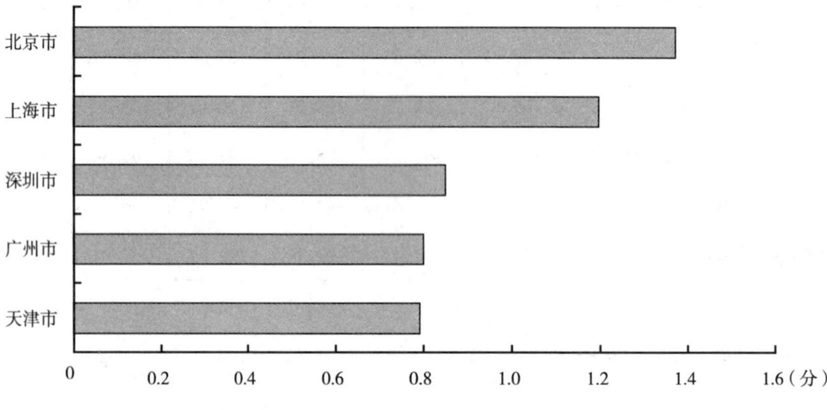

图 2－45　发达城市 2011 年潜力综合得分情况

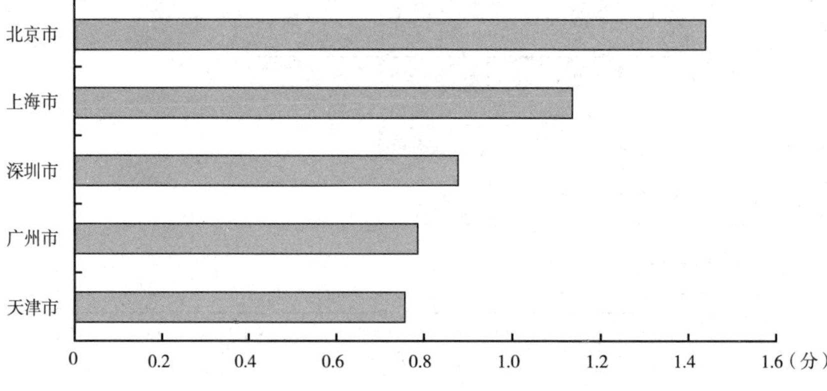

图 2－46　发达城市 2010 年潜力综合得分情况

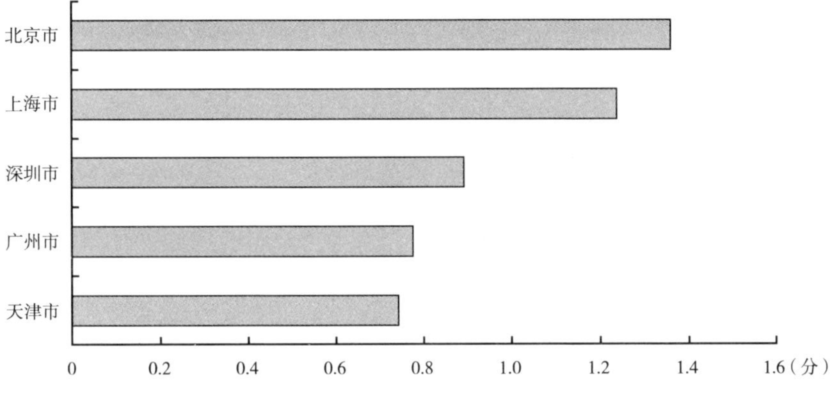

图 2-47　发达城市 2009 年潜力综合得分情况

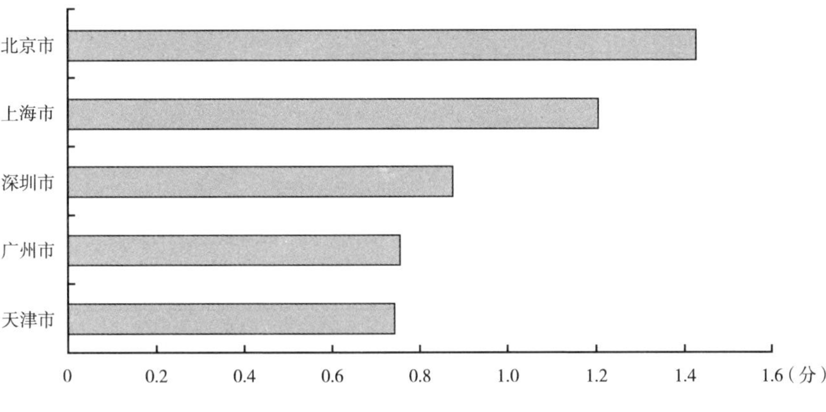

图 2-48　发达城市 2008 年潜力综合得分情况

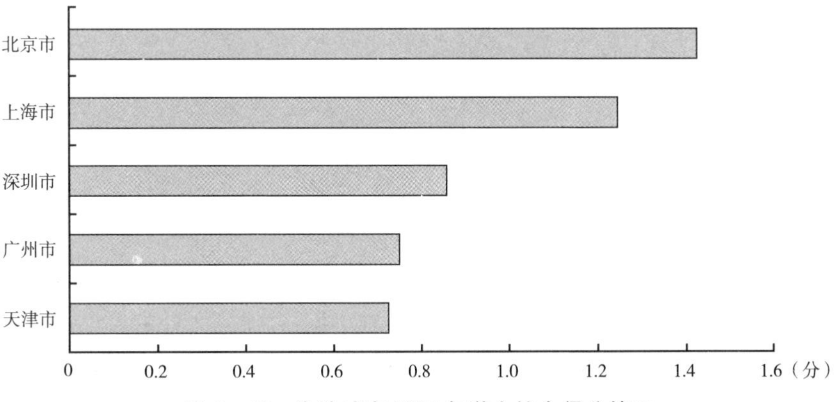

图 2-49　发达城市 2007 年潜力综合得分情况

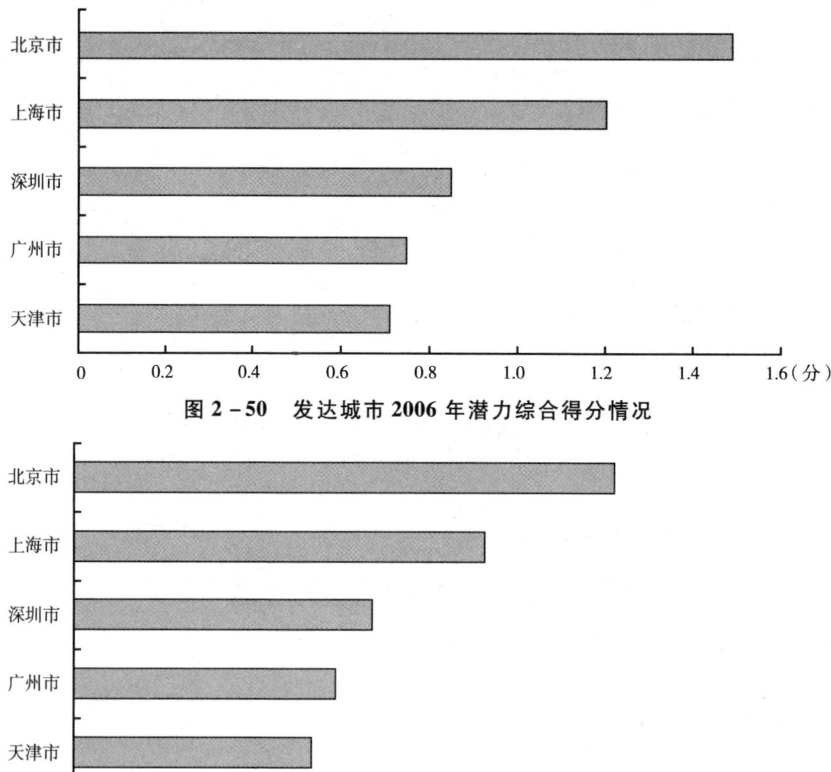

图 2－50 发达城市 2006 年潜力综合得分情况

图 2－51 发达城市 2005 年潜力综合得分情况

（3）发达城市以 2005 年为基期的潜力指数图

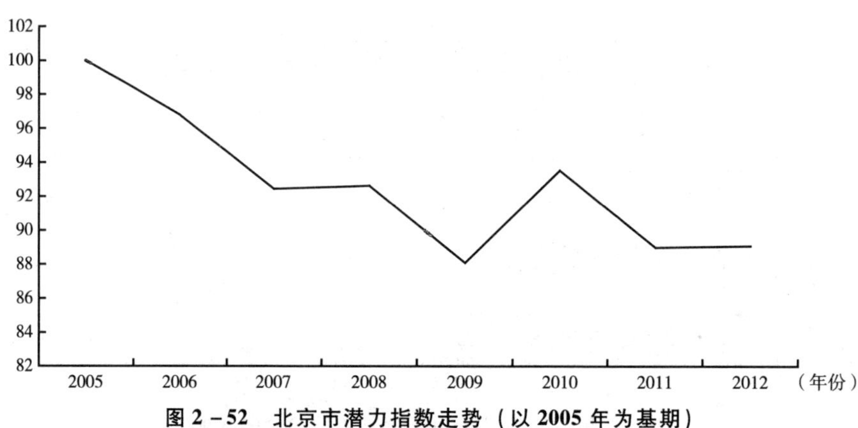

图 2－52 北京市潜力指数走势（以 2005 年为基期）

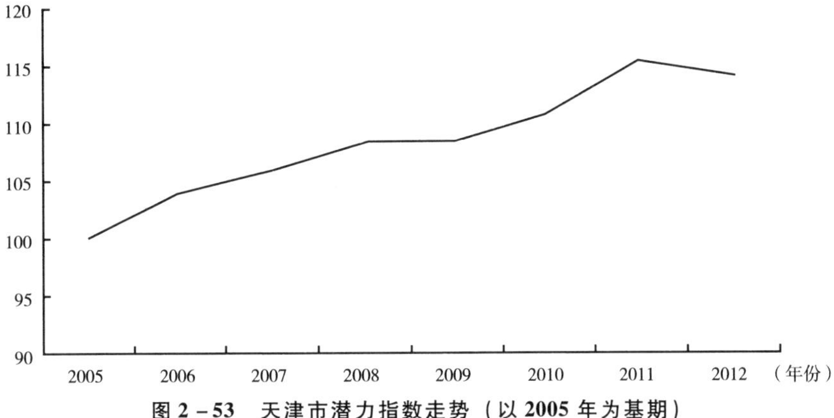

图 2－53 天津市潜力指数走势（以 2005 年为基期）

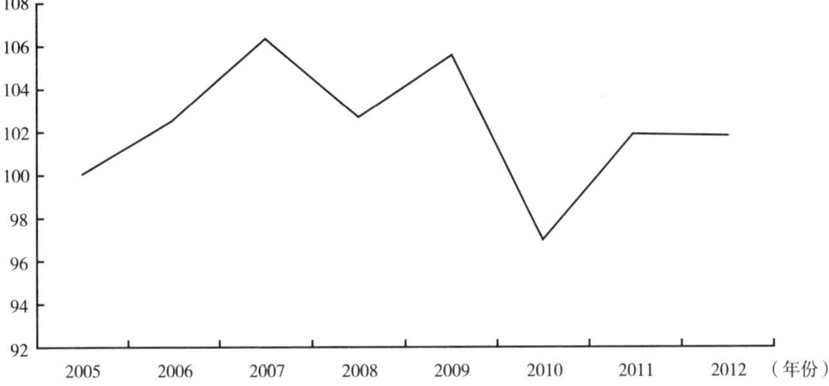

图 2－54 上海市潜力指数走势（以 2005 年为基期）

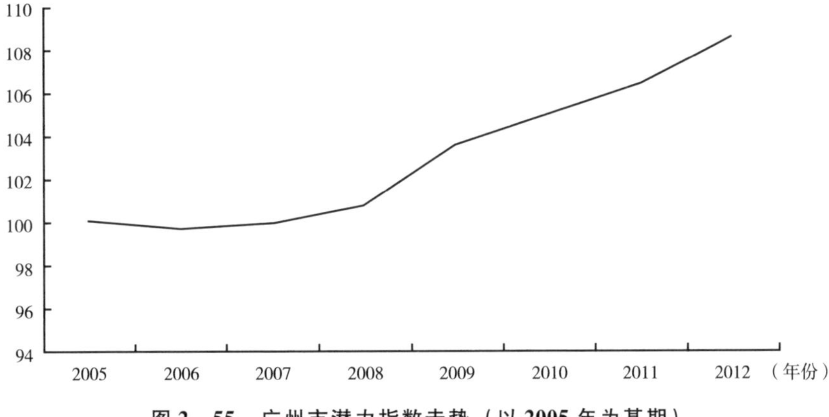

图 2－55 广州市潜力指数走势（以 2005 年为基期）

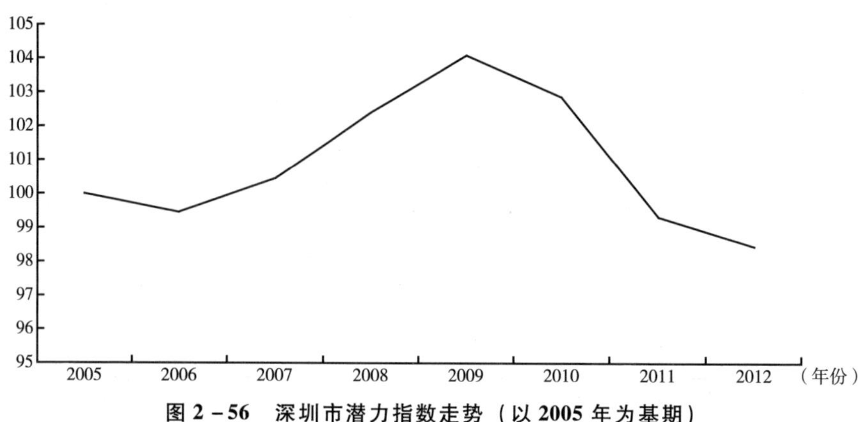

图 2 – 56　深圳市潜力指数走势（以 2005 年为基期）

4. 发达城市生活情况

（1）发达城市生活综合排名

发达城市生活综合排名情况为：上海市 2009 年、2010 年排名第一位，2005 年排名第二位，2006 ~ 2008 年排名第四位（见表 2 – 14）。

发达城市中仅三个城市以 2005 年为基期的生活指数超过 100，天津市的生活指数为 155.11、深圳市的生活指数为 110.98、广州市的生活指数为 103.63。而上海市的生活指数为 96.25（见表 2 – 16）。

表 2 – 14　2005 ~ 2012 年发达城市生活排名情况

城市＼年份	2005	2006	2007	2008	2009	2010	2011	2012	2005 后平均
北京市	1	1	1	2	2	5	1	4	1
天津市	5	5	2	3	3	3	4	5	5
上海市	2	4	4	4	1	1	2	3	3
广州市	4	3	3	1	4	4	5	2	2
深圳市	3	2	5	5	5	2	3	1	4

表 2 – 15　2005 ~ 2012 年发达城市生活指数（上一年 = 100）

城市＼年份	2005	2006	2007	2008	2009	2010	2011	2012	平均
北京市	100.00	100.77	78.67	99.12	118.41	72.11	116.63	88.17	96.27
天津市	100.00	105.67	174.27	90.31	97.92	105.73	89.36	100.83	109.15
上海市	100.00	76.45	119.25	92.57	156.31	76.98	99.32	95.44	102.33
广州市	100.00	101.26	96.40	147.91	66.80	99.93	95.96	112.05	102.90
深圳市	100.00	118.76	75.94	69.45	67.50	248.50	99.83	105.80	112.26

表 2－16 2005～2012 年发达城市生活指数（以 2005 年为基期）

城市＼年份	2005	2006	2007	2008	2009	2010	2011	2012
北京市	100.00	100.77	79.28	78.58	93.05	67.10	78.26	69.00
天津市	100.00	105.67	184.14	166.29	162.83	172.16	153.83	155.11
上海市	100.00	76.45	91.16	84.39	131.91	101.54	100.85	96.25
广州市	100.00	101.26	97.62	144.38	96.45	96.38	92.48	103.63
深圳市	100.00	118.76	90.19	62.64	42.28	105.08	104.90	110.98

（2）发达城市生活综合得分图

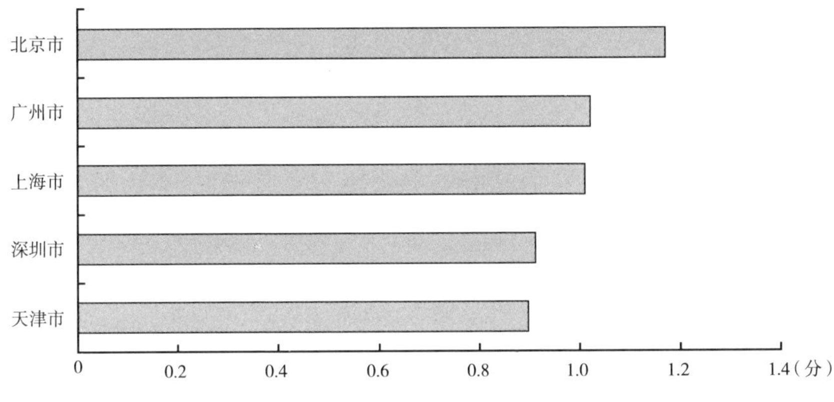

图 2－57 发达城市生活平均综合得分情况

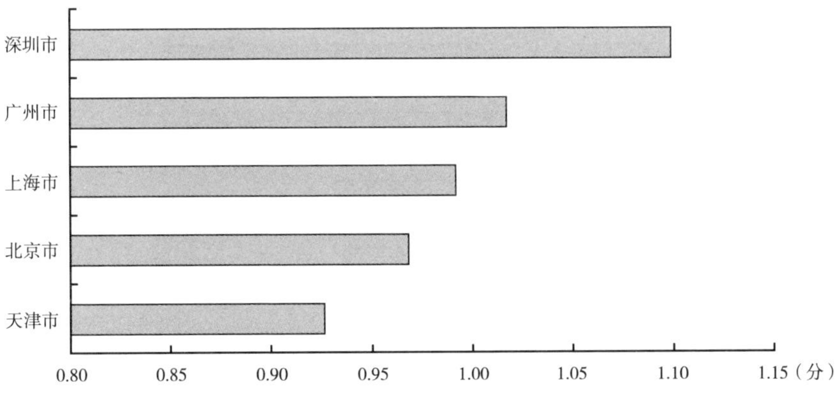

图 2－58 发达城市 2012 年生活综合得分情况

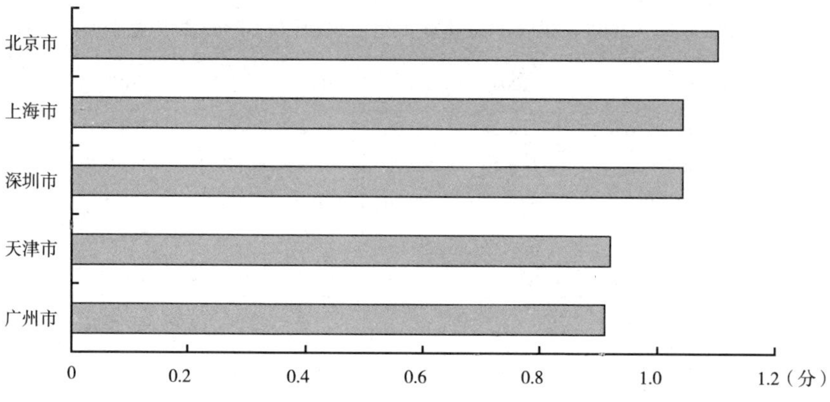

图2－59 发达城市2011年生活综合得分情况

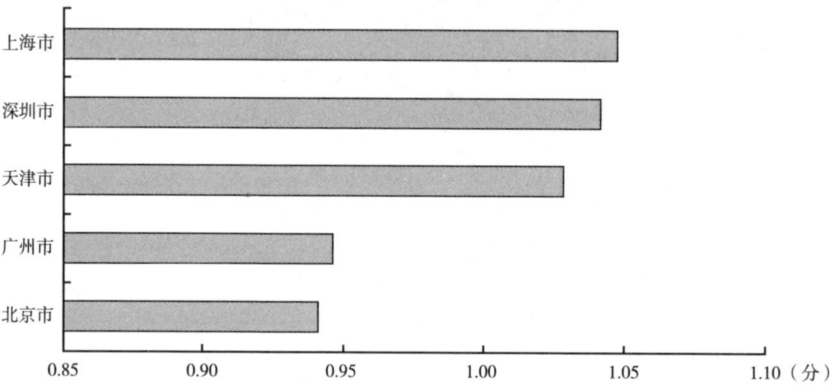

图2－60 发达城市2010年生活综合得分情况

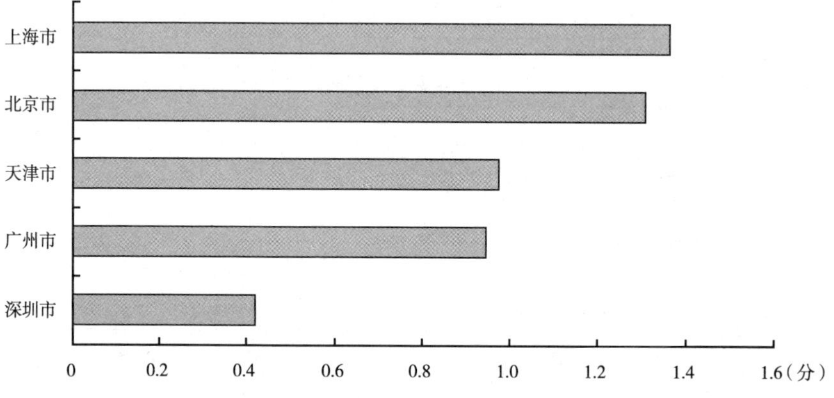

图2－61 发达城市2009年生活综合得分情况

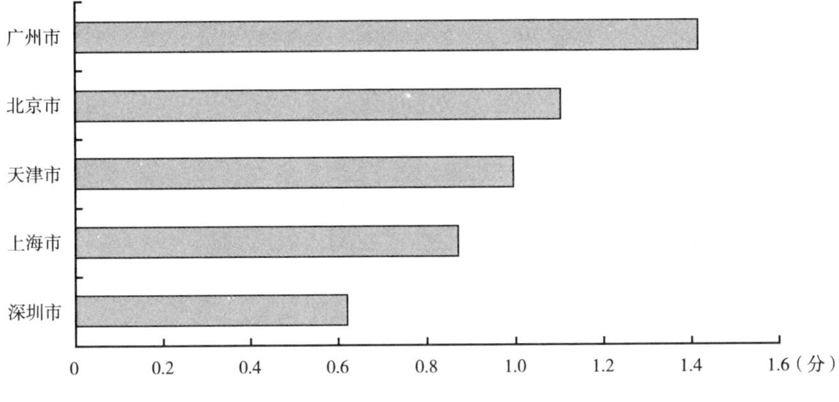

图 2－62 发达城市 2008 年生活综合得分情况

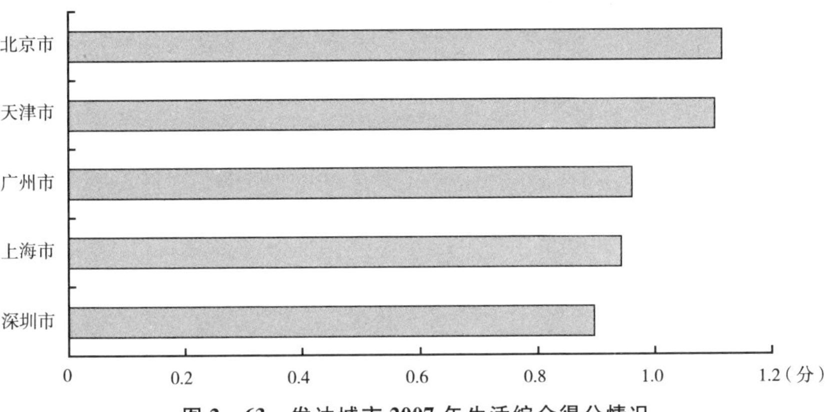

图 2－63 发达城市 2007 年生活综合得分情况

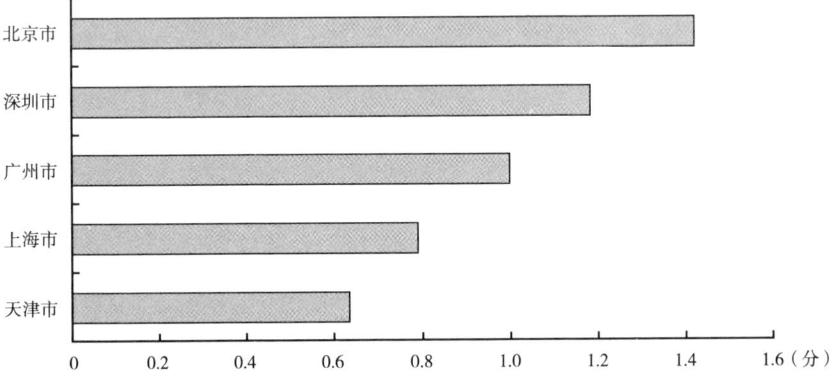

图 2－64 发达城市 2006 年生活综合得分情况

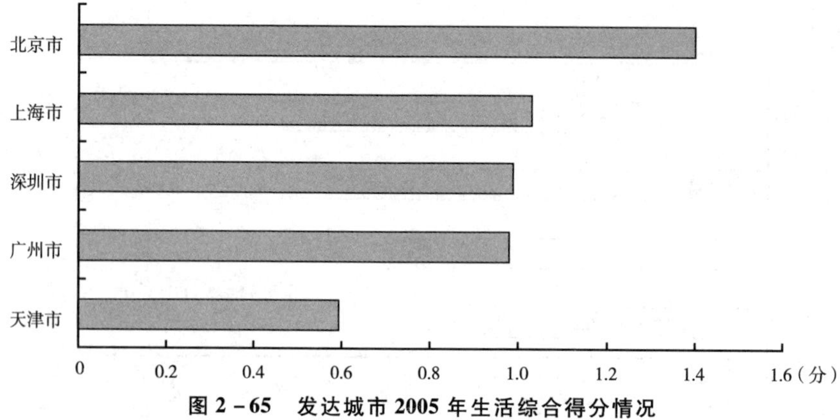

图 2－65　发达城市 2005 年生活综合得分情况

（3）发达城市以 2005 年为基期的生活指数图

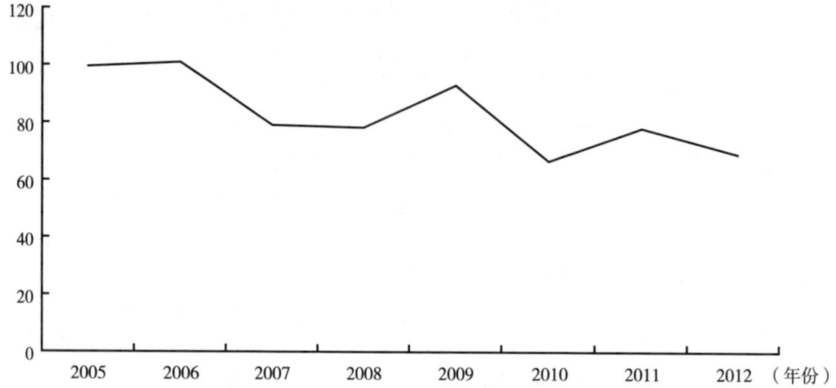

图 2－66　北京市生活指数走势（以 2005 年为基期）

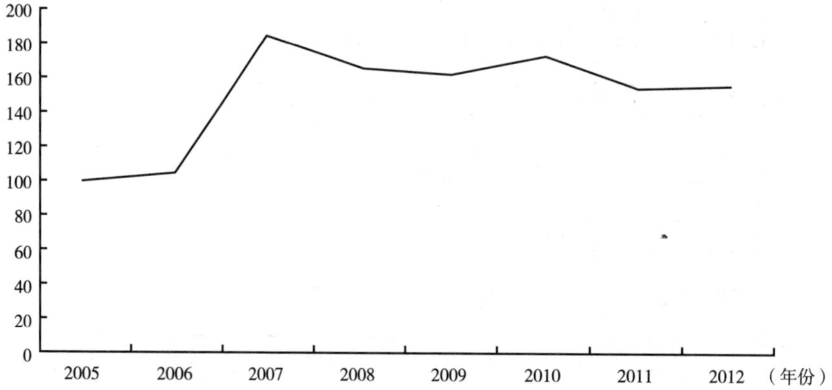

图 2－67　天津市生活指数走势（以 2005 年为基期）

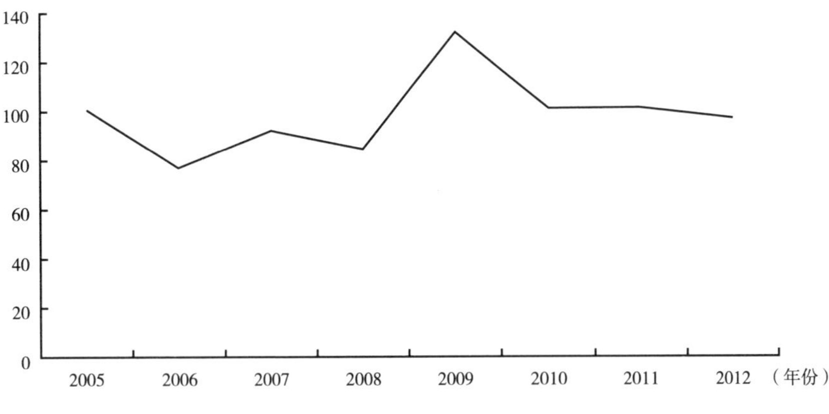

图 2－68 上海市生活指数走势（以 2005 年为基期）

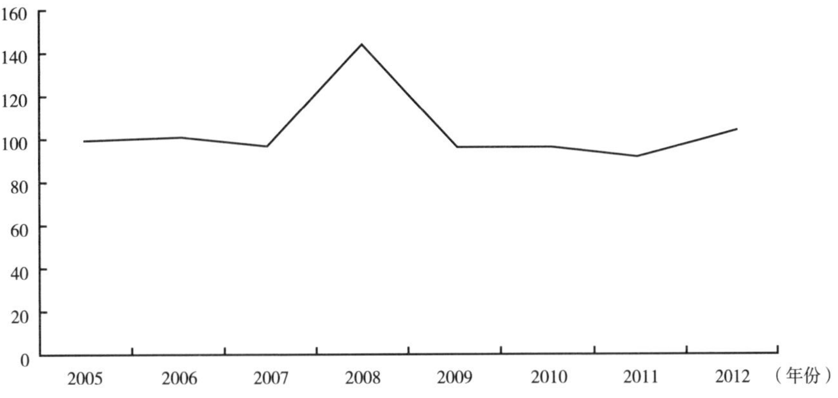

图 2－69 广州市生活指数走势（以 2005 年为基期）

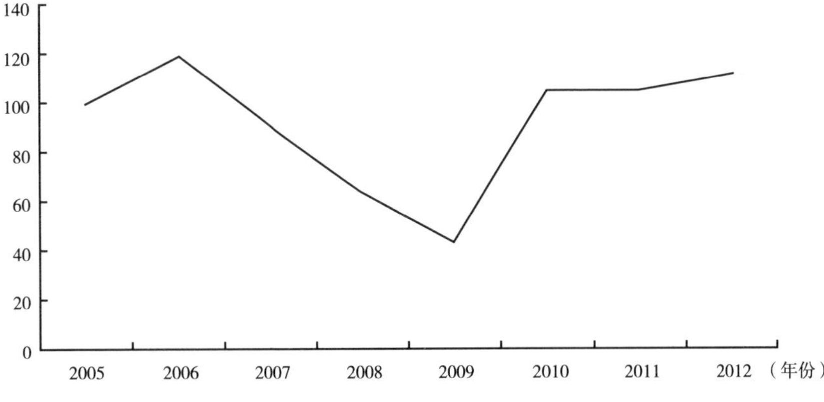

图 2－70 深圳市生活指数走势（以 2005 年为基期）

5. 发达城市稳定情况

(1) 发达城市稳定综合排名

发达城市稳定综合排名情况为：2005年、2012年上海市排名第一位、2006年排名第二位，2007~2011年排名第三位。北京市2006~2010年排名第一位，2005年排名第二位，2011年、2012年排名第四位（见表2-17）。

表2-17 2005~2012年发达城市稳定排名情况

城市\年份	2005	2006	2007	2008	2009	2010	2011	2012	2005后平均
北京市	2	1	1	1	1	1	4	4	1
天津市	4	3	4	4	4	4	1	2	4
上海市	1	2	3	3	3	3	3	1	2
广州市	3	4	2	2	2	2	2	3	3
深圳市	5	5	5	5	5	5	5	5	5

以2005年为基期的三个城市稳定指数超过100——深圳市的稳定指数为110.78、天津市的稳定指数为108.32、广州市的稳定指数为104.69。上海市的稳定指数则低于100，为91.03（见表2-19）。

表2-18 2005~2012年发达城市稳定指数（上一年=100）

城市\年份	2005	2006	2007	2008	2009	2010	2011	2012	平均
北京市	100.00	108.75	96.37	89.30	101.95	108.79	84.90	102.11	98.88
天津市	100.00	103.79	95.17	107.63	101.12	96.12	108.60	96.53	101.28
上海市	100.00	91.39	94.51	101.89	99.25	100.89	100.84	102.44	98.74
广州市	100.00	93.56	115.40	99.19	102.41	97.83	100.02	97.55	100.85
深圳市	100.00	103.32	101.21	104.89	94.82	95.45	109.71	101.72	101.59

表 2－19 2005～2012 年发达城市稳定指数（以 2005 年为基期）

城市＼年份	2005	2006	2007	2008	2009	2010	2011	2012
北京市	100.00	108.75	104.81	93.59	95.42	103.80	88.13	89.99
天津市	100.00	103.79	98.78	106.31	107.50	103.33	112.22	108.32
上海市	100.00	91.39	86.37	88.00	87.34	88.12	88.86	91.03
广州市	100.00	93.56	107.96	107.09	109.67	107.30	107.32	104.69
深圳市	100.00	103.32	104.57	109.68	104.00	99.27	108.91	110.78

（2）发达城市稳定综合得分图

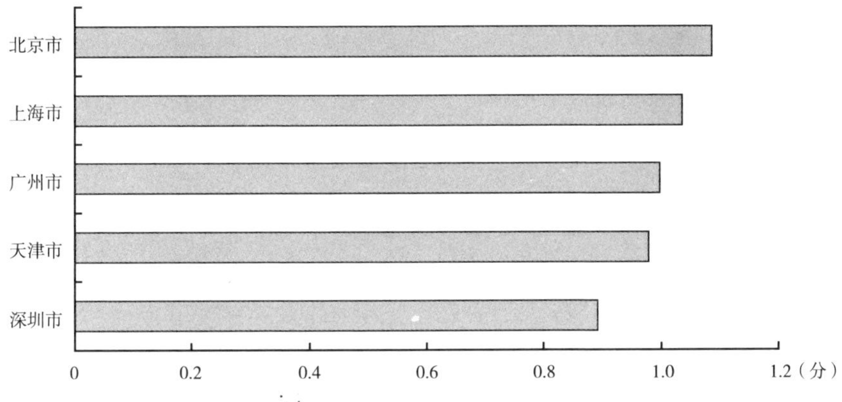

图 2－71 发达城市稳定平均综合得分情况

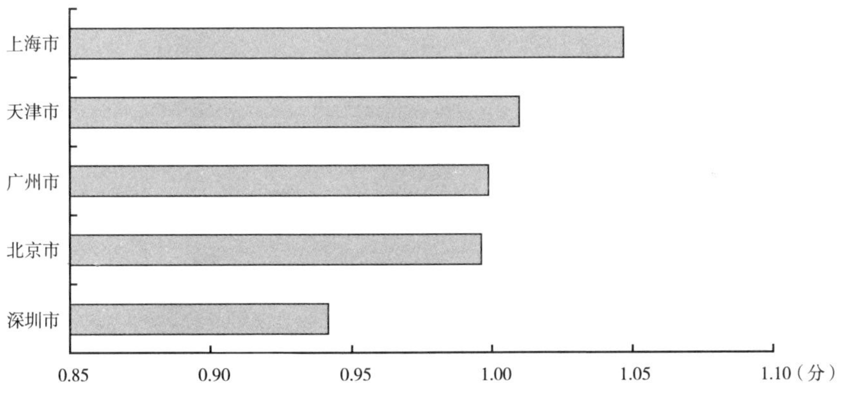

图 2－72 发达城市 2012 年稳定综合得分情况

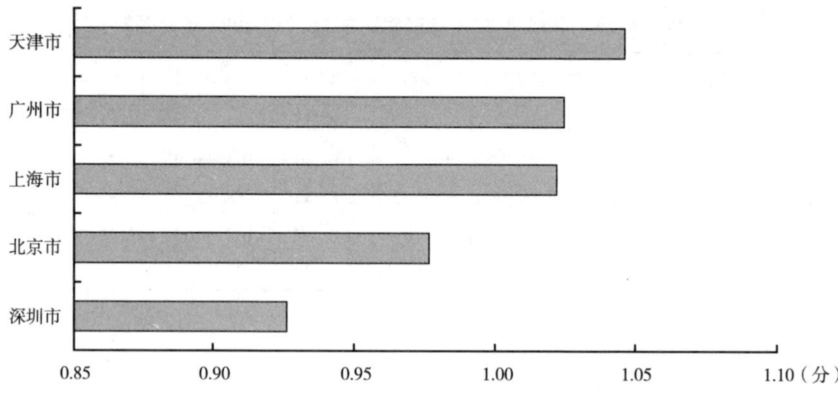

图 2-73 发达城市 2011 年稳定综合得分情况

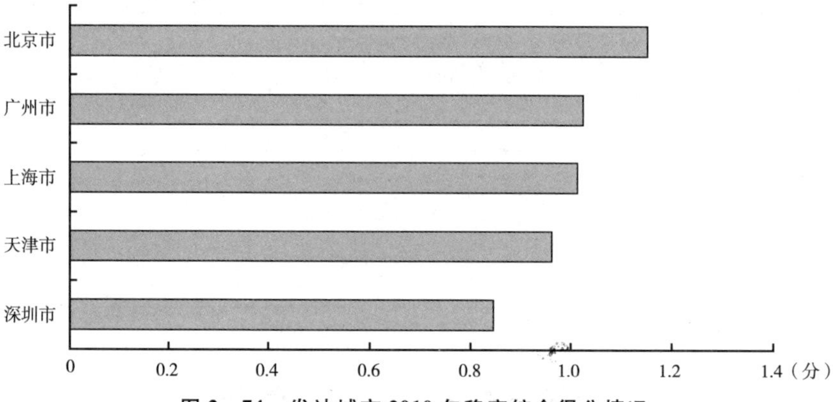

图 2-74 发达城市 2010 年稳定综合得分情况

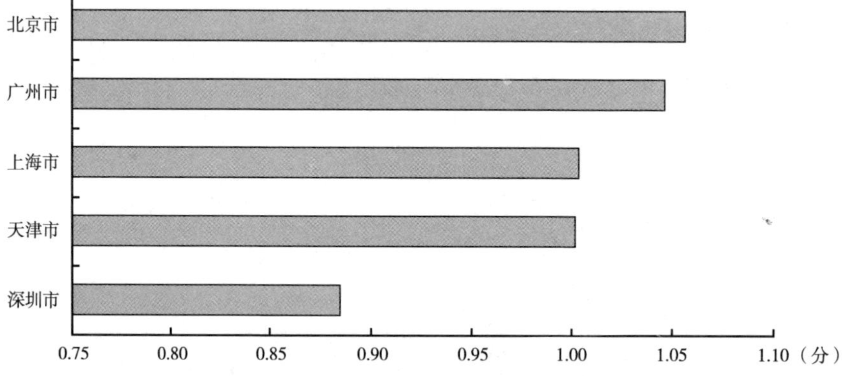

图 2-75 发达城市 2009 年稳定综合得分情况

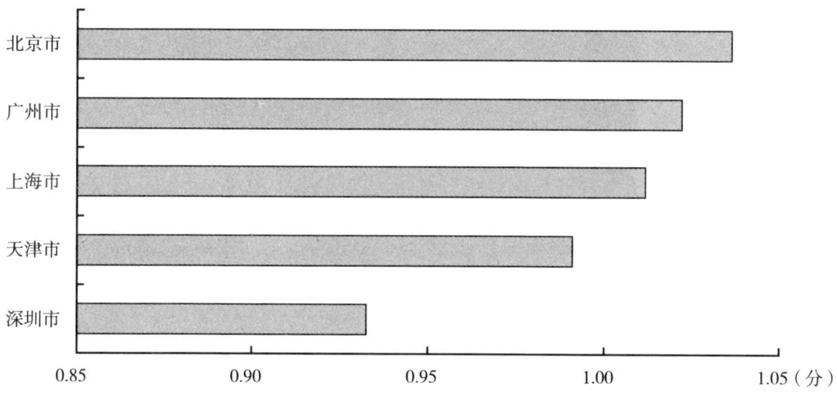

图 2－76　发达城市 2008 年稳定综合得分情况

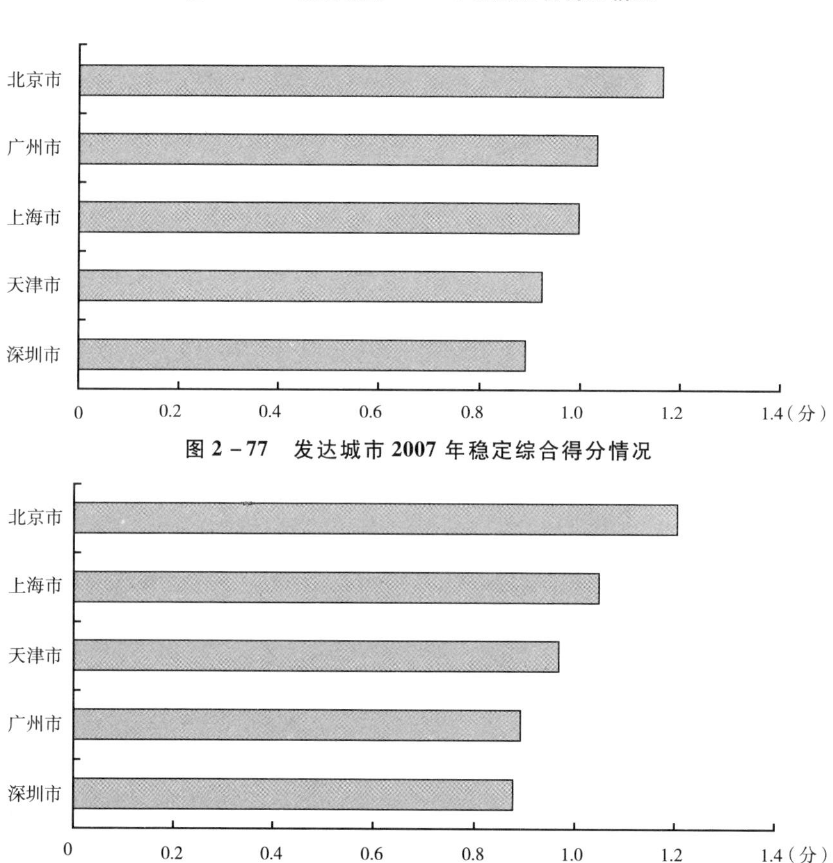

图 2－77　发达城市 2007 年稳定综合得分情况

图 2－78　发达城市 2006 年稳定综合得分情况

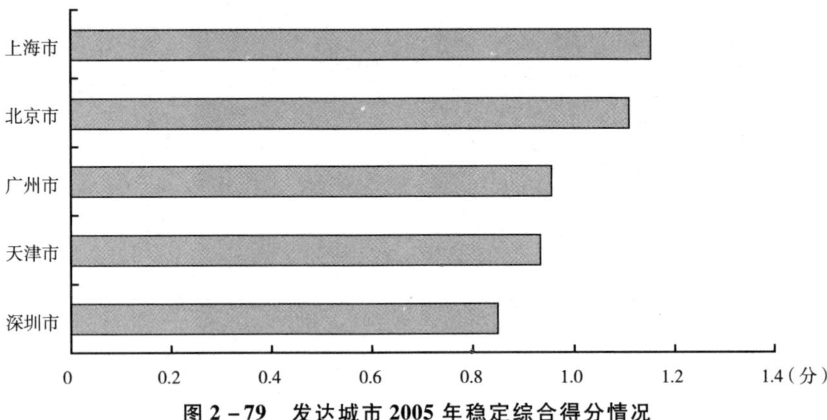

图 2－79　发达城市 2005 年稳定综合得分情况

（3）发达城市以 2005 年为基期的稳定指数图

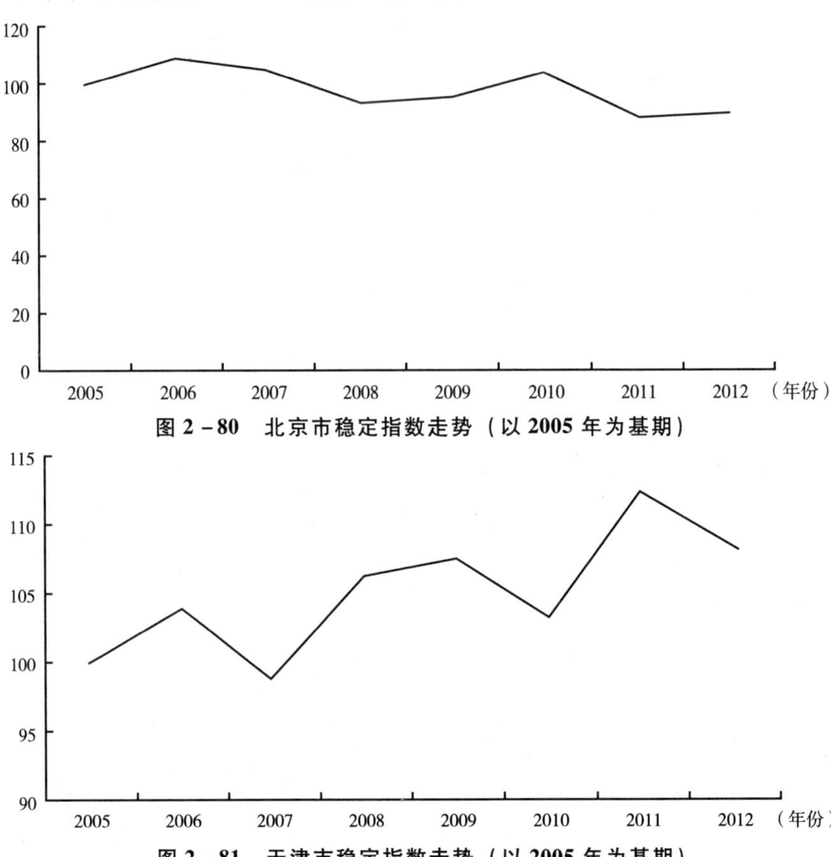

图 2－80　北京市稳定指数走势（以 2005 年为基期）

图 2－81　天津市稳定指数走势（以 2005 年为基期）

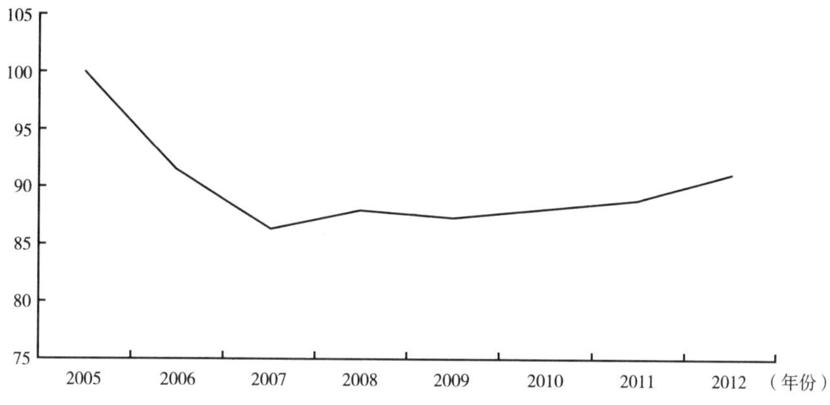

图 2-82　上海市稳定指数走势（以 2005 年为基期）

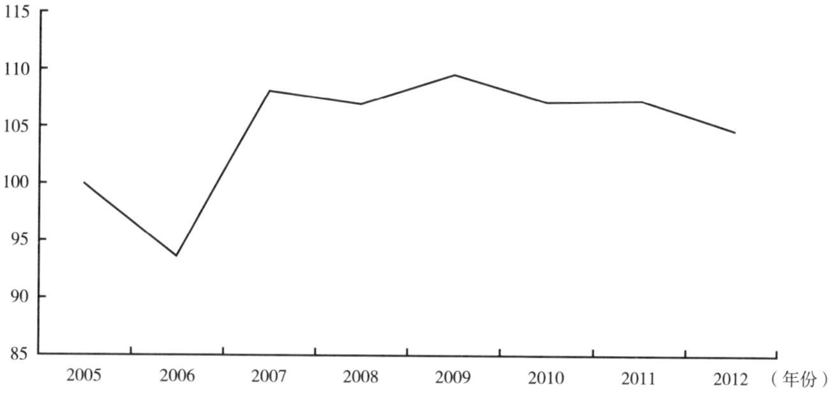

图 2-83　广州市稳定指数走势（以 2005 年为基期）

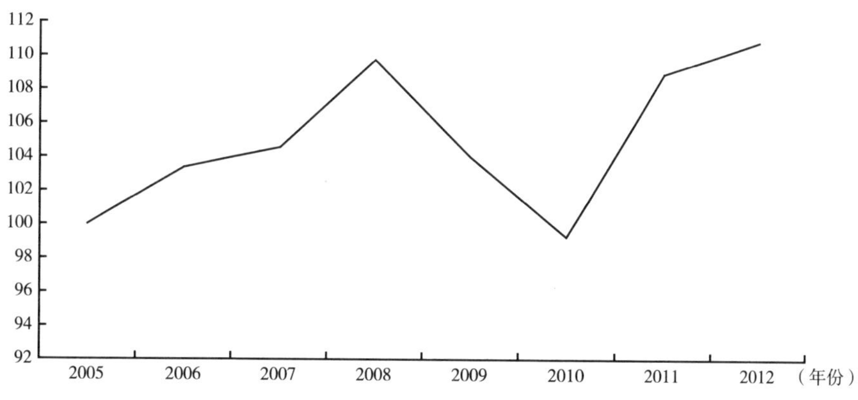

图 2-84　深圳市稳定指数走势（以 2005 年为基期）

第四节　发达城市转型升级的影响因素分析

1. 一级指标

（1）一级指标权重

在一级指标中，效率占0.2970，结构占0.2970，潜力占0.1807，生活占0.1370，稳定占0.0883。

表2－20　发达城市转型升级一级指标权重

一级指标	权重
效　率	0.2970
结　构	0.2970
潜　力	0.1807
生　活	0.1370
稳　定	0.0883

（2）具体指标权重

表2－21　发达城市转型升级一级指标具体指标权重

一级指标	一级权重	具体指标	权重	本级内权重
效率	0.2970	TFP 贡献	0.0462	0.1556
		资本产出率	0.0359	0.1209
		土地产出率	0.0320	0.1077
		地方税收增长	0.0188	0.0633
		GDP3 劳动生产率	0.0988	0.3327
		GDP2 劳动生产率	0.0653	0.2199
结构	0.2970	服务业就业比重	0.1069	0.3599
		服务业占 GDP 比重	0.0747	0.2515
		消费对经济增长贡献	0.0566	0.1906
		贸易依存度	0.0318	0.1071
		万元 GDP 能耗	0.0270	0.0909

续表

一级指标	一级权重	具体指标	权重	本级内权重
潜力	0.1807	每万劳动力中研发人员数	0.0266	0.1472
		R&D	0.0249	0.1378
		专利授权量	0.0402	0.2225
		劳动力受教育程度	0.0580	0.3210
		建成区与规划区比重	0.0122	0.0675
		资本形成比 GDP	0.0188	0.1040
生活	0.1370	环境指数	0.0094	0.0686
		基础设施指数	0.0154	0.1124
		公共服务覆盖率	0.0210	0.1533
		人均收入增长	0.0288	0.2102
		HDI	0.0110	0.0803
		平均房价比人均收入	0.0121	0.0883
		家庭财富增长	0.0394	0.2876
稳定	0.0883	增长波动率	0.0170	0.1925
		通货膨胀率	0.0339	0.3839
		政府收入稳定	0.0108	0.1223
		GINI	0.0265	0.3001

（3）具体指标权重排序

表 2-22 发达城市转型升级具体指标权重排序

具体指标	权重	序号
服务业就业比重	0.1069	1
GDP3 劳动生产率	0.0988	2
服务业占 GDP 比重	0.0747	3
GDP2 劳动生产率	0.0653	4
劳动力受教育程度	0.0580	5
消费对经济增长贡献	0.0566	6
TFP 贡献	0.0462	7
专利授权量	0.0402	8
家庭财富增长	0.0394	9
资本产出率	0.0359	10
通货膨胀率	0.0339	11
土地产出率	0.0320	12
贸易依存度	0.0318	13
人均收入增长	0.0288	14

续表

具体指标	权重	序号
万元 GDP 能耗	0.0270	15
每万劳动力中研发人员数	0.0266	16
GINI	0.0265	17
R&D	0.0249	18
公共服务覆盖率	0.0210	19
地方税收增长	0.0188	20
地方形成比 GDP	0.0188	21
增长波动率	0.0170	22
基础设施指数	0.0154	23
建成区与规划区比重	0.0122	24
平均房价比人均收入	0.0121	25
HDI	0.0110	26
政府收入稳定	0.0108	27
环境指数	0.0094	28

2. 发达城市转型升级雷达图

以下展示的是2005年以来、2005～2012年发达城市转型升级一级指标雷达图，从雷达图可以看出影响发达城市转型升级的一级指标效率、结构、潜力、生活、稳定的得分情况对比，从而可以对发达城市之间和自身发展状况进行比较（见图2－85～图2－93）。

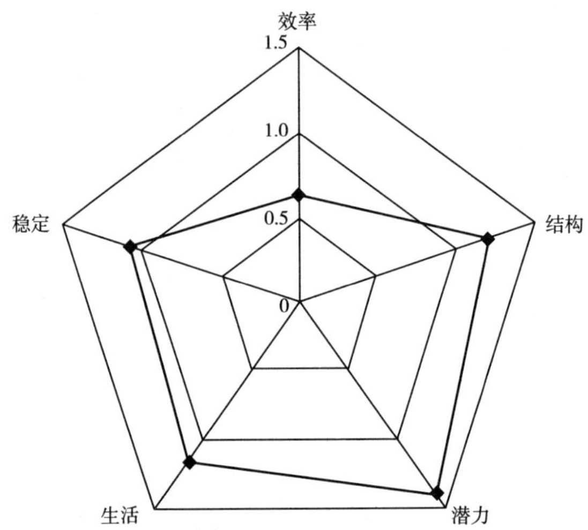

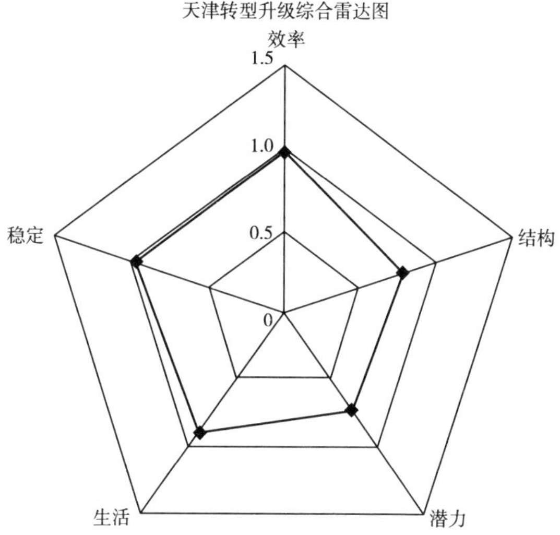
天津转型升级综合雷达图
效率
1.5
1.0
0.5
0
结构
潜力
生活
稳定

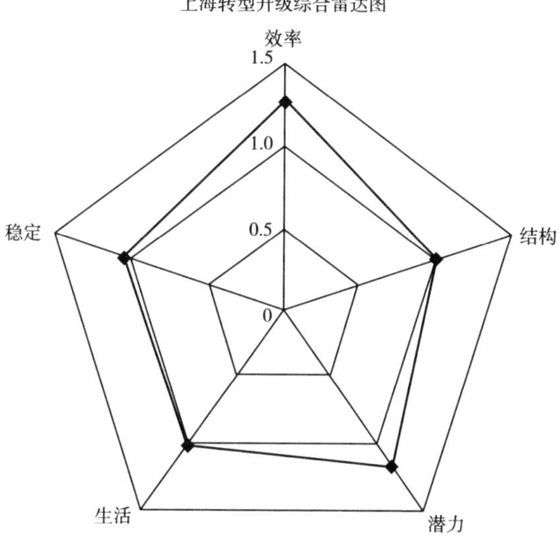
上海转型升级综合雷达图
效率
1.5
1.0
0.5
0
结构
潜力
生活
稳定

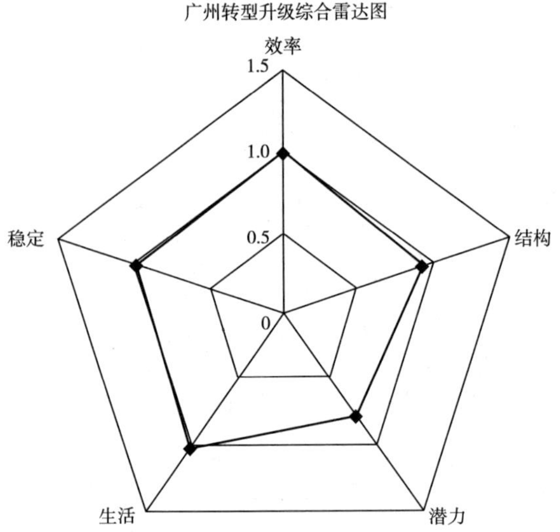

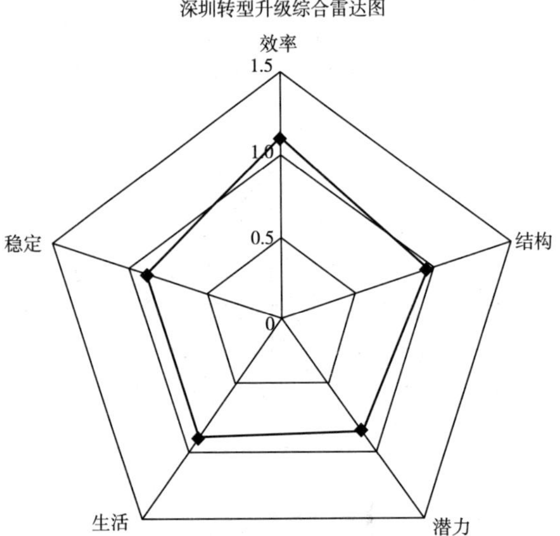

图 2－85　2005 年以来中国发达城市转型升级综合雷达图

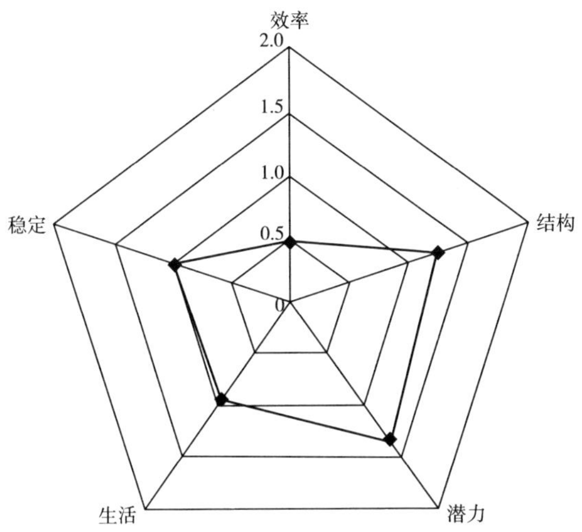
北京2012年转型升级雷达图
效率
2.0
1.5
1.0
0.5
0
结构
潜力
生活
稳定

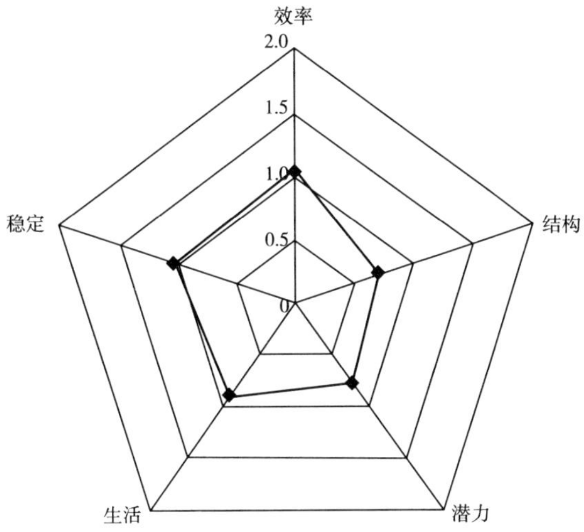
天津2012年转型升级雷达图
效率
2.0
1.5
1.0
0.5
0
结构
潜力
生活
稳定

上海2012年转型升级雷达图

效率
2.0
1.5
1.0
0.5
0
结构
潜力
生活
稳定

广州2012年转型升级雷达图

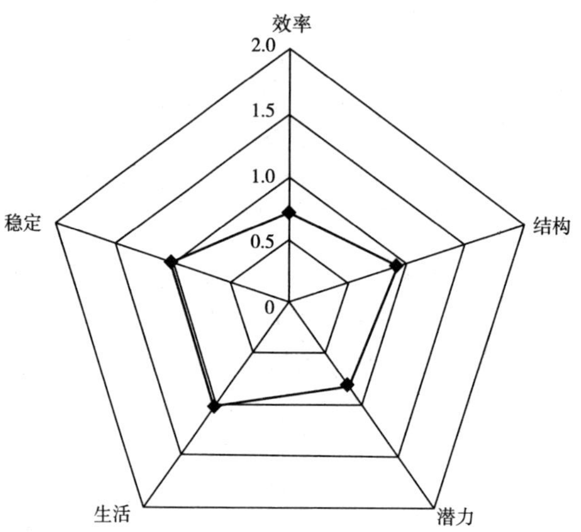

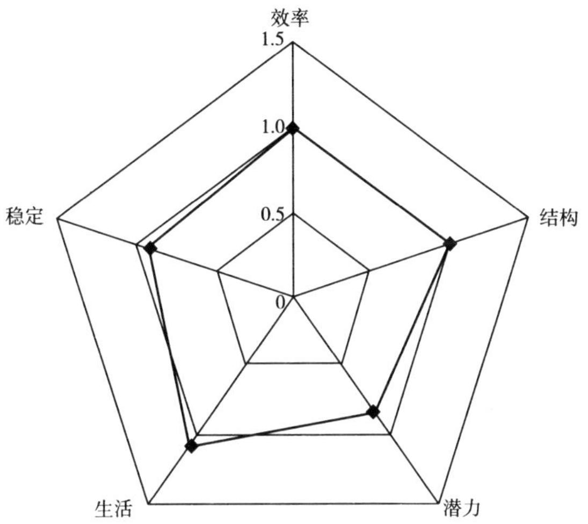

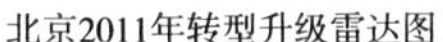
图 2－86　2012 年中国发达城市转型升级雷达图

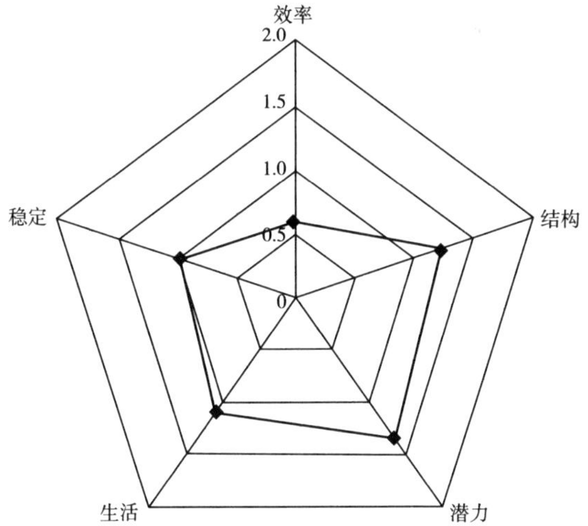

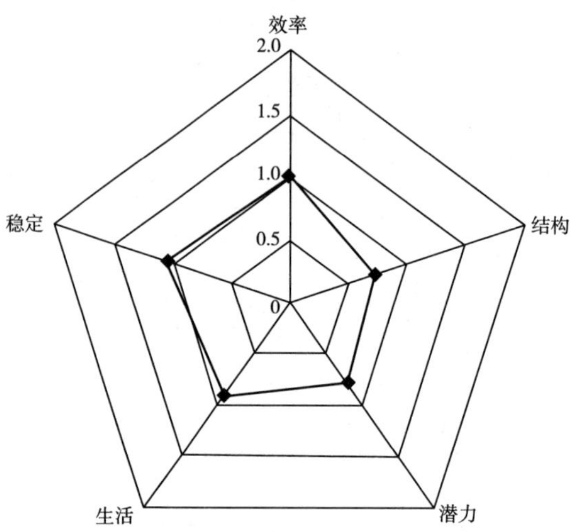
天津2011年转型升级雷达图
效率
2.0
1.5
1.0
0.5
0
结构
潜力
生活
稳定

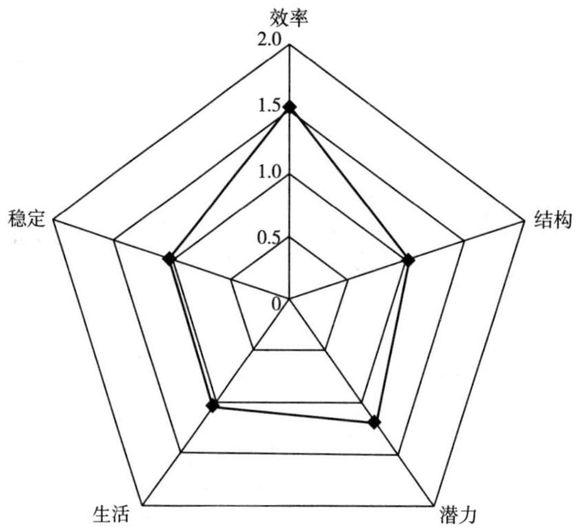
上海2011年转型升级雷达图
效率
2.0
1.5
1.0
0.5
0
结构
潜力
生活
稳定

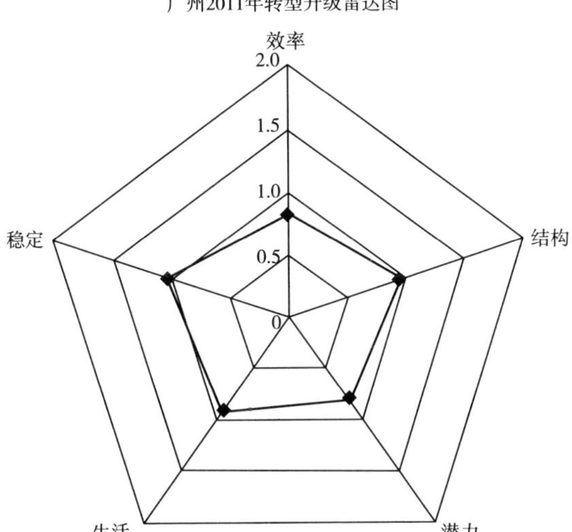

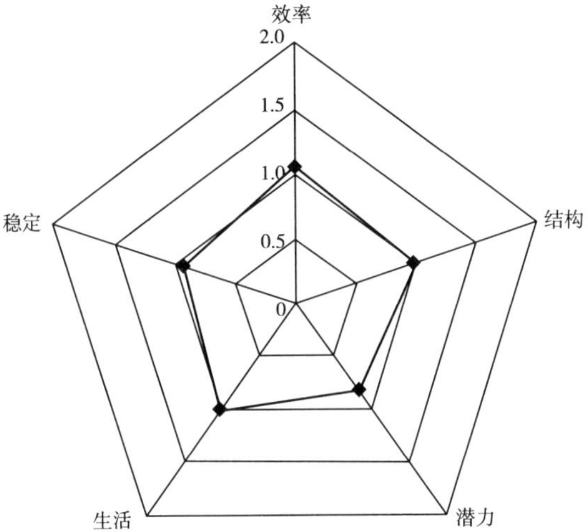

图 2-87 2011 年中国发达城市转型升级雷达图

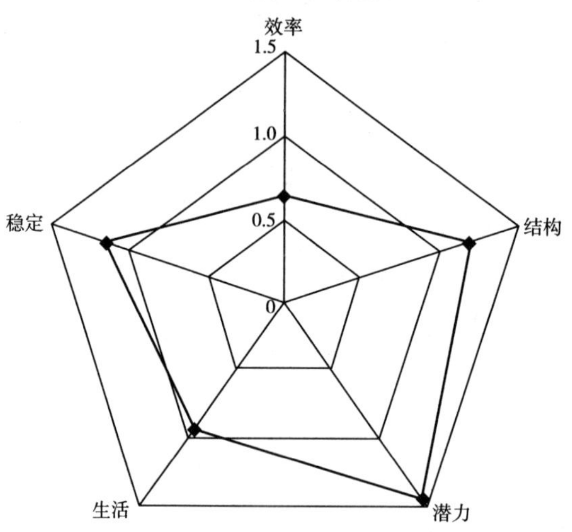
北京2010年转型升级雷达图
效率
1.5
1.0
0.5
0
结构
潜力
生活
稳定

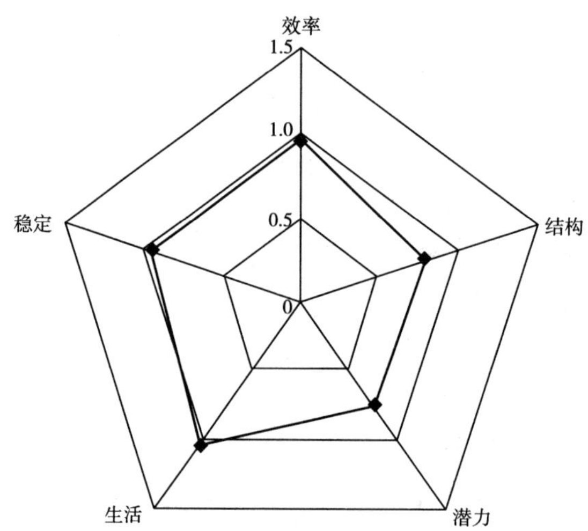
天津2010年转型升级雷达图
效率
1.5
1.0
0.5
0
结构
潜力
生活
稳定

上海2010年转型升级雷达图

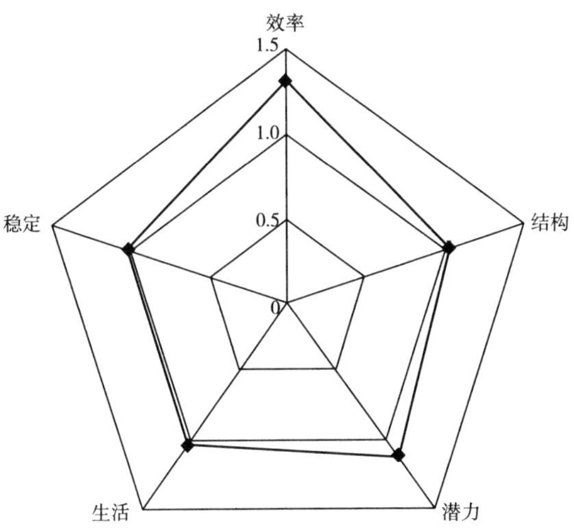

广州2010年转型升级雷达图

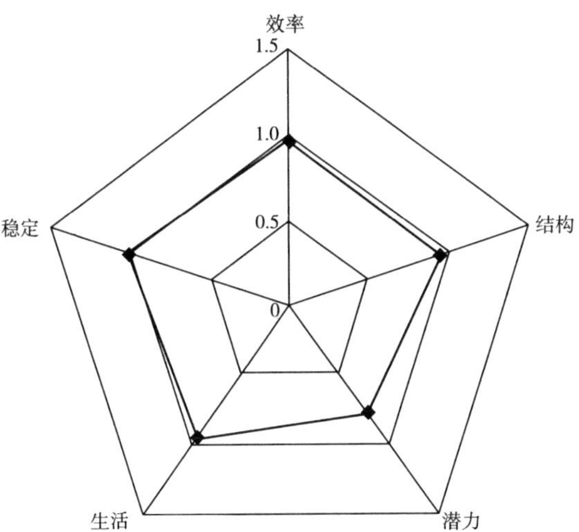

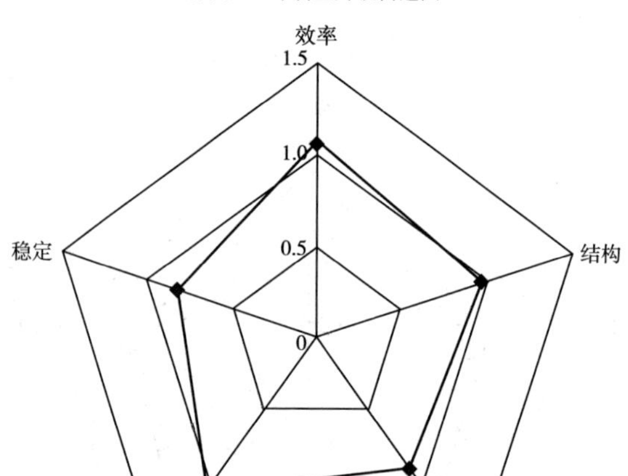

图 2-88　2010 年中国发达城市转型升级雷达图

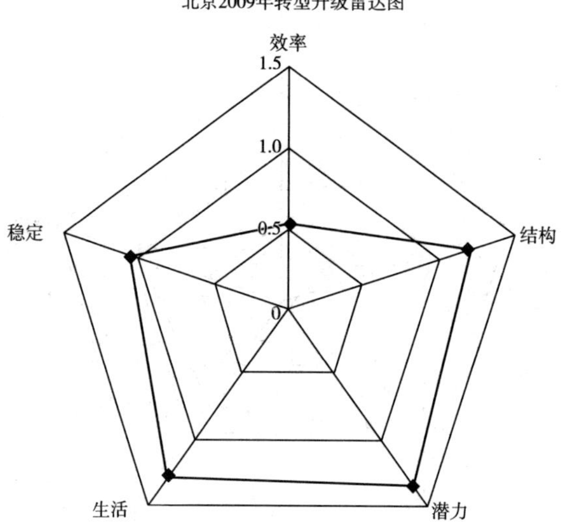

天津2009年转型升级雷达图

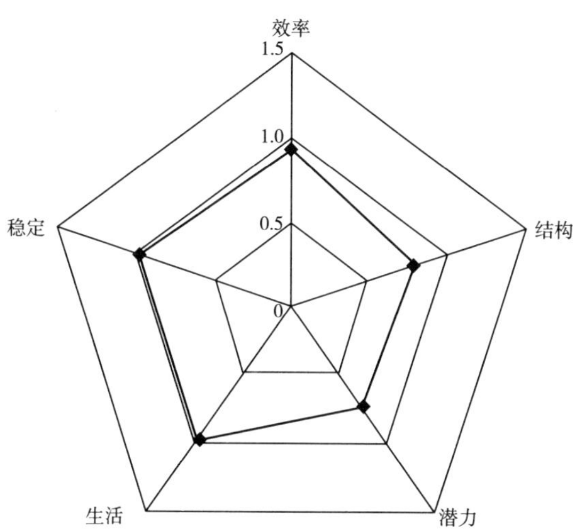

上海2009年转型升级雷达图

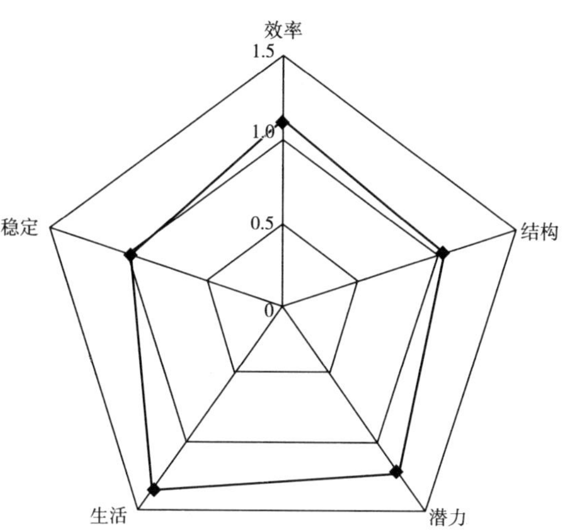

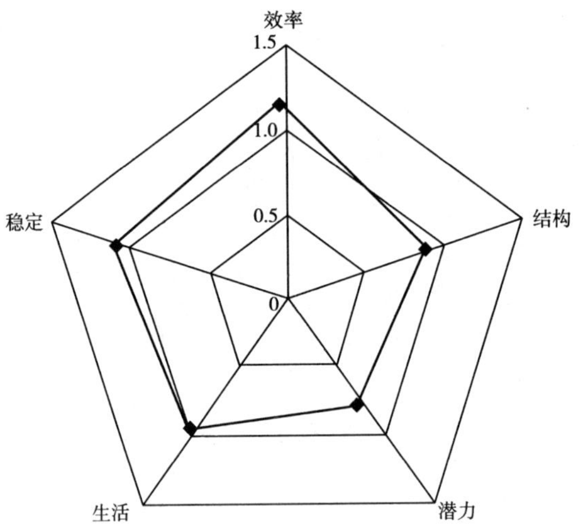

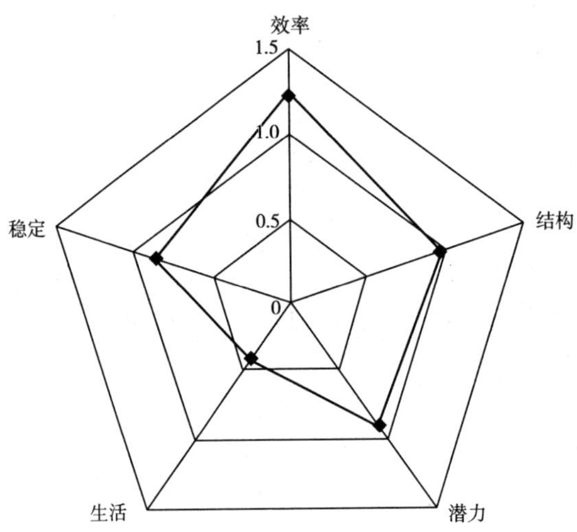

图 2－89　2009 年中国发达城市转型升级雷达图

北京2008年转型升级雷达图

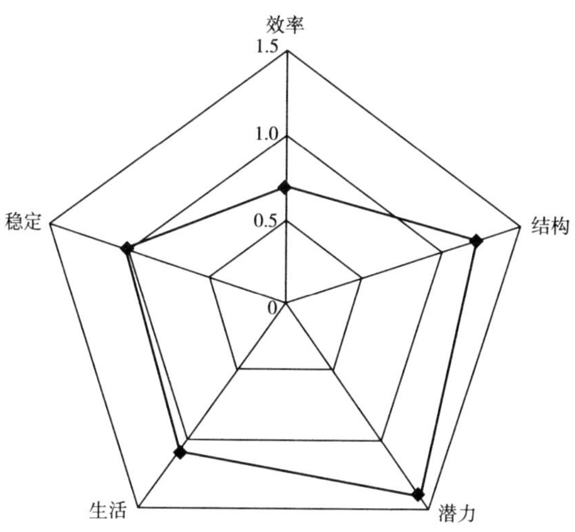

天津2008年转型升级雷达图

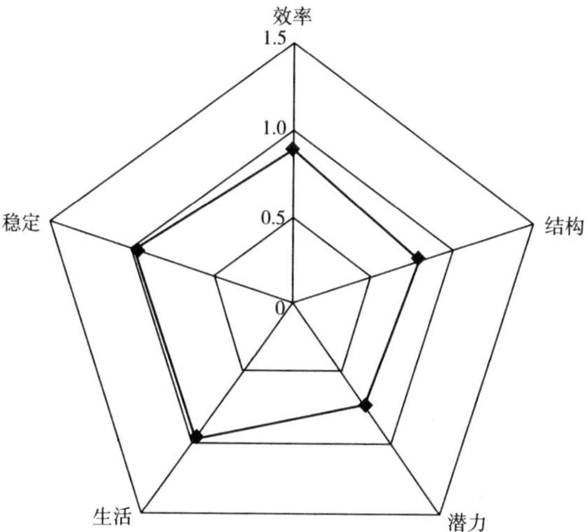

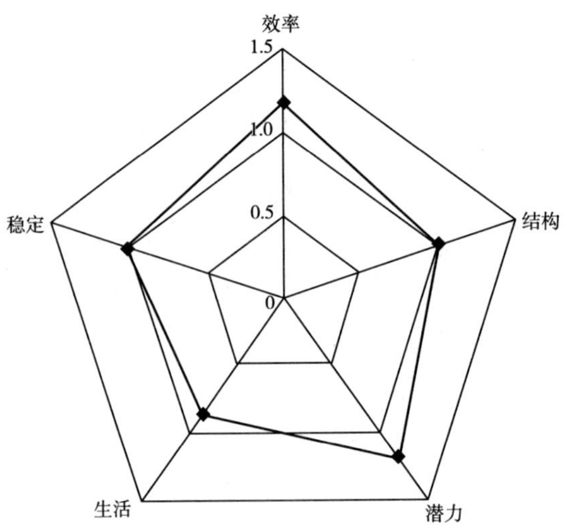
上海2008年转型升级雷达图
效率
1.5
1.0
0.5
0
结构
潜力
生活
稳定

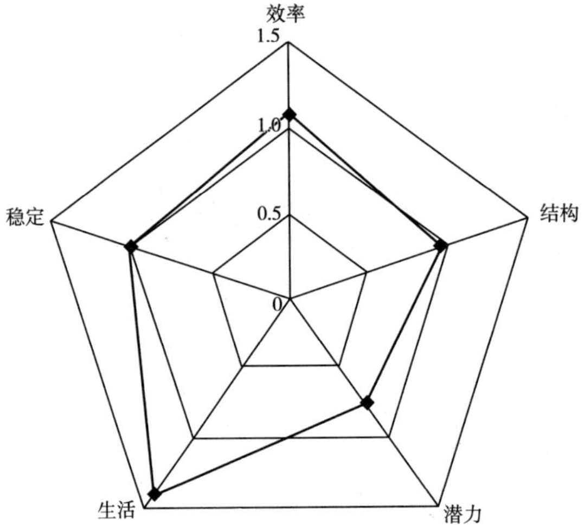
广州2008年转型升级雷达图
效率
1.5
1.0
0.5
0
结构
潜力
生活
稳定

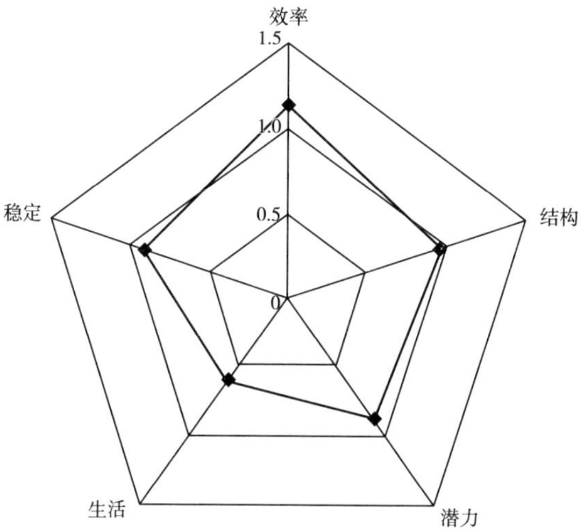

图 2-90 2008 年中国发达城市转型升级雷达图

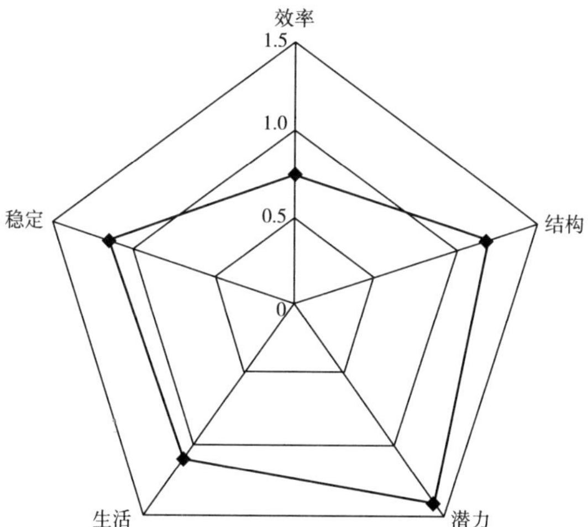

天津2007年转型升级雷达图

效率
1.5
1.0
0.5
0
结构
潜力
生活
稳定

上海2007年转型升级雷达图

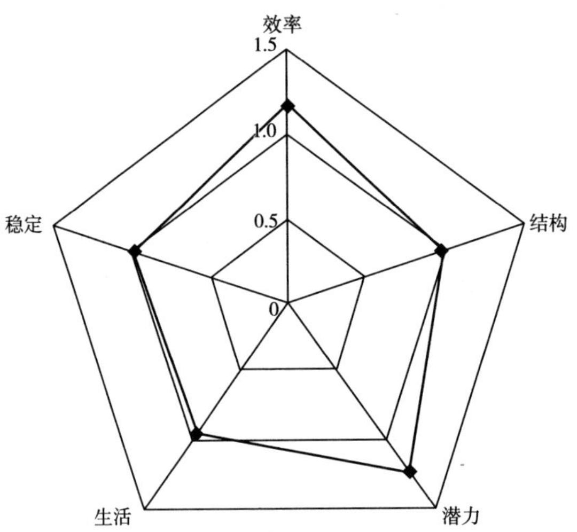

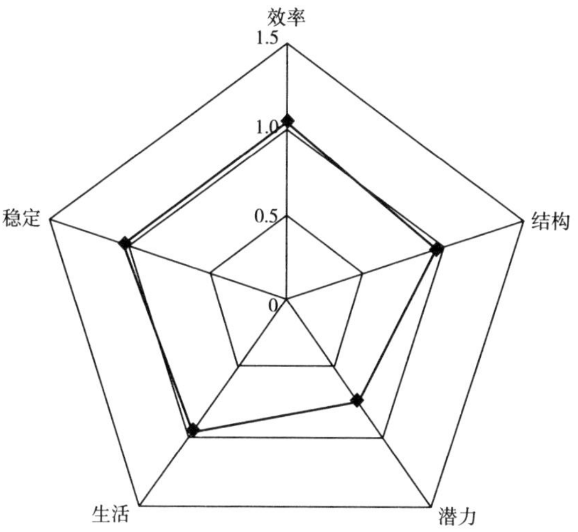

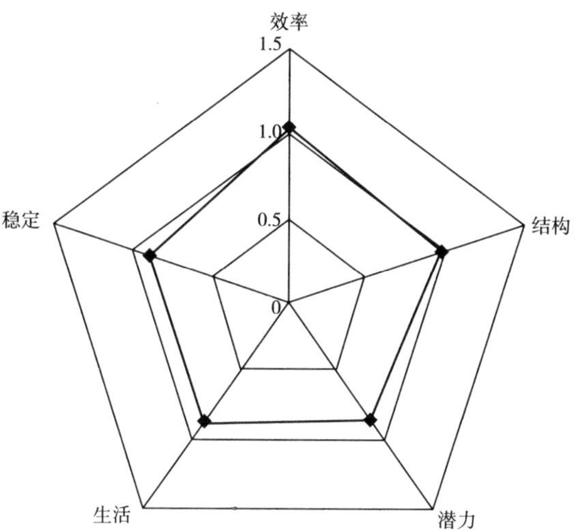

图 2－91 2007 年中国发达城市转型升级雷达图

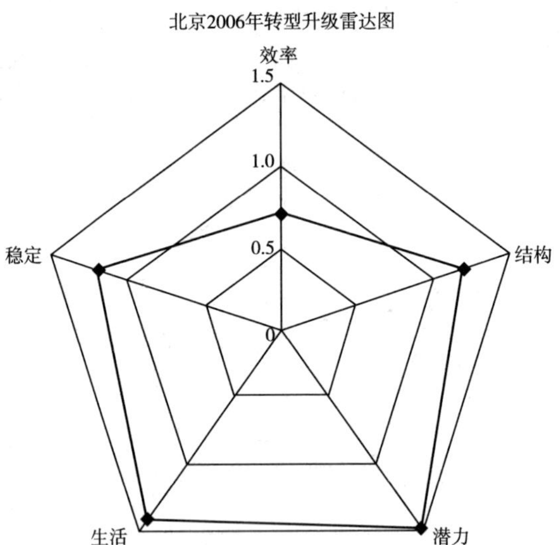
北京2006年转型升级雷达图
效率
1.5
1.0
0.5
0
结构
潜力
生活
稳定

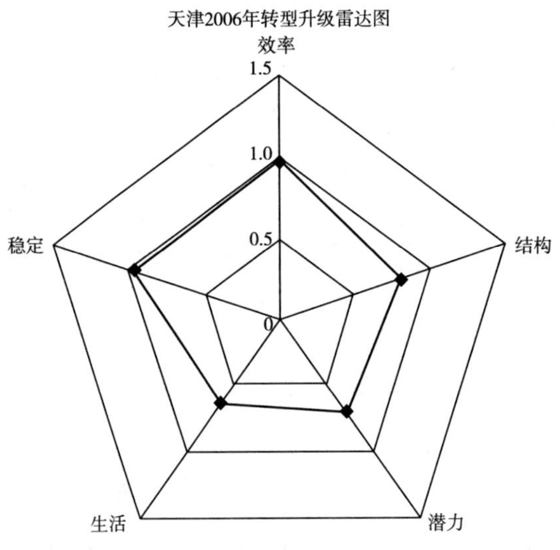
天津2006年转型升级雷达图
效率
1.5
1.0
0.5
0
结构
潜力
生活
稳定

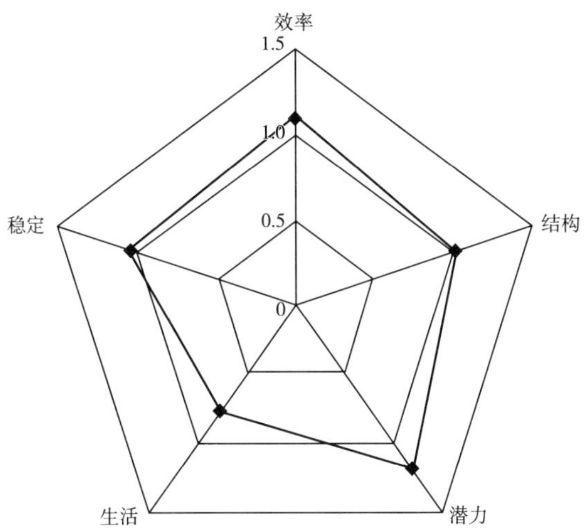
上海2006年转型升级雷达图
效率
1.5
1.0
0.5
0
结构
潜力
生活
稳定

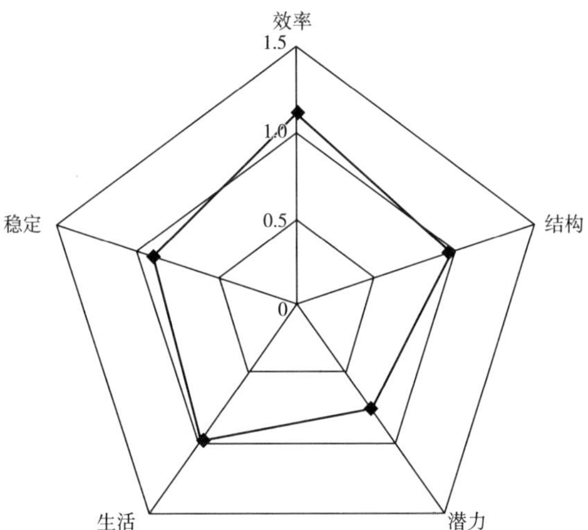
广州2006年转型升级雷达图
效率
1.5
1.0
0.5
0
结构
潜力
生活
稳定

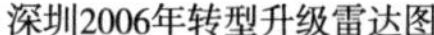

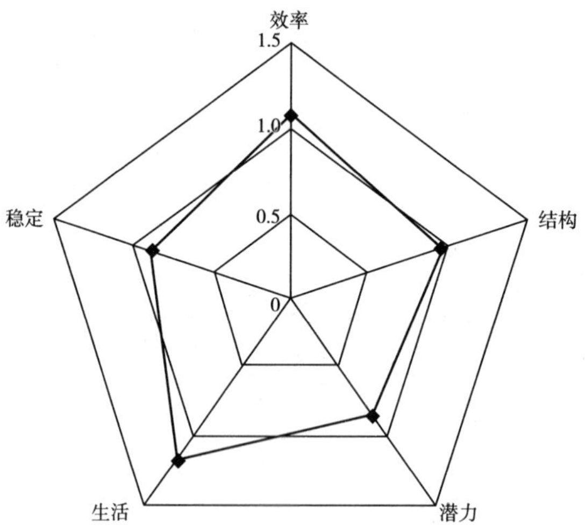

图 2－92　2006 年中国发达城市转型升级雷达图

北京2005年转型升级雷达图

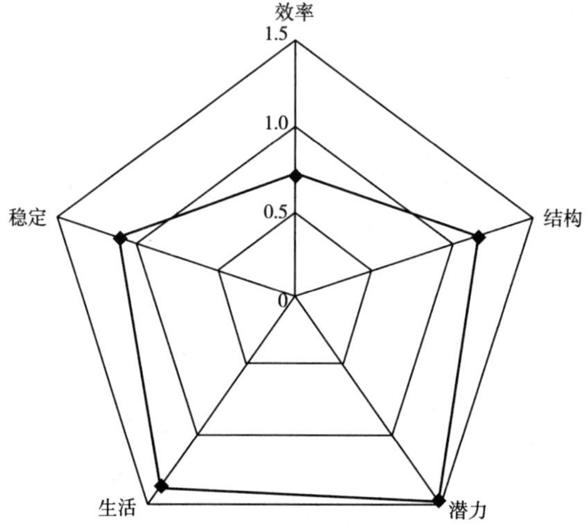

天津2005年转型升级雷达图

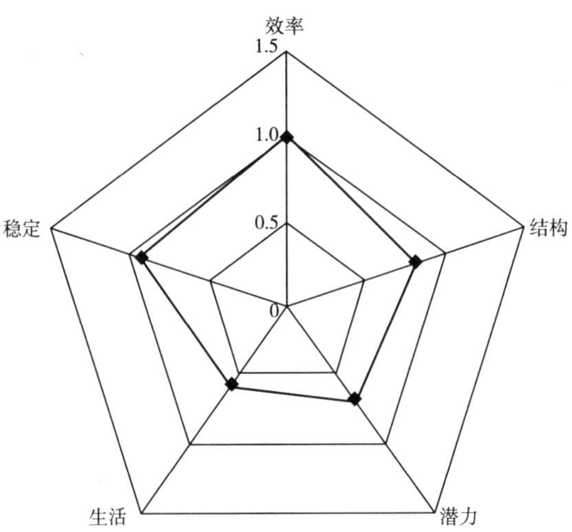

上海2005年转型升级雷达图

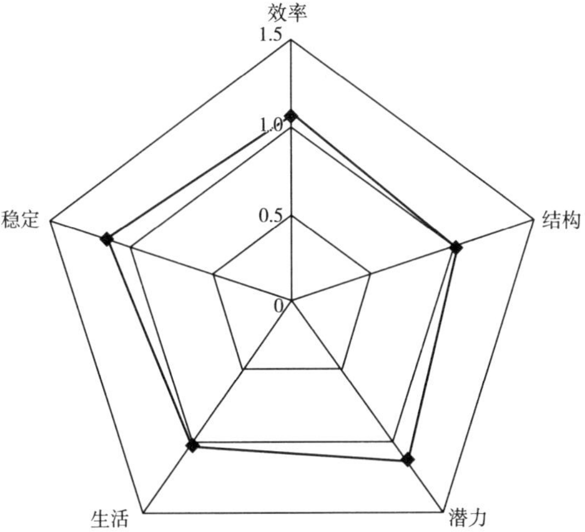

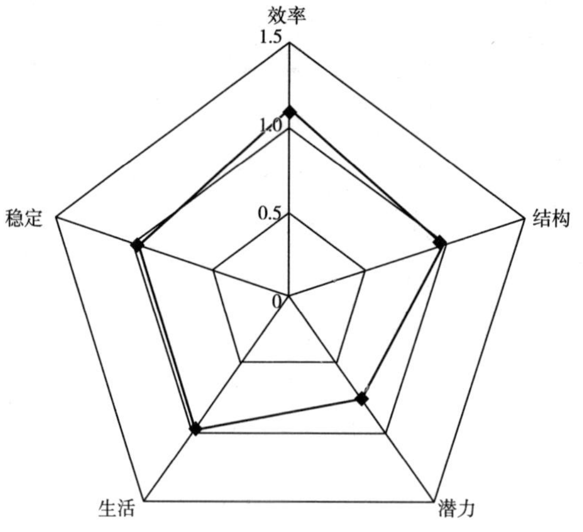

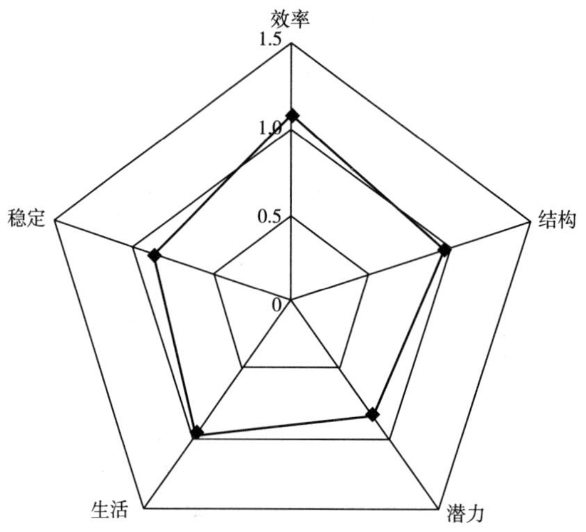

图 2－93　2005 年中国发达城市转型升级雷达图

第五节 中国发达城市具体指标分析（按权重顺序）

1. 第三产业就业比重

2005～2012年中国发达城市第三产业从业人员比重北京最高，为75.46%；北京2005～2012年第三产业从业人员比重增长也最快，为5.56个百分点。2012年比2005年第三产业从业人员比重增长的有两个城市，分别为北京、深圳（增长了5.56、1.72个百分点）；2012年比2005年第三产业从业人员比重下降的有3个城市，分别为天津、上海、广州（下降了－9.73、－1.46、－4.7个百分点）。

具体情况为，北京第三产业从业人员比重2012年比2005年增长了5.56个百分点，从2005年的69.9%上升到2012年的75.46%，平均为74.32%；天津第三产业从业人员比重2012年比2005年下降了－9.73个百分点，从2005年的48.61%下降到2012年的38.88%，平均为47.57%；上海第三产业从业人员比重2012年比2005年下降了－1.46个百分点，从2005年的61.01%下降到2012年的59.55%，平均为57.93%；广州第三产业从业人员比重2012年比2005年下降了－4.7个百分点，从2005年的57.07%下降到2012年的52.37%，平均为55.99%；深圳第三产业从业人员比重2012年比2005年增长了1.72个百分点，从2005年的45.75%上升到2012年的47.47%，平均为46.18%（见表2－23）。

2. GDP3劳动生产率

2005～2012年中国发达城市第三产业劳动生产率天津最高，为5.99万元/劳动力；上海2005～2012年第三产业劳动生产率增长最快，增长了80.84%。2005～2012年中国发达城市第三产业劳动生产率全部呈正增长，分别为北京、天津、上海、广州、深圳（22.96%、71.54%、80.84%、24.82%、37.98%）。

表 2－23 中国发达城市第三产业就业比重（2005～2012 年）

单位：%

城市＼年份	2005	2006	2007	2008	2009	2010	2011	2012	平均	2012 比 2005 增长百分点
北京	69.90	72.21	73.44	75.32	76.30	76.45	75.45	75.46	74.32	5.56
天津	48.61	48.35	49.28	51.92	51.14	51.46	40.93	38.88	47.57	(9.73)
上海	61.01	58.51	55.81	57.17	58.66	59.22	53.52	59.55	57.93	(1.46)
广州	57.07	56.93	55.60	56.88	57.13	57.98	53.94	52.37	55.99	(4.70)
深圳	45.75	44.41	46.22	47.64	45.90	45.07	47.02	47.47	46.18	1.72

注：表中带括弧的数据是负值。

北京第三产业劳动生产率 2012 年比 2005 年增长了 22.96%，从 2005 年的 1.96 万元/劳动力上升到 2012 年的 2.42 万元/劳动力，平均为 2.15 万元/劳动力；天津第三产业劳动生产率 2012 年比 2005 年增长了 71.54%，从 2005 年的 3.49 万元/劳动力上升到 2012 年的 5.99 万元/劳动力，平均为 4.61 万元/劳动力；上海第三产业劳动生产率 2012 年比 2005 年增长了 80.84%，从 2005 年的 3.27 万元/劳动力上升到 2012 年的 5.92 万元/劳动力，平均为 4.54 万元/劳动力；广州第三产业劳动生产率 2012 年比 2005 年增长了 24.82%，从 2005 年的 3.17 万元/劳动力上升到 2012 年的 3.96 万元/劳动力，平均为 3.49 万元/劳动力；深圳第三产业劳动生产率 2012 年比 2005 年增长了 37.98%，从 2005 年的 2.7 万元/劳动力上升到 2012 年的 3.72 万元/劳动力，平均为 3.1 万元/劳动力。（见表 2－24）（以 2005 年为基的不变价格，单位为万元/劳动力）。

表 2－24 中国发达城市第三产业劳动生产率（2005～2012 年）

2005 年不变价格，单位：万元/劳动力

城市＼年份	2005	2006	2007	2008	2009	2010	2011	2012	平均	2012 比 2005 增长%
北京	1.96	1.99	2.04	2.11	2.14	2.22	2.33	2.42	2.15	22.96
天津	3.49	3.88	4.43	3.98	4.61	5.01	5.50	5.99	4.61	71.54
上海	3.27	3.62	4.19	4.48	4.65	4.85	5.33	5.92	4.54	80.84
广州	3.17	3.36	3.33	3.26	3.48	3.59	3.77	3.96	3.49	24.82
深圳	2.70	2.75	2.86	2.96	3.11	3.22	3.46	3.72	3.10	37.98

3. 第三产业占 GDP 的比重

2005 ~ 2012 年中国发达城市第三产业占 GDP 比重北京最高，为 76.36%；上海 2005 ~ 2012 年第三产业占 GDP 比重增长最快，为 9.38 个百分点。2005 ~ 2012 年第三产业占 GDP 比重五个城市全部呈正增长，它们分别为北京、天津、上海、广州、深圳（增长了 6.84、4.84、9.38、4.05、9.09 个百分点）。

具体情况为，北京第三产业占 GDP 比重 2012 年比 2005 年增长了 6.84 个百分点，从 2005 年的 69.52% 上升到 2012 年的 76.36%，平均为 73.75%；天津第三产业占 GDP 比重 2012 年比 2005 年增长了 4.84 个百分点，从 2005 年的 42.11% 上升到 2012 年的 46.95%，平均为 43.28%；上海第三产业占 GDP 比重 2012 年比 2005 年增长了 9.38 个百分点，从 2005 年的 50.62% 上升到 2012 年的 60%，平均为 55.34%；广州第三产业占 GDP 比重 2012 年比 2005 年增长了 4.05 个百分点，从 2005 年的 59.54% 上升到 2012 年的 63.59%，平均为 61.28%；深圳第三产业占 GDP 比重 2012 年比 2005 年增长了 9.09 个百分点，从 2005 年的 46.61% 上升到 2012 年的 55.7%，平均为 51.34%（见表 2 – 25）。

表 2 – 25 中国发达城市第三产业占 GDP 比重（2005 ~ 2012 年）

单位：%

城市 \ 年份	2005	2006	2007	2008	2009	2010	2011	2012	平均	2012 比 2005 增长百分点
北京	69.52	71.29	72.43	73.60	75.94	75.11	75.76	76.36	73.75	6.84
天津	42.11	40.86	40.81	38.15	45.34	45.95	46.05	46.95	43.28	4.84
上海	50.62	50.73	52.73	53.82	59.64	57.28	57.88	60.00	55.34	9.38
广州	59.54	59.37	60.45	61.32	63.25	61.18	61.51	63.59	61.28	4.05
深圳	46.61	47.42	49.84	51.04	53.25	53.38	53.50	55.70	51.34	9.09

4. GDP2 劳动生产率

中国发达城市第二产业劳动生产率 2005 ~ 2012 年天津最高，为

15.47 万元/劳动力；天津 2005～2012 年第二产业劳动生产率增长也最快，为 136.25%。2012 年比 2005 年第二产业劳动生产率全部呈正增长，北京、天津、上海、广州、深圳的增长率分别为 39.96%、136.25%、72.63%、33.02%、38.71%。

北京第二产业劳动生产率 2012 年比 2005 年增长了 39.96%，从 2005 年的 5.22 万元/劳动力上升到 2012 年的 7.31 万元/劳动力，平均为 6.23 万元/劳动力；天津第二产业劳动生产率 2012 年比 2005 年增长了 136.25%，从 2005 年的 6.55 万元/劳动力上升到 2012 年的 15.47 万元/劳动力，平均为 10.45 万元/劳动力；上海第二产业劳动生产率 2012 年比 2005 年增长了 72.63%，从 2005 年的 8.29 万元/劳动力上升到 2012 年的 14.31 万元/劳动力，平均为 11.24 万元/劳动力；广州第二产业劳动生产率 2012 年比 2005 年增长了 33.02%，从 2005 年的 7.24 万元/劳动力上升到 2012 年的 9.63 万元/劳动力，平均为 7.98 万元/劳动力；深圳第二产业劳动生产率 2012 年比 2005 年增长了 38.71%，从 2005 年的 7.52 万元/劳动力上升到 2012 年的 10.43 万元/劳动力，平均为 8.36 万元/劳动力（见表 2－26）（以 2005 年为基的不变价格，单位为万元/人）。

表 2－26　中国发达城市第二产业劳动生产率（2005～2012 年）

2005 年不变价格，单位：万元/劳动力

城市＼年份	2005	2006	2007	2008	2009	2010	2011	2012	平均	2012 比 2005 增长%
北京	5.22	5.42	5.76	5.88	6.31	6.86	7.06	7.31	6.23	39.96
天津	6.55	7.53	8.58	9.02	10.36	12.22	13.84	15.47	10.45	136.25
上海	8.29	9.07	9.87	10.57	11.08	12.94	13.82	14.31	11.24	72.63
广州	7.24	7.19	7.21	7.28	7.82	8.34	9.09	9.63	7.98	33.02
深圳	7.52	7.18	7.34	8.13	7.70	8.85	9.76	10.43	8.36	38.71

5. 劳动力受教育程度

中国发达城市劳动力受教育程度 2005～2012 年广州最高，为 10.02；

广州 2005 ~2012 年劳动力受教育程度增长也最快，为 38.8%。2012 年比 2005 年劳动力受教育程度增长的有 4 个城市，分别为天津、上海、广州、深圳（31.54%、3.42%、38.8%、12.25%）；2012 年比 2005 年劳动力受教育程度下降的有 1 个城市，为北京（-1.5%）。

北京劳动力受教育程度 2012 年比 2005 年下降了 -1.5%，从 2005 年的 8.48 下降到 2012 年的 8.35，平均为 8.41；天津劳动力受教育程度 2012 年比 2005 年增长了 31.54%，从 2005 年的 6.41 上升到 2012 年的 8.43，平均为 7.49；上海劳动力受教育程度 2012 年比 2005 年增长了 3.42%，从 2005 年的 7 上升到 2012 年的 7.24，平均为 7.43；广州劳动力受教育程度 2012 年比 2005 年增长了 38.8%，从 2005 年的 7.22 上升到 2012 年的 10.02，平均为 8.69；深圳劳动力受教育程度 2012 年比 2005 年增长了 12.25%，从 2005 年的 2.55 上升到 2012 年的 2.86，平均为 2.82（见表 2-27）。

表 2-27 中国发达城市劳动力受教育程度（2005 ~2012 年）

单位：年

城市 \ 年份	2005	2006	2007	2008	2009	2010	2011	2012	平均	2012 比 2005 增长%
北京	8.48	8.93	8.08	8.27	8.40	8.43	8.36	8.35	8.41	(1.50)
天津	6.41	6.86	7.09	7.32	7.67	7.98	8.16	8.43	7.49	31.54
上海	7.00	7.37	7.69	7.73	7.55	7.49	7.35	7.24	7.43	3.42
广州	7.22	7.67	8.12	8.50	9.00	9.30	9.64	10.02	8.69	38.80
深圳	2.55	2.69	2.83	2.92	2.95	2.89	2.88	2.86	2.82	12.25

注：表中带括号的数据为负值。

6. 消费对经济增长贡献

中国发达城市消费贡献率 2005 ~2012 年北京最高，为 59.6%；北京 2005 ~2012 年消费贡献率增长也最快，为 9.58 个百分点。2012 年比 2005 年消费贡献率增长的有 4 个城市，分别为北京、上海、广州、深圳（增长了9.58、8.7、5、3.3个百分点）；2012年比2005年消费贡献率下降的有1个城市，为天津（下降了-0.63个百分点）。

北京消费贡献率2012年比2005年增长了9.58个百分点，从2005年的50.02%上升到2012年的59.6%，平均为54.4%；天津消费贡献率2012年比2005年下降了-0.63个百分点，从2005年的38.6%下降到2012年的37.97%，平均为38.47%；上海消费贡献率2012年比2005年增长了8.7个百分点，从2005年的48.4%上升到2012年的57.1%，平均为52.31%；广州消费贡献率2012年比2005年增长了5个百分点，从2005年的43.8%上升到2012年的48.8%，平均为45.02%；深圳消费贡献率2012年比2005年增长了3.3个百分点，从2005年的39.2%上升到2012年的42.5%，平均为40.02%（见表2-28）。

表2-28　中国发达城市消费贡献率（2005~2012年）

单位：%

城市＼年份	2005	2006	2007	2008	2009	2010	2011	2012	平均	2012比2005增长百分点
北京	50.02	50.82	51.43	53.33	55.57	56.03	58.40	59.60	54.40	9.58
天津	38.60	39.60	39.50	37.70	38.20	38.30	37.90	37.97	38.47	(0.63)
上海	48.40	49.00	49.40	51.00	52.30	54.90	56.40	57.10	52.31	8.70
广州	43.80	43.10	42.54	44.59	40.62	47.50	49.20	48.80	45.02	5.00
深圳	39.20	39.00	38.61	38.69	38.69	41.49	41.99	42.50	40.02	3.30

注：表中带括号的数据为负值。

7. TFP贡献率

中国发达城市TFP贡献率2005~2012年上海最高，为68.98%；上海2005~2012年TFP贡献率增长也最快，为43.54个百分点。2012年比2005年TFP贡献率增长的有1个城市，为上海（增长了43.54个百分点）；2012年比2005年TFP贡献率下降的有4个城市，分别为北京、天津、广州、深圳（下降了-22.58、-24.43、-46.46、-21.04个百分点）。

北京 TFP 贡献率 2012 年比 2005 年下降了 -22.58 个百分点，从 2005 年的 14.88% 下降到 2012 年的 -7.7%，平均为 8.48%；天津 TFP 贡献率 2012 年比 2005 年下降了 -24.43 个百分点，从 2005 年的 20.81% 下降到 2012 年的 -3.62%，平均为 2.55%；上海 TFP 贡献率 2012 年比 2005 年增长了 43.54 个百分点，从 2005 年的 25.44% 上升到 2012 年的 68.98%，平均为 35.67%；广州 TFP 贡献率 2012 年比 2005 年下降了 -46.46 个百分点，从 2005 年的 42.64% 下降到 2012 年的 -3.82%，平均为 29.95%；深圳 TFP 贡献率 2012 年比 2005 年下降了 -21.04 个百分点，从 2005 年的 37.75% 下降到 2012 年的 16.71%，平均为 34.46%（见表 2-29）。

表 2-29 中国发达城市 TFP 贡献率（2005~2012 年）

单位：%

城市\年份	2005	2006	2007	2008	2009	2010	2011	2012	平均	2012 比 2005 增长百分点
北京	14.88	13.85	22.07	10.99	-2.94	4.85	-2.47	-7.70	8.48	(22.58)
天津	20.81	10.20	7.10	-3.03	-3.03	-2.87	-3.05	-3.62	2.55	(24.43)
上海	25.44	29.13	42.76	22.68	4.88	42.72	53.66	68.98	35.67	43.54
广州	42.64	45.88	48.97	43.90	13.91	24.62	8.85	-3.82	29.95	(46.46)
深圳	37.75	43.98	45.58	42.15	17.76	33.33	25.00	16.71	34.46	(21.04)

注：表中带括号的数据为负值。

8. 专利授权量

中国发达城市专利授权量 2005~2012 年上海最高，为 55999 件；天津 2005~2012 年专利授权量增长最快，为 429.57%。2005~2012 年中国发达城市专利授权量全部呈正增长，它们分别为北京、天津、上海、广州、深圳（381.28%、429.57%、344.33%、314.97%、385.28%）。

北京专利授权量 2012 年比 2005 年增长了 381.28%，从 2005 年的 10100 件上升到 2012 年的 48609 件，平均为 24996 件；天津专利授权量 2012 年比 2005 年增长了 429.57%，从 2005 年的 3045 件上升到 2012 年的

16126件，平均为8512件；上海专利授权量2012年比2005年增长了344.33%，从2005年的12603件上升到2012年的55999件，平均为33155件；广州专利授权量2012年比2005年增长了314.97%，从2005年的7838件上升到2012年的32527件，平均为18110件；深圳专利授权量2012年比2005年增长了385.28%，从2005年的8983件上升到2012年的43592件，平均为24610件（见表2－30）。

表2－30　中国发达城市专利授权量（2005～2012年）

单位：件

城市＼年份	2005	2006	2007	2008	2009	2010	2011	2012	平均	2012比2005增长%
北京	10100	11238	14954	17747	22921	33511	40888	48609	24996	381.28
天津	3045	4159	5584	6790	7404	11006	13982	16126	8512	429.57
上海	12603	16602	24481	24468	34913	48215	47960	55999	33155	344.33
广州	7838	9237	11672	12746	17812	25421	27630	32527	18110	314.97
深圳	8983	11494	15552	18805	25894	34951	37607	43592	24610	385.28

9. 人均家庭财富增长

中国发达城市人均财富增长2005～2012年北京最高，为11.44%；天津2005～2012年人均财富增长最快，为10.97个百分点。2012年比2005年人均财富增长的有2个城市，分别为天津、上海（增长了10.97、0.13个百分点）；2012年比2005年人均财富增长下降的有3个城市，分别为北京、广州、深圳（下降了－22.93、－11.37、－15.88个百分点）。

具体来看，北京人均财富增长2012年比2005年下降了－22.93个百分点，从2005年的34.37%下降到2012年的11.44%，平均为28.43%；天津人均财富增长2012年比2005年增长了10.97个百分点，从2005年的－2.19%上升到2012年的8.79%，平均为17.54%；上海人均财富增长2012年比2005年增长了0.13个百分点，从2005年的9.28%上升到

2012 年的 9.41%，平均为 23.08%；广州人均财富增长 2012 年比 2005 年下降了 -11.37 个百分点，从 2005 年的 20.7% 下降到 2012 年的 9.33%，平均为 20.97%；深圳人均财富增长 2012 年比 2005 年下降了 -15.88 个百分点，从 2005 年的 26.96% 下降到 2012 年的 11.09%，平均为 20.69%，（见表 2-31）。

表 2-31 中国发达城市人均财富增长（2005~2012 年）

单位：%

城市＼年份	2005	2006	2007	2008	2009	2010	2011	2012	平均	2012 比 2005 增长百分点
北京	34.37	34.37	32.72	15.42	56.30	28.62	14.21	11.44	28.43	(22.93)
天津	(2.19)	(2.19)	49.81	11.49	23.59	40.13	10.89	8.79	17.54	10.97
上海	9.28	9.28	21.25	6.23	73.23	42.86	13.10	9.41	23.08	0.13
广州	20.70	20.70	27.67	38.79	14.12	28.65	7.77	9.33	20.97	(11.37)
深圳	26.96	26.96	29.99	10.93	9.85	37.25	12.44	11.09	20.69	(15.88)

注：表中带括号的数据为负值。

10. 资本产出率

中国发达城市资本产出率 2005~2012 年深圳最高，为 1.45；上海 2005~2012 年资本产出率增长最快，为 29.24%。2012 年比 2005 年资本产出率增长的有 4 个城市，分别为北京、上海、广州、深圳（7.01%、29.24%、20.06%、23.17%）；2012 年比 2005 年资本产出率下降的有 1 个城市，为天津（-15.99%）。

北京资本产出率 2012 年比 2005 年增长了 7.01%，从 2005 年的 0.79 上升到 2012 年的 0.84，平均为 0.82；天津资本产出率 2012 年比 2005 年下降了 -15.99%，从 2005 年的 0.78 下降到 2012 年的 0.65，平均为 0.75；上海资本产出率 2012 年比 2005 年增长了 29.24%，从 2005 年的 0.58 上升到 2012 年的 0.75，平均为 0.66；广州资本产出率 2012 年比 2005 年增长了 20.06%，从 2005 年的 0.9 上升到 2012 年的 1.08，平均为

1.04；深圳资本产出率2012年比2005年增长了23.17%，从2005年的1.18上升到2012年的1.45，平均为1.37（见表2-32）。

表2-32 中国发达城市资本产出率（2005~2012年）

城市\年份	2005	2006	2007	2008	2009	2010	2011	2012	平均	2012比2005增长百分点
北京	0.79	0.80	0.83	0.84	0.83	0.84	0.83	0.84	0.82	7.01
天津	0.78	0.79	0.80	0.80	0.75	0.73	0.69	0.65	0.75	(15.99)
上海	0.58	0.60	0.64	0.65	0.66	0.68	0.71	0.75	0.66	29.24
广州	0.90	0.96	1.03	1.08	1.10	1.13	1.04	1.08	1.04	20.06
深圳	1.18	1.26	1.35	1.42	1.44	1.50	1.40	1.45	1.37	23.17

11. 通货膨胀率指标

中国发达城市通货膨胀率指标2005~2012年天津最高，为0.27；深圳2005~2012年通货膨胀率指标增长最快，为-31.58%。2005~2012年中国发达城市通货膨胀率指标全部下降，分别为北京、天津、上海、广州、深圳（-41.86%、-32.43%、-47.37%、-52.83%、-31.58%）。

北京通货膨胀率指标2012年比2005年下降了-41.86%，从2005年的0.4下降到2012年的0.23，平均为0.28；天津通货膨胀率指标2012年比2005年下降了-32.43%，从2005年的0.4下降到2012年的0.27，平均为0.25；上海通货膨胀率指标2012年比2005年下降了-47.37%，从2005年的0.5下降到2012年的0.26，平均为0.27；广州通货膨胀率指标2012年比2005年下降了-52.83%，从2005年的0.4下降到2012年的0.19，平均为0.23；深圳通货膨胀率指标2012年比2005年下降了-31.58%，从2005年的0.38下降到2012年的0.26，平均为0.23（见表2-33）。

表 2-33 中国发达城市通货膨胀率指标（2005～2012 年）

单位：%

城市＼年份	2005	2006	2007	2008	2009	2010	2011	2012	平均	2012 比 2005 增长%
北京	0.40	0.53	0.29	0.17	0.21	0.29	0.15	0.23	0.28	(41.86)
天津	0.40	0.40	0.19	0.16	0.18	0.22	0.17	0.27	0.25	(32.43)
上海	0.50	0.45	0.24	0.15	0.18	0.24	0.16	0.26	0.27	(47.37)
广州	0.40	0.30	0.23	0.15	0.18	0.24	0.15	0.19	0.23	(52.83)
深圳	0.38	0.31	0.20	0.14	0.18	0.22	0.16	0.26	0.23	(31.58)

注：（1）表中带括号的数据为负值；（2）通货膨胀率指标是正向指标，为通货膨胀率的倒数。

12. 土地产出率

中国发达城市土地产出率 2005～2012 年上海最高，为 12.13；天津 2005～2012 年土地产出率增长最快，为 104.35%。2005～2012 年中国发达城市土地产出率全部呈正增长，分别为北京、天津、上海、广州、深圳（95.04%、104.35%、89.34%、66.52%、87.15%）。

北京土地产出率 2012 年比 2005 年增长了 95.04%，从 2005 年的 3.62 上升到 2012 年的 7.06，平均为 5.14；天津土地产出率 2012 年比 2005 年增长了 104.35%，从 2005 年的 4.29 上升到 2012 年的 8.77，平均为 6.21；上海土地产出率 2012 年比 2005 年增长了 89.34%，从 2005 年的 6.41 上升到 2012 年的 12.13，平均为 8.99；广州土地产出率 2012 年比 2005 年增长了 66.52%，从 2005 年的 4.04 上升到 2012 年的 6.72，平均为 5.24；深圳土地产出率 2012 年比 2005 年增长了 87.15%，从 2005 年的 3.73 上升到 2012 年的 6.99，平均为 5.33（见表 2-34）。

表 2-34 中国发达城市土地产出率（2005～2012 年）

城市＼年份	2005	2006	2007	2008	2009	2010	2011	2012	平均	2012 比 2005 增长%
北京	3.62	3.94	4.30	4.61	4.93	6.19	6.45	7.06	5.14	95.04
天津	4.29	4.83	5.27	5.47	6.18	6.99	7.86	8.77	6.21	104.35
上海	6.41	6.89	7.70	8.45	9.14	10.08	11.16	12.13	8.99	89.34
广州	4.04	4.37	4.62	4.89	5.27	5.80	6.20	6.72	5.24	66.52
深圳	3.73	4.31	4.66	5.06	5.43	5.96	6.47	6.99	5.33	87.15

13. 贸易依存度

中国发达城市贸易依存度2005~2012年深圳最高，为0.02%；北京2005~2012年贸易依存度增长最快，为-0.001个百分点。2012年比2005年贸易依存度均下降五个城市的分别为北京、天津、上海、广州、深圳（下降了-0.001、-0.007、-0.003、-0.004、-0.007个百分点）。

北京贸易依存度2012年比2005年下降了-0.001个百分点，从2005年的0.02%下降到2012年的0.01%，平均为0.02%；天津贸易依存度2012年比2005年下降了-0.007个百分点，从2005年的0.01%下降到2012年的0.01%，平均为0.01%；上海贸易依存度2012年比2005年下降了-0.003个百分点，从2005年的0.02%下降到2012年的0.01%，平均为0.02%；广州贸易依存度2012年比2005年下降了-0.004个百分点，从2005年的0.01%下降到2012年的0.01%，平均为0.01%；深圳贸易依存度2012年比2005年下降了-0.007个百分点，从2005年的0.03%下降到2012年的0.02%，平均为0.03%（见表2-35）。

表2-35 中国发达城市贸易依存度（2005~2012年）

单位：%

城市＼年份	2005	2006	2007	2008	2009	2010	2011	2012	平均	2012比2005增长百分点
北京	0.015	0.016	0.016	0.018	0.012	0.0158	0.016	0.014	0.015	(0.001)
天津	0.013	0.013	0.012	0.009	0.006	0.006	0.006	0.006	0.009	(0.007)
上海	0.017	0.018	0.018	0.016	0.013	0.015	0.015	0.014	0.016	(0.003)
广州	0.009	0.009	0.009	0.008	0.007	0.007	0.006	0.005	0.007	(0.004)
深圳	0.030	0.033	0.032	0.027	0.023	0.025	0.023	0.023	0.027	(0.007)

注：（1）表中带括号的数据为负值；（2）贸易依存度为折算为人民币的进出口总额与GDP的比。

14. 人均收入增长

中国发达城市人均收入增长率2005~2012年深圳最高，为11.61%；深圳2005~2012年人均收入增长率增长也最快，为7.73个百分点。

2005～2012年中国发达城市人均收入增长率呈正增长的有两个城市，分别为广州、深圳（分别增长了2.19、7.73个百分点）；2005～2012年中国发达城市人均收入增长率下降的有3个城市，分别为北京、天津、上海（下降了－7.69、－0.17、－6.83个百分点）。

具体来看，北京人均收入增长率2012年比2005年下降了－7.69个百分点，从2005年的12.88%下降到2012年的5.19%，平均为11.21%；天津人均收入增长率2012年比2005年下降了－0.17个百分点，从2005年的10.22%下降到2012年的10.05%，平均为12.63%；上海人均收入增长率2012年比2005年下降了－6.83个百分点，从2005年的17.75%下降到2012年的10.92%，平均为11.67%；广州人均收入增长率2012年比2005年增长了2.19个百分点，从2005年的8.31%上升到2012年的10.5%，平均为10.71%；深圳人均收入增长率2012年比2005年增长了7.73个百分点，从2005年的3.87%上升到2012年的11.61%，平均为5.25%（见表2－36）。

表2－36 中国发达城市人均收入增长率（2005～2012年）

单位：%

城市＼年份	2005	2006	2007	2008	2009	2010	2011	2012	平均	2012比2005增长百分点
北京	12.88	13.17	15.27	13.11	8.86	8.14	13.06	5.19	11.21	(7.69)
天津	10.22	13.01	14.52	18.74	12.54	11.14	10.82	10.05	12.63	(0.17)
上海	17.75	5.21	14.30	12.92	9.68	8.82	13.80	10.92	11.67	(6.83)
广州	8.31	8.55	13.19	12.67	10.55	9.54	12.33	10.50	10.71	2.19
深圳	3.87	11.67	4.95	－6.01	－6.39	9.56	12.74	11.61	5.25	7.73

注：表中带括号的数据为负值。

15. 万元GDP能耗指标

中国发达城市万元GDP能耗指标2005～2012年广州最高，为0.73；北京2005～2012年万元GDP能耗指标增长最快，为30.73%。2005～2012

年中国发达城市万元 GDP 能耗指标全部呈正增长，分别为北京、天津、上海、广州、深圳（30.73%、25.96%、23.55%、15.14%、15.14%）。

北京万元 GDP 能耗指标 2012 年比 2005 年增长了 30.73%，从 2005 年的 0.46 上升到 2012 年的 0.6，平均为 0.56；天津万元 GDP 能耗指标 2012 年比 2005 年增长了 25.96%，从 2005 年的 0.43 上升到 2012 年的 0.55，平均为 0.51；上海万元 GDP 能耗指标 2012 年比 2005 年增长了 23.55%，从 2005 年的 0.51 上升到 2012 年的 0.63，平均为 0.6；广州万元 GDP 能耗指标 2012 年比 2005 年增长了 15.14%，从 2005 年的 0.63 上升到 2012 年的 0.73，平均为 0.71；深圳万元 GDP 能耗指标 2012 年比 2005 年增长了 15.14%，从 2005 年的 0.63 上升到 2012 年的 0.73，平均为 0.71（见表 2－37）。

表 2－37　中国发达城市万元 GDP 能耗指标（2005～2012 年）

单位：%

城市＼年份	2005	2006	2007	2008	2009	2010	2011	2012	平均	2012 比 2005 增长%
北京	0.46	0.48	0.52	0.56	0.65	0.60	0.60	0.60	0.56	30.73
天津	0.43	0.45	0.48	0.51	0.58	0.55	0.55	0.55	0.51	25.96
上海	0.51	0.53	0.57	0.59	0.68	0.63	0.63	0.63	0.60	23.55
广州	0.63	0.65	0.67	0.70	0.86	0.73	0.73	0.73	0.71	15.14
深圳	0.63	0.65	0.67	0.70	0.86	0.73	0.73	0.73	0.71	15.14

注：（1）表中带括号的数据为负值；（2）万元 GDP 能耗指标为万元 GDP 能耗的倒数；（3）由于数据缺失，广州和深圳用广东省万元 GDP 能耗数据。

16. 每万劳动力中研发人员数

中国发达城市每万劳动力中研究和开发人员数 2005～2012 年北京最高，为 231.52 人/万劳动力；上海 2005～2012 年每万劳动力中研发人员数增长最快，为 0.68%。2012 年比 2005 年每万劳动力中研发人员数增长的有 1 个城市，为上海（0.68%）；2005～2012 年中国发达城市每万劳动力中研发人员数下降的有 4 个城市，分别为北京、天津、广州、深圳（-44.39%、-27.26%、-43.02%、-28.31%）。

北京每万劳动力中研发人员数 2012 年比 2005 年下降了 -44.39%，从 2005 年的 416.29 人/万劳动力下降到 2012 年的 231.52 人/万劳动力，平均为 357.27 人/万劳动力；天津每万劳动力中研发人员数 2012 年比 2005 年下降了 -27.26%，从 2005 年的 24.15 人/万劳动力下降到 2012 年的 17.56 人/万劳动力，平均为 23.36 人/万劳动力；上海每万劳动力中研发人员数 2012 年比 2005 年增长了 0.68%，从 2005 年的 229.82 人/万劳动力上升到 2012 年的 231.38 人/万劳动力，平均为 248.23 人/万劳动力；广州每万劳动力中研发人员数 2012 年比 2005 年下降了 -43.02%，从 2005 年的 19.01 人/万劳动力下降到 2012 年的 10.83 人/万劳动力，平均为 15.2 人/万劳动力；深圳每万劳动力中研发人员数 2012 年比 2005 年下降了 -28.31%，从 2005 年的 260.77 人/万劳动力下降到 2012 年的 186.94 人/万劳动力，平均为 246.41 人/万劳动力（见表 2-38）。

表 2-38 中国发达城市每万劳动力中研究和开发人员数（2005~2012 年）

单位：人/万劳动力

城市＼年份	2005	2006	2007	2008	2009	2010	2011	2012	平均	2012 比 2005 增长%
北京	416.3	376.8	405.2	383.5	422.3	402.1	220.6	231.5	357.3	(44.39)
天津	24.1	24.5	24.7	22.8	24.4	23.5	25.2	17.6	23.4	(27.26)
上海	229.8	231.7	260.0	257.6	364.8	192.0	218.6	231.4	248.2	0.68
广州	19.0	18.3	17.7	16.3	14.4	13.1	12.0	10.8	15.2	(43.02)
深圳	260.8	233.6	267.2	262.5	322.0	258.8	179.4	186.9	246.4	(28.31)

注：（1）表中带括号的数据为负值；（2）深圳的每万劳动力中研究和开发人员数出现异常，取发达城市平均值。

17. 基尼系数

中国发达城市基尼系数指标 2005~2012 年广州最高，为 3.75；广州 2005~2012 年基尼系数指标增长也最快，为 28.58%。2005~2012 年中国发达城市基尼系数指标增长的有4个城市，分别为北京、天津、上海、广州（0.54%、16.78%、10.77%、28.58%）；2005~2012年基尼系数指标下降的有1个城市，为深圳（-0.93%）。

北京基尼系数指标2012年比2005年增长了0.54%，从2005年的3.55上升到2012年的3.57，平均为3.46；天津基尼系数指标2012年比2005年增长了16.78%，从2005年的2.38上升到2012年的2.78，平均为2.57；上海基尼系数指标2012年比2005年增长了10.77%，从2005年的3.24上升到2012年的3.59，平均为3.39；广州基尼系数指标2012年比2005年增长了28.58%，从2005年的2.92上升到2012年的3.75，平均为3.35；深圳基尼系数指标2012年比2005年下降了-0.93%，从2005年的2.3下降到2012年的2.28，平均为2.35（见表2-39）。

表2-39 中国发达城市基尼系数指标（2005~2012年）

城市＼年份	2005	2006	2007	2008	2009	2010	2011	2012	平均	2012比2005增长%
北京	3.549	3.565	3.566	3.172	3.248	3.523	3.496	3.568	3.461	0.54
天津	2.383	2.509	2.467	2.461	2.564	2.673	2.728	2.783	2.571	16.78
上海	3.240	3.243	3.357	3.308	3.371	3.477	3.517	3.589	3.388	10.77
广州	2.919	3.012	3.225	3.173	3.449	3.605	3.679	3.754	3.352	28.58
深圳	2.297	2.524	2.381	2.392	2.268	2.325	2.305	2.276	2.346	(0.93)

注：（1）表中带括号的数据为负值；（2）基尼系数指标为基尼系数的倒数。

18. R&D经费占GDP比重

中国发达城市R&D经费占GDP比重2005~2012年北京最高，为5.97%；上海2005~2012年R&D经费占GDP比重增长最快，为1.07个百分点。2012年比2005年R&D经费占GDP比重全部呈正增长的五个城市分别为北京、天津、上海、广州、深圳（增长了0.53、0.03、1.07、0.54、0.54个百分点）。

北京R&D经费占GDP比重2012年比2005年增长了0.53个百分点，从2005年的5.45%上升到2012年的5.97%，平均为5.61%；天津R&D经费占GDP比重2012年比2005年增长了0.03个百分点，从2005年的0.39%上升到2012年的0.42%，平均为0.41%；上海R&D经费占GDP比重2012年比2005年增长了1.07个百分点，从2005年的2.31%上升到2012年的3.38%，平均为2.74%；广州R&D经费占GDP比重2012年比2005年增长了0.54个百分点，从2005年的0.65%上升到2012年的1.19%，平均为0.95%；深圳R&D经费占GDP比重2012年比2005年增长了0.54个百分点，从2005年的3.24%上升到2012年的3.78%，平均为3.55%，见表2－40。

表2－40 中国发达城市R&D经费占GDP的比重（2005～2012年）

单位：%

城市＼年份	2005	2006	2007	2008	2009	2010	2011	2012	平均	2012比2005增长百分点
北京	5.45	5.33	5.35	5.58	5.50	5.82	5.85	5.97	5.61	0.53
天津	0.39	0.38	0.41	0.44	0.42	0.44	0.42	0.42	0.41	0.03
上海	2.31	2.45	2.46	2.58	2.81	2.80	3.11	3.38	2.74	1.07
广州	0.65	0.71	0.79	0.87	1.13	1.12	1.13	1.19	0.95	0.54
深圳	3.24	3.23	3.37	3.47	3.74	3.84	3.74	3.78	3.55	0.54

注：（1）表中带括号的数据为负值；（2）R&D为研究开发经费与当年GDP的比；（3）深圳的R&D金额异常，取发达城市平均值。

19. 公共服务覆盖率

中国发达城市公共服务覆盖率2005～2012年深圳最高，为59.29%；深圳2005～2012年公共服务覆盖率增长也最快，为33.97个百分点。2012年比2005年公共服务覆盖率全部呈正增长的五个城市分别为北京、天津、上海、广州、深圳（增长了24.61、12.21、9.31、21.28、33.97个百分点）。

北京公共服务覆盖率2012年比2005年增长了24.61个百分点，从

2005年的30.85%上升到2012年的55.47%，平均为45%；天津公共服务覆盖率2012年比2005年增长了12.21个百分点，从2005年的25.22%上升到2012年的37.44%，平均为31.75%；上海公共服务覆盖率2012年比2005年增长了9.31个百分点，从2005年的34.69%上升到2012年的44%，平均为40.72%；广州公共服务覆盖率2012年比2005年增长了21.28个百分点，从2005年的21.54%上升到2012年的42.82%，平均为32.73%；深圳公共服务覆盖率2012年比2005年增长了33.97个百分点，从2005年的25.31%上升到2012年的59.29%，平均为46.54%，见表2－41。

表2－41 中国发达城市公共服务覆盖率（2005～2012年）

单位：%

城市＼年份	2005	2006	2007	2008	2009	2010	2011	2012	平均	2012比2005增长百分点
北京	30.85	36.85	40.12	43.65	48.20	49.52	55.29	55.47	45.00	24.61
天津	25.22	27.01	27.62	27.80	31.54	35.96	41.37	37.44	31.75	12.21
上海	34.69	38.57	38.53	38.96	42.52	43.02	45.51	44.00	40.72	9.31
广州	21.54	25.82	29.12	31.37	36.78	34.68	39.69	42.82	32.73	21.28
深圳	25.31	30.48	46.85	50.24	51.35	52.70	56.13	59.29	46.54	33.97

注：公共服务覆盖率为基本养老保险覆盖率、基本医疗保险覆盖率、失业保险率覆盖率的几何平均。

20. 地方税收增长

2005～2012年中国发达城市地方税收增长天津最高，为26.67%；天津2005～2012年地方税收增长也最快，为－8.13个百分点。2012年比2005年地方税收增长均呈下降的五个城市，分别为北京、天津、上海、广州、深圳（下降了－13.2、－8.13、－17.43、－10.05、－15.2个百分点）。

北京地方税收增长2012年比2005年下降了－13.2个百分点，从2005年的23.47%下降到2012年的10.27%，平均为20.76%；天津地方税收增长2012年比2005年下降了-8.13个百分点，从2005年的34.8%下降到2012年的26.67%，平均为27.94%；上海地方税收增长2012年比2005年下降了-17.43个百分点，从2005年的26.59%下降到2012年的9.15%，平均为16.48%；广州地方税收增长2012年比2005年下降了-10.05个百分点，从2005年的22.58%下降到2012年的12.53%，平均为17.62%；深圳地方税收增长2012年比2005年下降了-15.2个百分点，从2005年的25.84%下降到2012年的10.64%，平均为20.95%（见表2-42）。

表2-42 中国发达城市地方税收增长（2005~2012年）

单位：%

城市\年份	2005	2006	2007	2008	2009	2010	2011	2012	平均	2012比2005增长百分点
北京	23.47	21.53	32.23	24.38	10.31	16.14	27.71	10.27	20.76	(13.20)
天津	34.80	25.67	31.00	23.66	21.67	30.03	30.00	26.67	27.94	(8.13)
上海	26.59	11.19	24.83	19.89	7.70	13.12	19.36	9.15	16.48	(17.43)
广州	22.58	15.04	22.80	18.57	13.00	24.19	12.24	12.53	17.62	(10.05)
深圳	25.84	21.46	29.89	23.01	10.05	25.66	21.03	10.64	20.95	(15.20)

注：表中带括号的数据为负值。

21. 资本形成占GDP比重

2005~2012年中国发达城市资本形成占GDP比重天津最高，为73.37%；天津2005~2012年资本形成占GDP比重增长也最快，为23.32个百分点。2005~2012年中国发达城市资本形成占GDP比重增长的有2个城市，分别为天津、广州（增长了23.32、1.57个百分点）；2005~2012年中国发达城市资本形成占GDP比重下降的有3个城市，分别为北京、上海、深圳（下降了-9.75、-7.44、-5.25个百分点）。

北京资本形成占GDP比重2012年比2005年下降了-9.75个百分点，从2005年的51.38%下降到2012年的41.62%，平均为44.84%；天津资本形成占GDP比重2012年比2005年增长了23.32个百分点，从2005年的50.05%上升到2012年的73.37%，平均为64.27%；上海资本形成占GDP比重2012年比2005年下降了-7.44个百分点，从2005年的45.62%下降到2012年的38.18%，平均为43.47%；广州资本形成占GDP比重2012年比2005年增长了1.57个百分点，从2005年的33.93%上升到2012年的35.5%，平均为34.27%；深圳资本形成占GDP比重2012年比2005年下降了-5.25个百分点，从2005年的33.18%下降到2012年的27.93%，平均为29.61%（见表2-43）。

表2-43 中国发达城市资本形成占GDP的比重（2005~2012年）

单位：%

城市\年份	2005	2006	2007	2008	2009	2010	2011	2012	平均	2012比2005增长百分点
北京	51.38	48.92	45.68	42.95	43.25	43.20	41.74	41.62	44.84	(9.75)
天津	50.05	52.24	54.43	59.62	72.59	75.09	76.80	73.37	64.27	23.32
上海	45.62	46.10	45.78	43.67	44.97	43.15	40.26	38.18	43.47	(7.44)
广州	33.93	34.74	32.97	33.20	34.03	35.33	34.44	35.50	34.27	1.57
深圳	33.18	31.20	28.55	26.21	31.02	30.47	28.31	27.93	29.61	(5.25)

注：表中带括号的数据为负值。

22. GDP增长波动率指标

2005~2012年中国发达城市GDP增长波动率指标深圳最高，为1；深圳2005~2012年GDP增长波动率指标增长也最快，为36.65%。2005~2012年中国发达城市GDP增长波动率指标增长的有4个城市，分别为北京、上海、广州、深圳（8.81%、10.3%、4.62%、36.65%）；2005~2012年中国发达城市GDP增长波动率指标下降的有1个城市，为天津（-8.77%）。

北京GDP增长波动率指标2012年比2005年增长了8.81%，从2005年的0.88上升到2012年的0.95，平均为0.89；天津GDP增长波动率指标2012年比2005年下降了-8.77%，从2005年的0.95下降到2012年的

0.86，平均为0.95；上海GDP增长波动率指标2012年比2005年增长了10.3%，从2005年的0.84上升到2012年的0.92，平均为0.84；广州GDP增长波动率指标2012年比2005年增长了4.62%，从2005年的0.89上升到2012年的0.93，平均为0.9；深圳GDP增长波动率指标2012年比2005年增长了36.65%，从2005年的0.73上升到2012年的1，平均为0.88（见表2-44）。

表2-44 中国发达城市GDP增长波动率指标（2005~2012年）

城市\年份	2005	2006	2007	2008	2009	2010	2011	2012	平均	2012比2005增长%
北京	0.88	0.93	0.90	0.73	0.89	0.99	0.82	0.95	0.89	8.81
天津	0.95	0.99	0.95	0.94	1.00	0.95	0.95	0.86	0.95	(8.77)
上海	0.84	0.90	0.84	0.73	0.87	0.80	0.83	0.92	0.84	10.30
广州	0.89	0.86	0.98	0.85	0.94	0.88	0.87	0.93	0.90	4.62
深圳	0.73	0.91	0.91	0.85	0.89	0.88	0.85	1.00	0.88	36.65

注：（1）表中带括号的数为负值；（2）增长波动率指标为GDP增长率波动的倒数。

23. 基础设施指数

2005~2012年中国发达城市基础设施指数北京最高，为4.51；广州2005~2012年基础设施指数增长最快，为5.44%。2005~2012年中国发达城市基础设施指数增长的有2个城市，分别为天津、广州（5.19%、5.44%）；2005~2012年中国发达城市基础设施指数下降的有3个城市，分别为北京、上海、深圳（-23.32%、-21.33%、-0.97%）。

北京基础设施指数2012年比2005年下降了-23.32%，从2005年的5.88下降到2012年的4.51，平均为4.84；天津基础设施指数2012年比2005年增长了5.19%，从2005年的2.77上升到2012年的2.91，平均为2.75；上海基础设施指数2012年比2005年下降了-21.33%，从2005年的4.48下降到2012年的3.53，平均为3.97；广州基础设施指数2012年比2005年增长了5.44%，从2005年的4.22上升到2012年的4.45，平均为4.33；深圳基础设施指数2012年比2005年下降了－0.97%，从2005年的3.53下降到2012年的3.49，平均为3.72（见表2－45）。

表2－45　中国发达城市基础设施指数（2005～2012年）

城市＼年份	2005	2006	2007	2008	2009	2010	2011	2012	平均	2012比2005增长%
北京	5.88	5.03	4.74	4.65	4.85	4.57	4.52	4.51	4.84	(23.32)
天津	2.77	2.70	2.62	2.86	2.65	2.64	2.89	2.91	2.75	5.19
上海	4.48	4.44	4.06	3.91	3.89	3.88	3.55	3.53	3.97	(21.33)
广州	4.22	3.93	4.19	4.30	4.71	4.38	4.44	4.45	4.33	5.44
深圳	3.53	3.93	3.93	3.91	3.79	3.61	3.55	3.49	3.72	(0.97)

注：（1）表中带括号的数为负值；（2）基础设施指数为万人拥有医生、万人床位数、万人医院数、人均液化石油气家庭用量、万人影剧院数、万人实有出租车数、每公共汽电车客运总数、万人公共电汽车数量、人均铺装道路面积、人均供水量的几何平均。

24. 建成区与规划区比重指标

2005～2012年中国发达城市建成区与规划区比重指标天津最高，为10.41；北京2005～2012年建成区与规划区比重指标增长最快，为－3.99%。2012年比2005年建成区与规划区比重指标2005～2012年中国发达城市建成区与规划区比重指标全部下降，分别为北京、天津、上海、广州、深圳（－3.99%、－25.65%、－25.4%、－25.76%、－13.48%）。

北京建成区与规划区比重指标2012年比2005年下降了－3.99%，从2005年的10.31下降到2012年的9.9，平均为9.76；天津建成区与规划区比重指标2012年比2005年下降了－25.65%，从2005年的14下降到2012年的10.41，平均为11.87；上海建成区与规划区比重指标2012年比2005年下降了－25.4%，从2005年的7.98下降到2012年的5.95，平均为6.14；广州建成区与规划区比重指标2012年比2005年下降了－25.76%，从2005年的5.23下降到2012年的3.88，平均为4.37；深圳建成区与规划区比重指标2012年比2005年下降了-13.48%，从2005年的2.74下降到2012年的2.37，平均为2.51（见表2-46）。

表2-46 中国发达城市建成区与规划区的比重指标（2005~2012年）

城市＼年份	2005	2006	2007	2008	2009	2010	2011	2012	平均	2012比2005增长%
北京	10.31	9.94	9.45	9.30	9.03	10.28	9.90	9.90	9.76	(3.99)
天津	14.00	13.74	12.94	11.54	11.18	10.77	10.41	10.41	11.87	(25.65)
上海	7.98	5.99	5.82	5.82	5.82	5.82	5.95	5.95	6.14	(25.40)
广州	5.23	4.93	4.55	4.29	4.15	4.04	3.88	3.88	4.37	(25.76)
深圳	2.74	2.71	2.56	2.48	2.45	2.40	2.37	2.37	2.51	(13.48)

注：(1) 表中带括号的数为负值；(2) 建成区与规划区比重指标为建成区与规划区比重的倒数。

25. 房价收入比指标

2005~2012年中国发达城市房价收入比指标天津最高，为2.91；天津2005~2012年房价收入比指标增长也最快，为207.4%。2005~2012年中国发达城市房价收入比指标均呈正增长分别为北京、天津、上海、广州、深圳（13.33%、207.4%、161.92%、110.8%、90.33%）。

北京房价收入比指标2012年比2005年增长了13.33%，从2005年的1.43上升到2012年的1.62，平均为1.45；天津房价收入比指标2012年比2005年增长了207.4%，从2005年的0.95上升到2012年的2.91，平均为1.68；上海房价收入比指标2012年比2005年增长了161.92%，从2005年的0.84上升到2012年的2.2，平均为1.34；广州房价收入比指标2012年比2005年增长了110.8%，从2005年的1.24上升到2012年的2.61，平均为1.65；深圳房价收入比指标2012年比2005年增长了90.33%，从2005年的0.91上升到2012年的1.72，平均为1.12。见表2-47。

表2－47　中国发达城市房价收入比指标（2005～2012年）

城市＼年份	2005	2006	2007	2008	2009	2010	2011	2012	平均	2012比2005增长%
北京	1.43	1.36	1.14	1.33	1.31	1.72	1.70	1.62	1.45	13.33
天津	0.95	0.91	0.89	1.00	0.93	2.95	2.91	2.91	1.68	207.40
上海	0.84	0.77	0.83	0.99	0.71	2.20	2.18	2.20	1.34	161.92
广州	1.24	1.09	0.96	1.02	1.10	2.57	2.60	2.61	1.65	110.80
深圳	0.91	0.81	0.64	0.77	0.76	1.69	1.70	1.72	1.12	90.33

注：（1）表中带括号的数为负值；（2）房价收入比指标为房价收入比的倒数。

26. 人类发展指数HDI

2005～2012年中国发达城市人类发展指数HDI上海最高，为0.91；天津2005～2012年人类发展指数HDI增长最快，为12.73%。2005～2012年中国发达城市人类发展指数HDI全部均呈正增长，分别为北京、天津、上海、广州、深圳（9.84%、12.73%、8.85%、7.38%、7.2%）。

北京人类发展指数HDI 2012年比2005年增长了9.84%，从2005年的0.82上升到2012年的0.9，平均为0.87；天津人类发展指数HDI 2012年比2005年增长了12.73%，从2005年的0.79上升到2012年的0.9，平均为0.85；上海人类发展指数HDI 2012年比2005年增长了8.85%，从2005年的0.84上升到2012年的0.91，平均为0.88；广州人类发展指数HDI 2012年比2005年增长了7.38%，从2005年的0.81上升到2012年的0.87，平均为0.84；深圳人类发展指数HDI 2012年比2005年增长了7.2%，从2005年的0.82上升到2012年的0.88，平均为0.85（见表2－48）。

27. 政府收入稳定指标

2005～2012年中国发达城市政府收入稳定指标广州最高，为0.98；广州2005～2012年政府收入稳定指标增长也最快，为126.55%。2005～2012年中国发达城市政府收入稳定指标增长的有3个城市，分别为天津、

表 2-48 中国发达城市人类发展指数 HDI（2005～2012 年）

城市＼年份	2005	2006	2007	2008	2009	2010	2011	2012	平均	2012 比 2005 增长%
北京	0.822	0.835	0.852	0.865	0.877	0.883	0.894	0.903	0.866	9.84
天津	0.795	0.809	0.821	0.842	0.854	0.866	0.882	0.896	0.846	12.73
上海	0.838	0.848	0.863	0.876	0.883	0.893	0.903	0.912	0.877	8.85
广州	0.808	0.820	0.834	0.848	0.856	0.855	0.862	0.867	0.844	7.38
深圳	0.819	0.831	0.845	0.859	0.863	0.866	0.873	0.877	0.854	7.20

注：人类发展指数 HDI 为预期寿命指数、教育指数、人均 GDP 指数的几何平均。

广州、深圳（64.62%、126.55%、36.38%）；2005～2012 年中国发达城市政府收入稳定指标下降的有 2 个城市，分别为北京、上海（-33.09%、-25.04%）。

北京政府收入稳定指标 2012 年比 2005 年下降了-33.09%，从 2005 年的 0.92 下降到 2012 年的 0.61，平均为 0.72；天津政府收入稳定指标 2012 年比 2005 年增长了 64.62%，从 2005 年的 0.55 上升到 2012 年的 0.9，平均为 0.81；上海政府收入稳定指标 2012 年比 2005 年下降了-25.04%，从 2005 年的 0.87 下降到 2012 年的 0.65，平均为 0.67；广州政府收入稳定指标 2012 年比 2005 年增长了 126.55%，从 2005 年的 0.43 上升到 2012 年的 0.98，平均为 0.7；深圳政府收入稳定指标 2012 年比 2005 年增长了 36.38%，从 2005 年的 0.49 上升到 2012 年的 0.67，平均为 0.68（见表 2-49）。

表 2-49 中国发达城市政府收入稳定指标（2005～2012 年）

城市＼年份	2005	2006	2007	2008	2009	2010	2011	2012	平均	2012 比 2005 增长%
北京	0.92	0.92	0.67	0.80	0.63	0.64	0.58	0.61	0.72	(33.09)
天津	0.55	0.79	0.83	0.81	0.92	0.72	1.00	0.90	0.81	64.62
上海	0.87	0.63	0.45	0.83	0.62	0.59	0.68	0.65	0.67	(25.04)
广州	0.43	0.75	0.66	0.84	0.77	0.54	0.67	0.98	0.70	126.55
深圳	0.49	0.86	0.72	0.81	0.64	0.39	0.85	0.67	0.68	36.38

注：(1) 表中带括号的数为负值；(2) 政府收入稳定为地方财政收入增长波动率。

28. 环境指数

2005～2012年中国发达城市环境指数深圳最高，为1.2；上海2005～2012年环境指数增长最快，为16.87%。2005～2012年中国发达城市环境指数增长的有4个城市，分别为北京、上海、广州、深圳（16.31%、16.87%、10.61%、7.78%）；2005～2012年中国发达城市环境指数下降的有1个城市，为天津（-3.82%）。

北京环境指数2012年比2005年增长了16.31%，从2005年的0.82上升到2012年的0.95，平均为0.88；天津环境指数2012年比2005年下降了-3.82%，从2005年的0.74下降到2012年的0.71，平均为0.68；上海环境指数2012年比2005年增长了16.87%，从2005年的0.81上升到2012年的0.95，平均为0.87；广州环境指数2012年比2005年增长了10.61%，从2005年的0.86上升到2012年的0.95，平均为0.92；深圳环境指数2012年比2005年增长了7.78%，从2005年的1.11上升到2012年的1.2，平均为1.17，见表2-50。

表2-50 中国发达城市环境指数（2005～2012年）

城市\年份	2005	2006	2007	2008	2009	2010	2011	2012	平均	2012比2005增长%
北京	0.815	0.842	0.807	0.795	0.971	0.932	0.950	0.947	0.882	16.31
天津	0.743	0.433	0.675	0.666	0.733	0.723	0.752	0.714	0.680	(3.82)
上海	0.809	0.854	0.844	0.797	0.909	0.912	0.907	0.945	0.872	16.87
广州	0.861	0.892	0.912	0.870	0.987	0.939	0.956	0.953	0.921	10.61
深圳	1.111	1.131	1.138	1.184	1.203	1.179	1.202	1.197	1.168	7.78

注：（1）表中带括号的数为负值；（2）环境指数为人均公共绿地、空气质量、城市噪音的几何平均。

第六节 上海市与发达国家其他经济指标的比较

1. 人均GDP增长

2005～2010年上海市人均GDP增长平均为10.24%，远高于发达国家美国（0.40%）、英国（0.31%）、德国（1.61%）、日本（1.02%），也高于亚洲四小龙的韩国（3.75%）、新加坡（3.65%）；高于北京市（9.70%）、深圳市（6.08%），但低于天津市（13.89%）、广州市（11.29%）（见表2-51）。

表2-51 发达国家和中国发达城市人均GDP增长率（2005~2010年）

单位：%

编号	国家（城市）\年份	2005	2006	2007	2008	2009	2010	平均
1	美 国	2.12	1.70	0.93	-0.94	-4.33	2.32	0.40
2	英 国	1.57	2.16	2.03	-0.73	-5.50	0.67	0.31
3	德 国	0.74	3.82	3.41	1.28	-4.89	3.94	1.61
4	日 本	1.92	2.05	2.35	-1.11	-6.18	4.09	1.02
5	韩 国	3.74	4.83	4.76	1.98	0.03	5.88	3.75
6	新加坡	4.89	5.35	4.34	-3.77	-3.72	12.46	3.65
7	北京市	10.41	11.41	13.02	1.83	14.98	9.25	9.70
8	天津市	14.07	13.54	14.27	15.33	15.20	16.80	13.89
9	上海市	10.76	12.06	14.30	8.74	7.45	9.39	10.24
10	广州市	10.97	13.28	12.61	10.77	10.03	11.39	11.29
11	深圳市	4.47	7.77	6.30	4.39	2.65	6.01	6.08

2. 地方税收占GDP比重

2005~2010年上海市地方税收占GDP比重平均为16.44%，高于发达国家美国（10.42%）、德国（11.66%）、日本（7.85%），也高于亚洲四小龙的韩国（15.65%）、新加坡（12.95%），但低于英国（27.49%）；高于北京市（15.83%）、天津市（10.85%）、广州市（7.64%）和深圳市（9.87%）（见表2-52）。

3. 资本形成占GDP的比重

2005~2010年上海市资本形成占GDP的比重平均为44.88%，远高于发达国家美国（17.59%）、英国（16.34%）、德国（17.99%）、日本

表 2 - 52　发达国家和中国发达城市地方税收占 GDP 比重（2005 ~ 2010 年）

单位：%

编号	国家（城市）\年份	2005	2006	2007	2008	2009	2010	平均
1	美　国	11.20	11.89	11.89	10.32	8.28	8.96	10.42
2	英　国	27.25	27.96	27.66	28.61	25.97	—	27.49
3	德　国	11.14	11.35	11.81	11.86	12.61	—	11.66
4	日　本	0.00	10.92	10.42	9.23	8.70	—	7.85
5	韩　国	14.73	15.19	16.56	16.30	15.45	—	15.65
6	新加坡	11.80	12.10	13.08	14.06	13.72	—	12.95
7	北京市	13.44	14.30	16.05	17.64	16.77	16.77	15.83
8	天津市	9.41	10.04	11.20	11.11	11.36	12.00	10.85
9	上海市	15.45	15.22	17.04	17.23	16.92	16.77	16.44
10	广州市	7.37	7.17	7.52	7.72	7.80	8.30	7.64
11	深圳市	8.33	8.62	9.68	10.25	10.74	11.58	9.87

（22.50%），也高于亚洲四小龙的韩国（29.23%）、新加坡（23.75%）；高于广州市（34.03%）、深圳市（30.10%），但低于北京市（45.90%）、天津市（60.67%）（见表 2 - 53）。

表 2 - 53　发达国家和中国发达城市资本形成占 GDP 比重（2005 ~ 2010 年）

单位：%

编号	国家（城市）\年份	2005	2006	2007	2008	2009	2010	平均
1	美　国	19.89	20.12	19.13	17.44	13.92	15.05	17.59
2	英　国	17.05	17.52	18.20	16.69	13.52	15.03	16.34
3	德　国	17.27	18.13	19.26	19.38	16.54	17.34	17.99
4	日　本	23.57	23.79	23.69	23.55	20.20	20.22	22.50
5	韩　国	29.69	29.62	29.43	31.21	26.28	29.15	29.23
6	新加坡	19.97	21.03	21.07	30.20	26.36	23.83	23.75
7	北京市	51.38	48.92	45.68	42.95	43.25	43.20	45.90
8	天津市	50.05	52.24	54.43	59.62	72.59	75.09	60.67
9	上海市	45.62	46.10	45.78	43.67	44.97	43.15	44.88
10	广州市	33.93	34.74	32.97	33.20	34.03	35.33	34.03
11	深圳市	33.18	31.20	28.55	26.21	31.02	30.47	30.10

4. 第二产业占 GDP 的比重

2005~2010 年上海市第二产业占 GDP 的比重平均为 45.14%，远高于发达国家美国（21.34%）、英国（22.60%）、德国（29.10%）、日本（28.98%），也高于亚洲四小龙的韩国（37.42%）、新加坡（29.18%）；高于北京市（26.04%）、广州市（37.22%），但低于天津市（56.28%）、深圳市（49.74%）（见表 2-54）。

表 2-54 发达国家和中国发达城市第二产业占 GDP 的比重（2005~2010 年）

单位：%

编号	国家（城市）/年份	2005	2006	2007	2008	2009	2010	平均
1	美 国	22.14	22.22	21.92	21.33	20.03	20.40	21.31
2	英 国	23.47	23.49	23.02	22.61	21.20	21.80	22.60
3	德 国	29.40	30.03	30.48	29.75	26.76	28.17	29.10
4	日 本	30.45	30.01	29.44	28.34	26.68	—	28.98
5	韩 国	37.70	37.16	37.12	36.48	36.78	39.27	37.42
6	新加坡	31.60	31.29	28.94	26.67	28.33	28.27	29.18
7	北京市	29.30	27.69	26.68	25.53	23.27	23.77	26.04
8	天津市	56.09	57.36	57.66	60.49	53.58	52.47	56.28
9	上海市	48.67	48.52	46.56	45.48	39.71	41.89	45.14
10	广州市	38.56	38.82	37.97	37.16	35.34	35.44	37.22
11	深圳市	53.19	52.46	50.06	48.88	46.66	47.21	49.74

5. 第三产业就业比重

2005~2010 年上海市第三产业就业比重平均为 58.40%，远低于发达国家美国（78.03%）、英国（76.82%）、德国（68.44%）、日本（66.75%），也低于亚洲四小龙的韩国（66.40%）、新加坡（76.74%）；低于北京市（73.94%），但高于天津市（50.13%）、广州市（56.93%）、深圳市（45.83%）（见表 2-55）。

表 2－55 发达国家和中国发达城市第三产业就业比重（2005～2010 年）

单位：%

编号	国家（城市） 年份	2005	2006	2007	2008	2009	2010	平均
1	美 国	77.80	77.70	78.00	78.60	—	—	78.03
2	英 国	76.20	76.40	76.00	76.90	78.60	—	76.82
3	德 国	67.80	68.10	67.90	68.90	69.50	—	68.44
4	日 本	66.40	66.60	66.70	67.30	—	—	66.75
5	韩 国	65.10	65.90	66.80	67.80	—	—	66.40
6	新加坡	77.30	76.70	76.40	76.20	77.10	—	76.74
7	北京市	69.90	72.21	73.44	75.32	76.30	76.45	73.94
8	天津市	48.61	48.35	49.28	51.92	51.14	51.46	50.13
9	上海市	61.01	58.51	55.81	57.17	58.66	59.22	58.40
10	广州市	57.07	56.93	55.60	56.88	57.13	57.98	56.93
11	深圳市	45.75	44.41	46.22	47.64	45.90	45.07	45.83

6. 第二产业就业比重

2005～2010 年上海市第二产业就业比重平均为 41.29%，远高于发达国家美国（20.48%）、英国（21.44%）、德国（29.40%）、日本（27.78%），也高于亚洲四小龙的韩国（25.90%）、新加坡（22.12%）；高于北京市（25.58%），但低于广州市（42.79%）、天津市（49.57%）、深圳市（53.93%）（见表 2－56）。

7. 第三产业占 GDP 的比重

2005～2010 年上海市第三产业占 GDP 的比重平均为 54.14%，远低于发达国家美国（77.53%）、英国（76.69%）、德国（70.02%），低于日本（57.97%），也低于亚洲四小龙的韩国（59.68%）、新加坡（70.77%）；低于北京市（72.98%）、广州市（60.85%），但高于天津市（42.20%）、深圳市（50.26%），见表 2－57。

表 2－56 发达国家和中国发达城市第二产业就业比重（2005～2010 年）

单位：%

编号	国家(城市) \ 年份	2005	2006	2007	2008	2009	2010	平均
1	美 国	20.60	20.80	20.60	19.90	—	—	20.48
2	英 国	22.20	22.00	22.30	21.20	19.50	—	21.44
3	德 国	29.70	29.60	29.80	29.20	28.70	—	29.40
4	日 本	27.90	28.00	27.90	27.30	—	—	27.78
5	韩 国	26.80	26.30	25.50	25.50	—	—	25.90
6	新加坡	21.70	22.10	22.50	22.50	21.08	—	22.12
7	北京市	29.57	27.29	26.08	24.25	23.20	23.09	25.58
8	天津市	51.04	51.35	50.41	47.79	48.56	48.24	49.57
9	上海市	38.63	41.12	43.84	42.58	41.06	40.50	41.29
10	广州市	42.60	42.74	44.11	42.83	42.62	41.82	42.79
11	深圳市	53.83	55.35	53.55	52.13	53.92	54.82	53.93

表 2－57 发达国家和中国发达城市第三产业占 GDP 的比重（2005～2010 年）

单位：%

编号	国家(城市) \ 年份	2005	2006	2007	2008	2009	2010	平均
1	美 国	76.65	76.74	76.95	77.45	78.94	78.45	77.53
2	英 国	75.85	75.85	76.29	76.61	78.08	77.47	76.69
3	德 国	69.73	69.12	68.56	69.35	72.42	70.96	70.02
4	日 本	68.02	68.52	69.14	70.22	71.91	0.00	57.97
5	韩 国	58.96	59.67	60.00	60.84	60.45	58.17	59.68
6	新加坡	68.34	68.66	71.02	73.29	71.62	71.70	70.77
7	北京市	69.52	71.29	72.43	73.60	75.94	75.11	72.98
8	天津市	42.11	40.86	40.81	38.15	45.34	45.95	42.20
9	上海市	50.62	50.73	52.73	53.82	59.64	57.28	54.14
10	广州市	59.54	59.37	60.45	61.32	63.25	61.18	60.85
11	深圳市	46.61	47.42	49.84	51.04	53.25	53.38	50.26

8. 消费贡献率

2005～2010 年上海市消费贡献率平均为 50.83%，远低于发达国家美国（87.06%）、英国（86.62%）、德国（76.26%），日本（76.51%），也低于亚洲四小龙的韩国（68.95%），但略高于新加坡（48.91%）；略低于北京市（52.87%）、但高于广州市（43.69%）、天津市（38.65%）、深圳市（39.28%）（见表2－58）。

表2－58　发达国家和中国发达城市消费贡献率（2005～2010年）

单位：%

编号	国家（城市）＼年份	2005	2006	2007	2008	2009	2010	平均
1	美　国	85.85	85.65	85.97	87.52	88.87	88.49	87.06
2	英　国	86.36	85.61	84.86	85.92	88.61	88.36	86.62
3	德　国	77.52	76.24	73.74	74.39	78.47	77.19	76.26
4	日　本	75.05	74.96	74.63	76.30	79.50	78.63	76.51
5	韩　国	67.61	68.99	69.06	69.97	70.02	68.06	68.95
6	新加坡	50.62	49.16	46.66	48.86	50.02	48.11	48.91
7	北京市	50.02	50.82	51.43	53.33	55.57	56.03	52.87
8	天津市	38.60	39.60	39.50	37.70	38.20	38.30	38.65
9	上海市	48.40	49.00	49.40	51.00	52.30	54.90	50.83
10	广州市	43.80	43.10	42.54	44.59	40.62	47.50	43.69
11	深圳市	39.20	39.00	38.61	38.69	38.69	41.49	39.28

9. R&D占GDP的比重

2005～2010年上海市R&D经费占GDP比重平均为2.57%，低于发达国家美国（2.70%）、日本（3.39%），高于英国（1.80%）、德国（2.52%），低于亚洲四小龙的韩国（3.00%）、高于新加坡（2.35%）；低于北京市（5.51%）、深圳市（3.48%），但高于天津市（0.41%）、广州市（0.88%），（见表2－59）。

10. 每百万人中研究和开发人员数

2005～2010年上海市每百万人中研究和开发人员数占GDP比重平均为255.98，远低于发达国家美国（4623.83）、日本（5557.52），高于英国（4192.14）、德国（3410.28），也远低于亚洲四小龙的韩国（4198.08）、新加坡（5799.72）；低于北京市（401.01）、深圳市（267.49），但高于天津市（24.02）、广州市（16.47）（见表2－60）。

表 2-59 发达国家和中国发达城市 R&D 占 GDP 的比重（2005～2010 年）

单位：%

编号	国家（城市）\年份	2005	2006	2007	2008	2009	2010	平均
1	美 国	2.61	2.65	2.72	2.82	—	—	2.70
2	英 国	1.73	1.76	1.82	1.88	—	—	1.80
3	德 国	2.48	2.53	2.54	—	—	—	2.52
4	日 本	3.32	3.40	3.44	—	—	—	3.39
5	韩 国	2.79	3.01	3.21	—	—	—	3.00
6	新加坡	2.28	2.27	2.52	—	—	—	2.35
7	北京市	5.45	5.33	5.35	5.58	5.50	5.82	5.51
8	天津市	0.39	0.38	0.41	0.44	0.42	0.44	0.41
9	上海市	2.31	2.45	2.46	2.58	2.81	2.80	2.57
10	广州市	0.65	0.71	0.79	0.87	1.13	1.12	0.88
11	深圳市	3.24	3.23	3.37	3.47	3.74	3.84	3.48

注：北京因中央研究机构很多但不算到北京市。

表 2-60 发达国家和中国发达城市每百万人中研究和开发人员数（2005～2010 年）

单位：%

编号	国家（城市）\年份	2005	2006	2007	2008	2009	2010	平均
1	美 国	4584.39	4663.33	—	—	—	—	4623.83
2	英 国	4125.40	4193.33	4180.67	4269.18	—	—	4192.14
3	德 国	3302.42	3396.20	3532.23	—	—	—	3410.28
4	日 本	5531.24	5568.35	5572.97	—	—	—	5557.52
5	韩 国	3780.23	4186.86	4627.16	—	—	—	4198.08
6	新加坡	5575.23	5736.04	6087.88	—	—	—	5799.72
7	北京市	416.29	376.76	405.19	383.49	422.27	402.07	401.01
8	天津市	24.15	24.54	24.71	22.79	24.44	23.49	24.02
9	上海市	229.82	231.69	259.99	257.59	364.83	191.95	255.98
10	广州市	19.01	18.33	17.69	16.30	14.36	13.12	16.47
11	深圳市	260.77	233.65	267.19	262.55	322.03	258.77	267.49

11. 人类发展指数 HDI

2005～2010 年上海市人类发展指数 HDI 平均为 0.867，在国内是最高的，高于北京市（0.856），天津市（0.831）、广州市（0.837）、深圳市（0.847）；但低于发达国家美国（0.905）、日本（0.893）、德国（0.899），韩国（0.883），高于英国（0.859）、新加坡（0.852），见表 2-61。

表 2-61 发达国家和中国发达城市人类发展指数（2005~2010 年）

单位：%

编号	国家(城市)＼年份	2005	2006	2007	2008	2009	2010	平均
1	美　国	0.902	—	—	—	0.906	0.908	0.905
2	英　国	0.855	—	—	—	0.860	0.862	0.859
3	德　国	0.895	—	—	—	0.900	0.903	0.899
4	日　本	0.886	—	—	—	0.895	0.899	0.893
5	韩　国	0.866	—	—	—	0.889	0.894	0.883
6	新加坡	0.835	—	—	—	0.856	0.864	0.852
7	北京市	0.822	0.835	0.852	0.865	0.877	0.883	0.856
8	天津市	0.795	0.809	0.821	0.842	0.854	0.866	0.831
9	上海市	0.838	0.848	0.863	0.876	0.883	0.893	0.867
10	广州市	0.808	0.820	0.834	0.848	0.856	0.855	0.837
11	深圳市	0.819	0.831	0.845	0.859	0.863	0.866	0.847

注：2010 年人类发展指数使用了新的计算方法。由于数据可得性，中国发达城市 2010 年 HDI 仍按 2009 年以前的 HDI 计算方法计算。

12. 上海市第三产业相对劳动生产率

1990~2010 年上海市第三产业相对劳动生产率显著下降，从 1990 年的 1.88 下降到 2010 年的 0.70，由于上海市 2002 年以后的第三产业相对劳动生产率持续低于 1，近六年平均为 0.76。

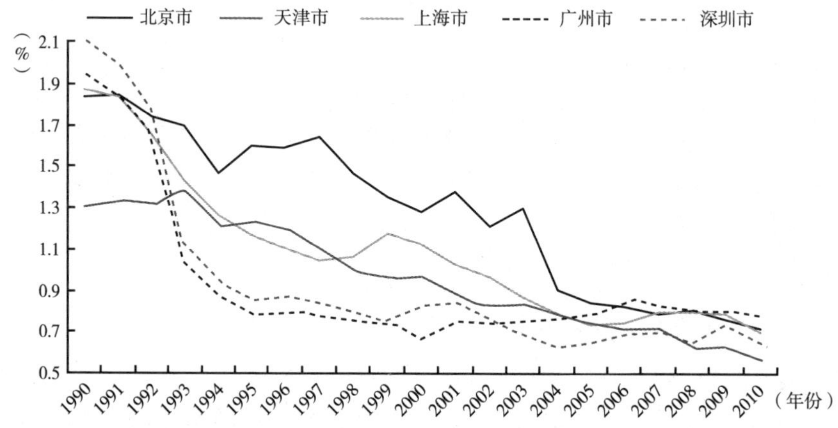

图 2-94 中国发达城市第三产业相对劳动生产率（第二次产业劳动生产率 =1）

表 2-62　发达国家和中国发达城市第三产业相对劳动生产率（第二产业劳动生产率 =1）

	1970 年	1975 年	1980 年	1985 年	1990 年	1995 年	2000 年	2005 年	2008 年
日　本	1.03	1.04	1.15	1.16	1.02	1.18	1.10	0.98	0.93
英　国	1.66	1.53	1.41	1.12	1.15	0.94	0.96	0.94	0.98
加拿大	0.79	0.74	0.73	0.63	0.63	0.60	0.56	0.59	0.65
美　国	1.35	1.21	1.30	1.20	1.13	1.01	0.98	0.94	0.97
西班牙	1.96	1.72	1.63	1.46	1.32	1.14	1.10	1.03	1.01
瑞　典	1.94	1.85	1.64	1.38	1.37	1.11	0.92	0.73	0.72
荷　兰	1.34	1.10	1.04	0.97	0.91	0.79	0.78	0.78	0.72
意大利	—	1.73	1.60	1.39	1.26	1.33	1.27	1.25	1.20
法　国	1.63	1.71	1.69	1.67	1.54	1.38	—	1.24	1.21
北京市	—	—	—	—	1.83	1.60	1.29	0.84	0.81
天津市	—	—	—	—	1.31	1.23	0.97	0.75	0.62
上海市	—	—	—	—	1.88	1.17	1.12	0.74	0.80
广州市	—	—	—	—	1.94	0.78	0.67	0.79	0.81
深圳市	—	—	—	—	2.11	0.85	0.83	0.65	0.66

结　论

在国内外现代化指标的基础上，本章结合中国发达城市实际，将中国发达城市转型升级分为五个一级指标，并选取了 28 个具体指标，利用 2005～2012 年数据采用层次分析法对上海转型升级进行更进一步的系统量化研究。通过国内国际转型比较研究，我们主要得出如下结论：

第一，上海市 2011 年当年实现国内生产总值接近 2 万亿元大关，人均 GDP 达 12784 美元，跨越了世界银行定义的“上中等收入经济体”的区间上限，并进入“高收入经济体”区间。如按照发达国家在 20 世纪 70 年代初期第二次产业劳动力比重在 40%～45% 的水平和第三次产业的劳动力比重在 50% 的水平的观点，可以认为 2010 年的上海相当于发达国家

20 世纪 70 年代初期的发展水平。上海未来一段时期的经济增长将处于规模收益递增（下凹型增长曲线）向收益递减（上凸型增长曲线）演变的关键转折阶段。这一时期也是从“五化”[①] 齐头并进到注重“五化”质量提升，从要素投入型规模扩张增长向效率驱动的集约和创新型增长过渡时期。

第二，与国内其他发达省市不同，上海具有高城市化率（90%）、高研发投入、相对低的 GINI 系数、弱二元经济结构等显著特征。根据需求偏好相似理论，上海市的整体需求与消费将逐步与国际上的高收入经济体趋近，消费需求升级、生活质量的提高将成为未来经济发展新的经济增长点，创新、消费、投资、贸易和金融等都将围绕着与城市生产、生活相关的现代服务业大发展机会而展开，能否抓住这一机会将成为上海经济转型和可持续增长的关键所在。

第三，从产业看：（1）上海市第二产业就业和增长值在总体经济中所占比重符合发达国家“一、二、三”结构转换的特征。（2）目前发达国家服务业占 GDP 的比重达到 70% ~80%，而上海的服务业占 GDP 比重 2005 ~2012 年平均为 55. 34%，2012 年为 60. 00%。离发达国家还有二十个百分点以上的提高空间。（3）就业从二产向第二、三产的转移要相对慢于产出的转换与超越。目前发达国家第三产业就业比重多达 70% ~80%，而上海市 2012 年第三产业就业率要低于 60%（而产出比重已达 60%），与发达国家有十到二十个百分点的差距。（4）与发达国家相比，目前上海市第二产业劳动生产率差距非常大。2005 ~2012 年上海市第二产业劳动密集度平均为 0. 915，刚刚进入发达国家所处的区间［0. 9，1. 5］，上海市需要进一步提高第二产业的劳动密集度。（5）1990 ~2010 年上海市第三产业相对劳动生产率（为第三产业劳动生产率与第二产业

① “五化”即市场化、工业化、城市化、国际化和信息化。

劳动生产率之比），第二产业劳动生产率有下降的趋势，从1990年的1.88下降到2012年的0.7，2002年开始第三产业相对劳动生产率开始低于1，近六年平均为0.76。而发达国家第三产业劳动生产率要大于或接近于第二产业劳动生产率。

第四，中国发达城市转型升级指标评价结果也证实了上海在创新转型发展方面取得的成绩。如：上海2007年以来的“发达城市转型升级指数”一直遥遥领先，人类发展指数（HDI）也在国内居前，并基本与发达国家持平。通过转型评价指数及雷达图等发现，上海市近年来的经济效率有了比较明显的改善，区域的外溢效应有所增强，但是经济稳定性指标的波动性还较大。其他如服务业比重和效率、可贸易服务业规模都还有待提高。

附　　录

1. 层次分析法介绍

层次分析法（Analytic Hierarchy Process，AHP）是萨蒂（T. L. Saaty）等人20世纪70年代提出的一种决策方法。它是对方案的多指标系统进行分析的一种层次化、结构化决策方法，它将决策者对复杂系统的决策思维过程模型化、数量化。应用这种方法，决策者通过将复杂问题分解为若干层次和若干因素，在各因素之间进行简单的比较和计算，就可以得出不同方案的权重，为最佳方案的选择或者评价提供依据。

层次分析法优点有：第一，系统性的分析方法。层次分析法把研究对象作为一个系统，按照分解、比较判断、综合的思维方式进行决策，成为继机理分析、统计分析之后发展起来的系统分析的重要工具。系统的思想在于不割断各个因素对结果的影响，而层次分析法中每一层的权重设置最后都会直接或间接影响结果，而且在每个层次中的每个因素对结果的影响程度都是量化的，非常清晰、明确。这种方法尤其可用于对无结构特性的系统评价以及多目标、多准则、多时期等的系统评价。第二，简洁实用的决策方法。这种方法既不单纯追求高深数学，又不片面地注重行为、逻辑、推理，而是把定性方法与定量方法有机地结合起来，使复杂的系统分解，能将人们的思维过程数学化、系统化，便于人们接受，且能把多目标、多准则又难以全部量化处理的决策问题化为多层次单目标问题，通过两两比较确定同一层次元素相对上一层次元素的数量关系后，最后进行简单的数学运算。即使具有中等文化程度的人也可了解层次分析的基本原理和掌握它的基本步骤，计算也非常简便，并且所得结果简单明确，容易为决策者了解和掌握。第三，所需定量数据信息较少。层次分析法主要是从评价者对评价问题的本质、要素的理解出发，比一般的定量方法更讲求定性的分析和判断。由于层次分析法是一种模拟人们决策过程的思维方式的一种方法，层次分析法把判断各要素的相对重要性的步骤留给了大脑，只保留人脑对要素的印象，化为简单的权重进行计算。这种思想能处理许多用传统的最优化技术无法着手的实际问题。

层次分析法的基本原理：

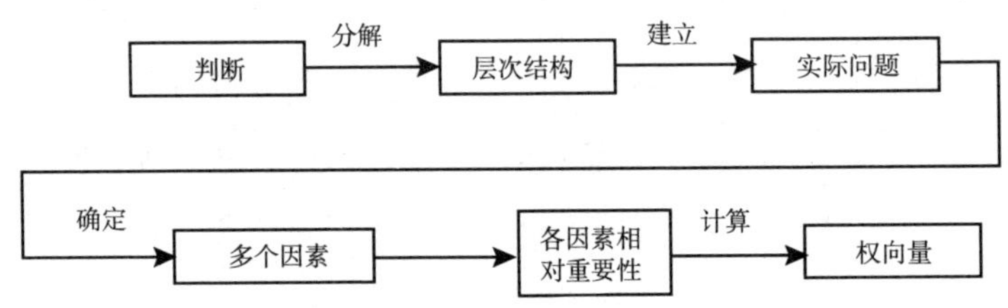

综合评价目标：

设 x_1，x_2，$\cdots x_n$ 为对应各因素的决策变量，其线性组合：

$$y = w_1 x_2 + w_2 x_2 + \cdots + w_n x$$

是综合评判函数。

$w1$，$w2$，$\cdots w_n$ 是权重系数，其满足：

$$w_i \geq 0, \sum_{i=1}^{n} w_i = 1$$

层次分析法的基本步骤：

（1）建立层次分析结构模型。深入分析实际问题，将有关因素自上而下分层，上层受下层影响，而层内各因素基本上相对独立。

（2）构造成对比较阵。用成对比较法和 1 ~9 尺度，构造各层对上一层每一因素的成对比较阵。

为了量化两两比较结果，引入 1 ~9 的标度，如下表：

标度 a_{ij}	定义
1	因素 i 与因素 j 同样重要
3	因素 i 比因素 j 略微重要
5	因素 i 比因素 j 重要
7	因素 i 比因素 j 明显重要
9	因素 i 比因素 j 绝对重要
2,4,6,8	介于两相邻重要程度之间

只要作出 $n(n-1)/2$ 个数，其余对称位置是倒数。

（3）计算权向量并作一致性检验（CI 越小，说明一致性越大，一致性要求 $CI<0.1$）。对每一成对比较阵计算最大特征根和特征向量，作一致性检验，若通过，则特征向量为权向量。

一致性指标 CI：

若 $CI=0$，则完全一致；

若 $CI\neq0$，则不一致。

一般对 CI0.1，认可一致。

（4）计算组合权向量（作组合一致性检验）。组合权向量可作为决策或评价的定量依据。

2. 权重估计结果

转型升级指标层次

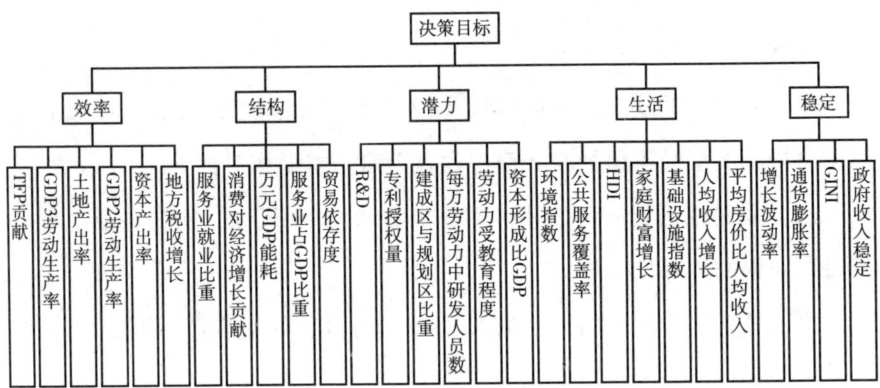

具体指标权重

备选方案	权重	备选方案	权重
TFP 贡献	0.0462	劳动力受教育程度	0.0580
资本产出率	0.0359	建成区与规划区比重	0.0122
土地产出率	0.0320	资本形成比 GDP	0.0188
地方税收增长	0.0188	环境指数	0.0094
GDP3 劳动生产率	0.0988	基础设施指数	0.0154
GDP2 劳动生产率	0.0653	公共服务覆盖率	0.0210
服务业就业比重	0.1069	人均收入增长	0.0288
服务业占 GDP 比重	0.0747	HDI	0.0110
消费对经济增长贡献	0.0566	平均房价比人均收入	0.0121
贸易依存度	0.0318	家庭财富增长	0.0394
万元 GDP 能耗	0.0270	增长波动率	0.0170
每万劳动力中研发人员数	0.0266	通货膨胀率	0.0339
R&D	0.0249	政府收入稳定	0.0108
专利授权量	0.0402	GINI	0.0265

各层次权重

1. 决策目标判断矩阵一致性比例：0.0160；对总目标的权重：1.0000

决策目标	效率	结构	潜力	生活	稳定	Wi
效率	1.0000	1.0000	2.0000	2.0000	3.0000	0.2970
结构	1.0000	1.0000	2.0000	2.0000	3.0000	0.2970
潜力	0.5000	0.5000	1.0000	2.0000	2.0000	0.1807
生活	0.5000	0.5000	0.5000	1.0000	2.0000	0.1370
稳定	0.3333	0.3333	0.5000	0.5000	1.0000	0.0883

2. 效率判断矩阵一致性比例：0.0151；对总目标的权重：0.2970

效率	TFP 贡献	资本产出率	土地产出率	地方税收增长	GDP3 劳动生产率	GDP2 劳动生产率	Wi
TFP 贡献	1.0000	1.0000	2.0000	3.0000	0.5000	0.5000	0.1554
资本产出率	1.0000	1.0000	1.0000	2.0000	0.3333	0.5000	0.1210
土地产出率	0.5000	1.0000	1.0000	2.0000	0.3333	0.5000	0.1078
地方税收增长	0.3333	0.5000	0.5000	1.0000	0.2500	0.3333	0.0635
GDP3 劳动生产率	2.0000	3.0000	3.0000	4.0000	1.0000	2.0000	0.3326
GDP2 劳动生产率	2.0000	2.0000	2.0000	3.0000	0.5000	1.0000	0.2198

3. 结构判断矩阵一致性比例：0.0261；对总目标的权重：0.2970

结构	服务业就业比重	服务业占 GDP 比重	消费对经济增长贡献	贸易依存度	万元 GDP 能耗	Wi
服务业就业比重	1.0000	2.0000	2.0000	3.0000	3.0000	0.3600
服务业占 GDP 比重	0.5000	1.0000	2.0000	2.0000	3.0000	0.2515
消费对经济增长贡献	0.5000	0.5000	1.0000	2.0000	3.0000	0.1906
贸易依存度	0.3333	0.5000	0.5000	1.0000	1.0000	0.1069
万元 GDP 能耗	0.3333	0.3333	0.3333	1.0000	1.0000	0.0909

4. 潜力判断矩阵一致性比例：0.0341；对总目标的权重：0.1807

潜力	每万劳动力中研发人员数	R&D	专利授权量	劳动力受教育程度	建成区与规划区比重	资本形成比 GDP	Wi
每万劳动力中研发人员数	1.0000	1.0000	0.5000	0.3333	3.0000	2.0000	0.1472
R&D	1.0000	1.0000	0.5000	0.3333	2.0000	2.0000	0.1375
专利授权量	2.0000	2.0000	1.0000	0.5000	3.0000	2.0000	0.2227
劳动力受教育程度	3.0000	3.0000	2.0000	1.0000	3.0000	2.0000	0.3211
建成区与规划区比重	0.3333	0.5000	0.3333	0.3333	1.0000	0.5000	0.0674
资本形成比 GDP	0.5000	0.5000	0.5000	0.5000	2.0000	1.0000	0.1041

5. 生活判断矩阵一致性比例：0.0279；对总目标的权重：0.1370

生活	环境指数	基础设施指数	公共服务覆盖率	人均收入增长	HDI	平均房价比人均收入	家庭财富增长	Wi
环境指数	1.0000	0.5000	0.5000	0.3333	1.0000	0.5000	0.3333	0.0684
基础设施指数	2.0000	1.0000	0.5000	0.3333	2.0000	2.0000	0.3333	0.1122
公共服务覆盖率	2.0000	2.0000	1.0000	0.5000	2.0000	2.0000	0.5000	0.1535
人均收入增长	3.0000	3.0000	2.0000	1.0000	2.0000	2.0000	0.5000	0.2101
HDI	1.0000	0.5000	0.5000	0.5000	1.0000	1.0000	0.3333	0.0800
平均房价比人均收入	2.0000	0.5000	0.5000	0.5000	1.0000	1.0000	0.3333	0.0883
家庭财富增长	3.0000	3.0000	2.0000	2.0000	3.0000	3.0000	1.0000	0.2876

6. 稳定判断矩阵一致性比例：0.0534；对总目标的权重：0.0883

稳定	增长波动率	通货膨胀率	政府收入稳定	GINI	Wi
增长波动率	1.0000	0.5000	2.0000	0.5000	0.1922
通货膨胀率	2.0000	1.0000	2.0000	2.0000	0.3843
政府收入稳定	0.5000	0.5000	1.0000	0.3333	0.1228
GINI	2.0000	0.5000	3.0000	1.0000	0.3007

第三章

第三次产业革命与可贸易服务业的全球化

——兼论上海转型升级的一个方向

摘 要

本章研究了第三次产业革命的提出背景与“三个版本”、技术进步方向、分工与结构调整趋势，重点分析了经济服务化与可贸易服务业的全球化趋势。同时指出了上海市经济转型升级的一个可行方向，即顺应第三次产业革命的发展趋势，抓住可贸易服务业全球化的历史性机会，借着中国新时期改革开放的“东风”，大力发展可贸易服务业，以此来促进上海乃至全国经济结构调整升级和“创新转型、科学发展”。

进入21世纪以来，全球处于大变革和大动荡之中。信息技术飞速发展，新材料与新能源的探索与开发紧锣密鼓，产业组织方式与国际分工悄然变革，世界经济从自动化时代的工业技术创新向着信息化时代的服务业创新转变，第三次产业革命浪潮已经席卷而来。

在这一浪潮中，经济的服务化、服务的可贸易化与全球化是一个重要特征。不少发达国家已经步入服务经济社会，服务贸易也在国际多边贸易体制中成为贸易自由化的新焦点。服务贸易全面地涉及了经济全球化的五个方面（信息全球化、生产全球化、贸易自由化、投资自由化和金融自由化），且是连接产业结构升级、实现一国经济发展模式转变和提高开放型经济水平的重要纽带，因而可贸易服务业或者服务贸易的发展水平成为衡量一个经济体的国际竞争力的重要标志。上海市近年在全国率先展开了经济转型升级的战略调整，其最终是否真正成功，可贸易服务业的发展程度应当成为其中一个关键衡量指标。

第一节　第三次产业革命的提出背景

时至今日，“第三次产业革命”在理论和实践上仍是一个比较模糊的概念，但对它的思考和探索却由来已久。这一过程是在人类面临自身生存危机与重大技术变革的双重背景下展开的。早在 20 世纪 70 年代，罗马俱乐部在其《增长的极限》研究报告中就预警了人类和自然之间的关系，并提出了对未来经济发展范式的设想。20 世纪 80 年代后，随着石油和其他化石能源的消耗和价格波动、全球气候变化和污染加剧，基于化石燃料的工业经济模式受到了巨大的挑战，需要寻求一种使人类进入“后碳时代”的新模式。与此同时，互联网、生物技术等却获得了前所未有的迅猛发展，带动美国等发达国家首先进入一个所谓“新经济”“知识经济”“全球化”的时代。而在可再生能源与绿色经济方面，相对资源匮乏的日本、欧洲等地区则走在前列，日本从 70 年代石油危机后就开始探索节能技术，欧盟则从 2000 年起开始积极推行大幅减少碳足迹的政策，以加快进入可持续发展时代的步伐。2008 年全球经济危机的爆发，使人们越来越感到原有经济模式的巨大缺陷，迫切希望经济转型，由此也带来了关于第三次产业革命话题的热议。不同作者对此提出了不同的理解。

“自然资本主义版本”。1999 年以霍肯等三位作者的《自然资本主义：创造下一个产业革命》为代表，提出了“自然资本主义”这一新概念。他们认为，现代社会最稀缺的资源已不再是人，而是大自然。自然生态系统提供的种种重要服务是无法替代的，因此由资源、生命系统和生态系统构成的“自然资本”可被视为最大的一类资本。自然资本主义把生态目标与经济目标结合了起来，它是必然的，也是有益的，是资本主义的必然发展方向，它终将取代传统工业主义，就如工业主义当初取代平均地权主义一样。谁能在迈向自然资本主义的道路上走得更远，谁就能取得竞争优势。以自然资本主义为特征的下一次产业革命有四个相互联系的原则及阶段：（1）首要的是从根本上大幅提高自然资源的生产率，努力消除资源浪费。有两条途径：第一条是实行整体系统设计；第二条是配套采用环保新技术。（2）重新设计行业的封闭循环和零废物的生物模型，构建生态型生产模式。（3）改变商业模式，从销售货物转变到提供服务（如照明设备制造商不再销售灯泡，而是给客户提供照明服务）。（4）对自然资本进行再投资，以恢复、维系和扩大地球的生态系统，确保它提供更多的重要服务和更充裕的生物资源，这是未来社会繁荣的基础。

“新能源与新通信技术融合版本”。以美国学者里夫金在其 2011 年 9 月出版的《第三次工业革命》一书中提出的观点为代表。里夫金认为，参考已经被各界广泛认知的第一次和第二次产业革命的情况，所谓“产业革命”，必须包含三大要素：一是新能源技术的出现；二是新通信技术的出现；三是新能源与新通信技术的融合。他认为历史上的产业革命均是由新的通信技术与能源技术相结合所推动，并极大地改变了人类的生产方式和生活方式：第一次产业革命的技术基础是纸质媒体（报纸、杂志、书籍等）并以煤炭为主要燃料；第二次产业革命的技术基础是电子通信技术（电话、无线电、电视等）并以化石能源为主要燃料；而互联网技术与可再生能源的结合将推动全球发生第三次产业革命。里夫金认为，所谓第三次产业革命就是能源互联网与再生性能源结合导致人类生产生活、社会经济的重大变革。第三次产业革命已经开始，而且迫在眉睫。

“数字制造业版本”。以英国《经济学人》杂志 2012 年 4 月刊发的保罗·麦基里《第三次产业革命》的“特别报告”中提出的观点为代表。他对产业革命的划分依据是生产方式的根本性转变：第一次产业革命是 18 世纪晚期制造业的“机械化”所催生的“工厂制”，其发展取代了家庭作坊式的生产组织方式；第二次产业革命是 20 世纪早期制造业的“自动化”所创造的“福特制”，其发展使“大规模生产”成为制造业的主导生产方式。而人类正在迎接的第三次产业革命是制造业的“数字化”，以此为基础的“大规模定制”很可能成为未来制造业的主流生产方式。数字化革命，将带来制造模式的重大变革，大规模流水线制造从此终结，人们可以完全按照自己的意愿来进行设计。第三次产业革命甚至还可能带来反城市化浪潮，取代城市化生活的将是一种分散、自给自足的（农村）生活方式。

在政府层面，迎接或应对新一轮产业革命比较快的是德国。德国经济部则认为即将迎来的，不是第三次而是第四次产业革命。他们认为第一次产业革命是蒸汽机的发明，第二次是以电气化技术为代表，第三次是以 IT 技术为代表，第四次是以 CPS（互联网与物理系统的结合）为代表。美国在政府层面尚未接受第三次产业革命的提法，但在一些创新发展和新兴产业发展的重点上体现了这样一些特点，如美国的再工业化和制造业复兴战略，还有包括美国的国家复兴战略等也都基本沿着这个方向。

综合看来，新一轮产业革命到底是什么，到底是第几次产业革命，是否会发生新一轮产业革命，无论从理论还是实践都处于讨论和探索之中。但不可否认的事实是新一轮产业变革正在蓬勃兴起。上述列示了几种代表性观点，其侧重点存在些微差异，但在发展可持续能源、互联网技术创新、产业融合和国际合作等大的方面却是一致的，大致认为第三次产业革命是以互联网为基础，以数字化为核心，以可持续能源为驱动，“大规模生产”将向“自生产”转变，人类将进入一种“自工业化”和服务业创新时代。

表 3-1 产业革命的演进

类别	农业革命（新石器革命）	工业革命		服务业革命
		第一次工业革命	第二次工业革命	
开始时间	前 8000 年 ~ 前 3500 年	18 世纪中叶	19 世纪中晚期	20 世纪 80 年代
时代特征	新石器时代	煤铁蒸汽时代	石化电气时代	信息网络时代
能源	木材、木炭	煤	石油、电力	核能、太阳能、其他形式
运输	轮车、牲畜	火车、汽船	汽车、空运、航运货船	火箭、电信通信、飞船
工具	手工	机械	电力电子	电子计算机、机器人、办公室自动化
基础设施	水利灌溉、驿道	运河、公路、铁路；蒸汽船、船舶；电报	无线电、高速公路、机场和航线	互联网的基础设施建设、绿色建筑
创新产业和领涨部门	传统农业、畜牧业、农产品加工、手工纺织、采石	机器制造、采煤、纺织、冶金、铁路	钢铁、石油开采、化工、船舶、航空航天	新材料、新能源、通信网络、金融、高科技、海洋发展、遥感
世界市场	自给自足；局部贸易	初步形成；商品贸易	发展中；商品与资本输出、输入	全球化市场；商品、资本与服务输出、输入
生产力特点	小农经济（家庭农业、手工作坊）	从工场手工劳动（"流汗"）到水力、蒸汽驱动的机械运用和专业化生产	从重型机器、大规模生产到流水线与大规模精益生产和销售	从供应链管理到信息化中的按需定制、外包和价值聚合
管理、组织和制度变革	租佃制、坐贾行商	从工厂制（个体与合伙）到合股、股份公司	从管理系统与泰勒制、福特制到管理层级和跨国公司	公司治理；信息系统和全球化价值分工

资料来源：根据王宏森（2006）补充修改。

在我们看来，新一轮技术革命浪潮毋宁说是"工业的革命"，而同时更是"服务业的革命"，所以称其为"第三次产业革命"可能更为恰当。即所谓第三次产业革命，实质就是建立在网络通信、新能源、新材料以及自动化机械技术、生物科技等重大创新与融合基础上、以服务业创新为核心的新经济范式，是发展观念、生产工具、制造及服务模式、产业形态、管理形式、生活方式等的全方位革命性变化，其最终方向是使人类进入生态和谐、绿色低碳、可持续发展的社会。

第二节　第三次产业革命的技术进步方向与特征

根据熊彼特所定义的“创新”的五种情况（新来源、新产品、新生产方法、新市场、新组织），可以对第三次产业革命的技术进步方向做一些概要性讨论。

第一种情况为新来源。包括两大部分：一是新材料（复合化、纳米化），二是新能源（可再生）。材料是生产制造的基础和先导，是孕育新技术、新装备和新产品的“摇篮”。在第三次产业革命中，超导、生物医用、光电子等新材料层出不穷，纳米技术方兴未艾，不仅使原有的劳动对象发生了质变，而且大大增加了新的劳动对象。复合材料和纳米材料使得材料的强度、质量、性能和耐用性均优于传统材料，能有效提高产品性能，且更易于加工。

新能源又称非常规能源，是指传统能源之外的各种能源形式。目前各国都正在积极研究推广如太阳能、地热能、风能、海洋能、生物质能和核聚变能等，页岩气的开发也在加紧进行。在可再生能源方面，里夫金的观点比较有想象力。他认为第三次产业革命的五大支柱其实主要体现为能源生产、储存和分配模式等方面的变革：（1）向可再生能源转型；（2）将每一大洲的建筑转化为微型发电厂，以便就地收集可再生能源；（3）在每一栋建筑物以及基础设施中使用氢和其他存储技术，以存储间歇式能源；（4）利用互联网技术将每一大洲的电力网转化为能源共享网络，这一共享网络的工作原理类似于互联网（成千上万的建筑物能够就地生产出少量的能源，这些能源多余的部分既可以被电网回收，也可以被各大洲之间通过联网而共享）；⑤将运输工具转向插电式以及燃料电池动力车，这种电动车所需要的电可以通过洲与洲之间共享的电网平台进行买卖。

里夫金的设想在欧洲、日本等已经有小型的试验与应用，但是否能够大面积地展开还有待观察。新能源革命引发的一系列包括生产方式的变化，在当前可能不是最为突出的，它的显著影响还要到数十年之后才能体现。

第二种为新产品与新市场。一个层面是所谓工业母机的创新。由于纳米材料技术和新的产品开发设计工具的发展，快速微制造技术、三维微部件的生产、具有自调节能力的微型机床和机器人以及微型制造系统和微型工厂将在工业生产体系中扮演越来越重要的角色。

现有工业社会的产品大多是标准化的。未来的产品将更加多样化、个性化。基于互联网的无限个在线创意与快速协作生产，无数个产品使用者或消费者通过网络参与到设计环节来，新产品和新服务将层出不穷，个性化、体验式消费时代真正到来。甚至购物在 3D 打印店里就能完成，真正实现了体验式消费。需求引导供给，供给创造需求，消费的同时就是生产，生产者本身也是消费者。通过星罗棋布的物流和运输系统，国内市场与国际市场、城市和乡村市场真正融为了一体。

第三种为新的生产方式。未来生产最突出的特点是信息技术全面融入生产及服务领域，不仅突破福特模式下低成本的大规模生产，也区别于高成本的个性化定制，生产及服务企业在差异化产品和成本之间寻求着合理平衡。具体来说：一是刚性生产系统转向可重构制造系统，生产制造快速成型，生产过程自我检测，实现生产系统数字化、智能化、一体化，实现产品制造的全生命周期化。二是大规模生产转向大规模定制及按需生产，并显现规模生产与按需定制并存的格局。基于成品的批量生产将转化为基于模块的批量生产，辅之以多样化的外部构造，实现以低成本满足个性化需求的大规模定制甚至个性化生产，从而大幅提升生产系统的柔性。三是工厂化生产转向社会化、网络化生产，表现出协作性和就地生产等特征。

四是生产环境安全健康，人机工作界面非常友好，人在工业生产中的作用，不是用单调、重复的手工劳动“替代”机械生产，也不是用经验式的技能“补充”机械生产，而是利用自己的知识创造性地“主导”生产过程。上述变革所引发的是生产效率的大幅度提高，同时使得未来的生产与服务有很强的包容性、灵活性以及突出的供给能力，能够很好地解决传统产能过剩和产品开发周期过长的问题。

目前，快速成型技术、新材料技术、工业机器人技术、人工智能技术等一系列重大关联技术的群体突破和应用条件逐渐趋于成熟，并将有力推动制造业生产效率的大幅跃迁，使得整个生产体系提升到一个全新的水平。总体上看，这场由新材料、新能源和信息通信技术等通用技术的突破和大规模应用所驱动的第三次产业革命，将促使整个生产方式呈现出高度柔性化、可重构化、社会化和人性化的特征。

第四种为新组织。在第三次产业革命的背景下，为适应新技术和生产方式的要求，无论是企业内部还是产业之间都将呈现出组织变化的新趋势。传统的层级组织结构更加适应技术路线相对明确、消费需求相对稳定的技术市场环境。在第三次产业革命的背景下，与传统的科层制结构相比，企业内部组织结构将更加扁平化。同时，为了把握不断变化的市场需求和适应破坏性创造的新技术机会，企业的所有权和控制权将由公司的董事会和管理层向更接近技术和市场的创新单元和基层组织延展。企业竞争战略的重点不仅是规模经济及有效的供应链管理，而且更是范围经济以及在不断变化的动态环境中的持续创新能力，战略柔性相对于运营效率来说变得更加重要。在信息化和全球化背景下，产业组织网络化、产业界限模糊化、产业集群虚拟化，国际的分包、外包和众包等协作形式非常普遍，遍布全国、各大洲乃至全世界的数千个中小型企业组成的网络与国际商业巨头一道共同发挥着作用。

第五种情况为新基础设施。生产系统的效率除了受到材料技术和生产工艺的影响外，还与信息流、物流等生产辅助技术的成熟度相关，也与服务业效率相关。在第三次产业革命中，生产系统借助网络信息技术全面趋向数字化和智能化，基于云计算、云智慧、大数据的互联网成为贸易、信息交流的关键性渠道，同时也构成整个经济社会发展的重要基础设施。典型如物联网技术，不仅融入制造业生产，通过工业控制技术实现生产自动化，还会融入产品、生产管理、设计等环节，实现智能化、精细化管理。用户与企业、企业与企业之间的交流更为快捷，需求及时表达，企业快速反应。

在第三次产业革命时代，配合可再生能源的发展，新型的建筑物将更加环保，甚至本身就是一个分散的发电单位。旧有的建筑物将面临不同程度的改造或更新。相应的交通运输及城市基础设施都将经历一个较大规模的绿色更新周期。

第三节 新技术革命推动的生产分工与结构大调整

第三次产业革命是一场“巨变”，时间跨度可能是几十年甚至上百年，这一“创造性毁灭”过程在诱发一系列技术创新浪潮的同时，将导致生产方式和组织结构的深刻变革，从而使国家竞争力的基础和全球产业竞争格局发生彻底重构。脱胎于制造业“自动化”和“大规模生产”时代的传统国际分工体系将被扬弃，取而代之的新国际分工可能更有助于发达国家重拾制造业竞争力，并强化其服务业优势。其可能趋势主要表现为：

(1) 除了必要的实物生产资料和产品外，生产组织中的各环节在产品层面和技术层面充分分工，包括消费者在内的所有参与者都成为创新主体，从而呈现出精细社会化生产与协作的特点。在新型智能化工厂帮助下，网络用户不需要生产车间就可实现设计的产量和销售。“分散生产、就地销售”也可能成为区域贸易和国际贸易的新模式，从而大幅度降低碳排放。这种分散式和社会化的生产方式将更有助于实现生产社会化、经济民主和改善收入分配。

（2）产业组织将由过去大企业和供应链为主体的纵向链条结构，向网状的立体平台结构转变。制造业的“软化”和服务化，将使企业之间的关系超越了传统的“需求－供应”关系，不同产业链相互交织，形成开放的、多维的复杂网络结构。美国的大规模生产，使具有研发、技术、市场和资本实力的大企业成为一国产业核心竞争力的主体；日本的柔性制造，使紧密合作的供应链成为体现一国产业竞争力的新载体；而第三次产业革命背景下现代制造业的扩张与深化，将区别于福特模式与丰田模式，会使掌握关键技术和产品的平台型企业成为领头羊，平台战略成为获得产业长期竞争力的关键。但产业竞争环境变得更加不确定和动态化，往往是多个企业共同支撑一个平台，或者同一个产品涉及多个平台（例如数字制造同时涉及超级运算和超级宽带等平台）。

（3）三次产业界线模糊化，产业间资本－劳动关系将重新被定义或重塑。表现为：①随着制造业和服务业实现深度融合，生产制造主要由高效率、高智能的新型装备完成，因此与制造业相关的生产性服务业将成为制造业的主要业态，而传统制造业企业不得不更加关注研发、设计、IT、物流和市场营销等，甚至蜕变为服务型企业。②由于虚拟企业与虚拟平台的出现，自雇佣（自己当“老板”）、互相雇佣（互为对方企业员工）与产品雇佣（雇佣关于仅基于某一产品或某一周期）现象十分普遍，实现空前的就业自由与经济自由。③从就业结构上看，由于生产环节大量使用新型装备，农业、制造业的资本替代劳动更加严重，大量劳动人口被挤出，使单纯的体力劳动者更加难以生存。装备制造、产品研发和相关生产性服务业中将创造大量就业机会，随着服务业成为主导活动，就业结构朝着服务业就业人口比重增长方面发展。④由此带来的是，低技能的生产工人、高技能专业服务提供者的重要性更加此消彼长。特别是机器人的大量采用，不仅将抑制体力劳动者的收入提高，而且将导致大量体力劳动者的失业。人力资本成为主导企业和产业全面发展的决定因素，这对各国的教育、人才培育和就业结构将产生极为深远的影响。

（4）“中心－外围”的世界产业与利益分配格局很难有大的改观。首先，同质产品的低价格竞争将被更灵活、更个性化的、更高附加值产品竞争所取代，发展中国家基于低要素成本的规模生产的比较优势将可能丧失。其次，支撑制造业“数字化”的新型装备是实现终端产品“大规模定制”的基础，然而这些新型制造装备属于技术密集型和资本密集型产品，更符合发达国家的比较优势。所以在第三次产业革命面前，发展中国家的传统优势被弱化，发达国家的比较优势得到强化。再次，世界经济地理格局也必将随之改变。随着国家间比较优势和产业结构的变化，发达国家将继续牢牢掌控着高端服务业领域内的领先优势，而原先从发达国家转出的生产与服务活动有可能重新回流至发达国家。最后，服务业在整个价值链分配中所占的份额更大。而随着更高附加值的制造业和相关专业服务业向发达国家进一步集中，发达国家更有可能享受国家间产业结构调整的“结构红利”。因此，第三次产业革命下的全球化模式很可能使美国等发达国家的“虹吸效应”更为明显。

由此观之，在第三次产业革命中，先行国家在比较优势、平台构建、产业转移和收益分配机制等环节大举获利，发达国家因转向新发展范式的快慢，也可能出现分化。中国作为一个发展中国家，凭借低成本的要素供给、庞大的市场需求和不断积累的技术能力，逐渐确立了全球加工制造大国的地位。但是在未来第三次产业革命的浪潮下，随着中国的低成本优势逐步消失殆尽，如果没有创新能力的支撑会使国家竞争力趋于下降。

表 3－2 第三次产业革命可能的发展方向

创新类别	内容
新来源	→新材料（复合化、纳米化） →新能源（可再生）
新产品与新市场	→工业母机的创新 →从标准化到个性化定制 →体验式消费 →全球市场
新生产方式	→信息技术全面融入生产及服务领域 →刚性生产系统转向可重构制造系统 →规模生产与按需定制并存 →工厂化生产转向社会化、网络化生产与可贸易服务（分包、外包和众包） →人机工作界面非常友好，环境安全健康
新组织	→组织扁平化、网络化； →界限模糊化、集群虚拟化； →小微企业、虚拟企业出现 →由过去大企业和供应链为主体的纵向链条结构，向网状的立体平台结构转变
新基础设施	→基于云计算、云智慧、大数据的互联网构成整个经济社会发展的重要基础设施 →新型绿色环保建筑
新生产关系	→自雇佣、互相雇佣与产品雇佣现象十分普遍，空前的就业自由与经济自由 →资本替代劳动更加严重 →人力资本成为主导企业和产业全面发展的决定因素
新利益格局	→发展中国家的传统优势被弱化，发达国家高端服务业比较优势得到强化 →某些发达国家的“虹吸效应”更为明显

资料来源：本章的分析。

第四节 经济服务化与可贸易服务业的全球化趋势

这里，不得不重点提一下的是第三次产业革命中全球经济“服务化”和服务贸易的全球化趋势。20 世纪 80 年代以来，随着世界经济和产业结构的演变与发展，服务业占一国经济的比重越来越大。其中，发达经济体服务业占国民生产总值的比重超过 60%，其中美国达到 80%，韩国为

70%，中国香港达到了95%，以美国为首的主要发达经济体早已步入服务经济社会。中等发达国家也达到50%左右，且有进一步增长的趋势。而反观中国，中国内地的数字是44.6%，低于发展中国家的平均水平，服务业还处于相对初级的阶段。

随着服务业在现代经济中的地位快速上升，服务贸易在国际贸易中的重要性也在日益增强，成为衡量一个国家国际竞争力水平的重要标志。据统计，1980~2012年全球服务出口年均增长7.7%，其中2005~2013年平均达到8%，大大超过同期货物贸易出口增长。2000~2012年发达经济体占世界总服务贸易额的比重，从3/4下降至2/3，而发展中经济体、转轨经济体合计所占比重则从1/4上升至1/3，上升势头非常之快。

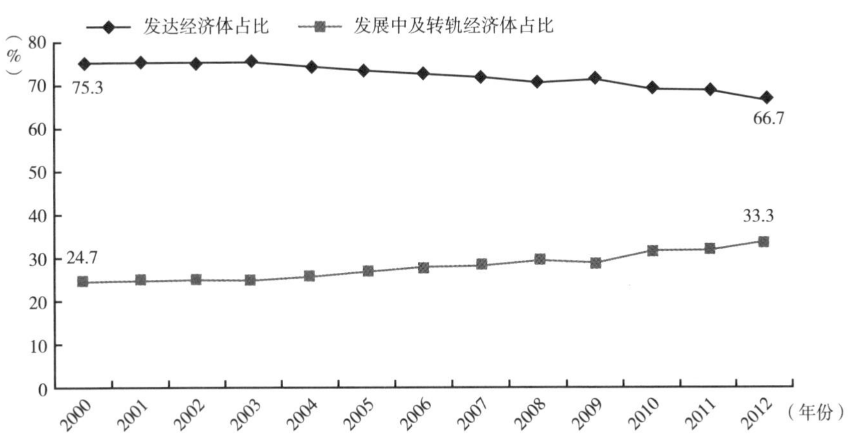

图3-1 发达经济体、发展中及转轨经济体占世界总服务的比重（2000~2012年）

数据来源：联合国商品与贸易数据库。

服务贸易是自20世纪六七十年代才崛起的新兴贸易方式。传统上，服务所具有的生产和消费须同时发生的内在性质，决定了其可贸易程度不如商品。但是，随着通信技术的进步、管制的放松，已使很多服务的可贸易程度大大提高，而且贸易成本甚至要低于一般商品。在跨国公司实行全球化战略过程中，生产过程被分散到不同区位的国家，许多服务的提供者和接受者相分离的现象不断出现，并通过要素或产品两个层面进行服务的国际贸易。为什么会出现这样的后果？一个关键因素，来自联结各独立生产区段的服务链功能（“粘合剂”）。也就是说，生产过程的分散化导致对生产者服务的需求不断增加，会进一步诱发生产者服务贸易的持续增长。反过来，由于服务链或生产者服务贸易的“粘合剂”功能，促使了各生产区段在国内和国外的分散——这就是 Jones 和 Kierzkowski 著名的生产区段和服务链理论（Production Blocks and Producer Service links），人们借此不难理解现实经济中生产者服务贸易占国际贸易比重不断上升的原因，以及规模经济条件下服务贸易的重要作用和必然性。

当前，服务贸易已成为经济全球化的重要组成部分。它全面地涉及了经济全球化的五个方面（信息全球化、生产全球化、贸易自由化、投资自由化和金融自由化），是连接产业结构升级和提高开放型经济水平的重要纽带。一国开展服务贸易，提高市场开放度，不仅可以获得贸易收入效应，还能降低服务成本，尤其对于生产者服务来说，其成本的降低能够达到减少商品生产和贸易成本或其他服务生产和交易成本的目的，可以促使服务业与现代制造业有机融合，推动货物贸易增长，并有效提升制造业在全球产业链和国际分工中的层次与地位，提高生产效率和技术创新，继而获得利润或经济增加值。在要素流动过程中，当所获得的服务贸易收益延伸到其他部门或领域时，会造成技术与知识的“溢出”与放大效应。以消耗和占用资源、能源少却能获得“微笑曲线”两端高附加值的特点，开展服务贸易的国家能够大幅度地缓解日益严重的能源、资源压力并消减环境污染问题。不仅如此，可贸易服务业的全球化，不仅大大提高了服务的便利性，降低了服务成本，而且提高了各国消费者的福利和生活质量。基于上述原因，世界各国纷纷将发展服务贸易视为带动国内经济高速发展的新引擎，积极加大服务贸易市场开放力度，提高服务业与服务贸易国际竞争力，并将此作为实现经济增长方式由数量型向质量效益型转变以及经济可持续发展的重要手段。

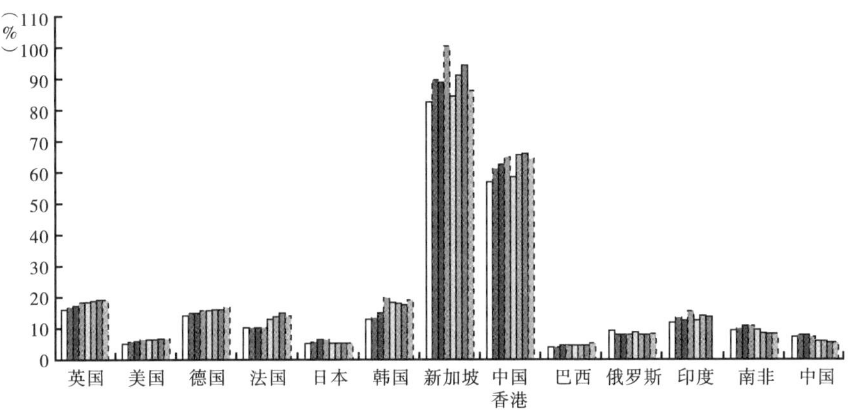

图 3-2 一些国家服务贸易进出口总额占 GDP 的比重（2005~2012 年）

注：数据基于 IMF 第六版的国际收支手册（BPM6），始于 2005 年。

数据来源：世界银行数据库。

随着新一轮技术革命的萌芽和兴起，近二三十年来以信息产业为创新基础的服务业创新和全球化，主导了信息、物流、金融、文化娱乐、品牌创意等知识创新活动的深入发展，通过国内分包、国际外包和互联网众包等形式进行裂变，再经由品牌和设计等活动进行再聚合。服务业专业化、知识化大大加强，服务业态和经营管理模式不断创新，导致新型国际分工，生产体系和价值链重组。可贸易服务业全球化蓬勃兴起，并由制造业追随型逐步向自主扩张型转变，服务业与生产制造业形成了既分工又融合的格局。生产性服务业成为发达国家的支柱产业，生产性服务成为产业链中价值增值的主体，同时加剧了制造业的服务化经营。虽然“黄金 90 年代”的网络繁荣被 2000 年互联网危机和 2007 年来的全球金融危机所打断，但其引领的服务业创新成为一个重要的里程碑，当前世界最大市值的谷歌、微软等都在引领着服务业创新，未来以基因技术突破为契机的健康服务或将成为下一个服务业技术进步的热点。可预期的是，随着以大数据、云计算、移动互联网为代表的技术创新浪潮来临，数据将成为推动服务贸易产业发展的新枢纽及核心要素，在这个基础上，全球服务贸易产业的商业模式、服务模式和技术模式都将迎来一场巨大的变革。这对于发展中经济体来说，既是大挑战，也是一个千载难逢的历史机遇。

第五节　可贸易服务业与上海转型发展：问题与前景

加入世贸组织以来，我国服务业开放了 100 多个部门，并通过双边和区域自由贸易协定开放了比多边承诺更多的部门，内地与港澳紧密经贸关系安排中更是有 145 个部门开放。客观地说，我国在服务业领域的开放水平远远超过了其他发展中国家，在某些领域甚至超过了发达国家承诺的水平。从服务贸易来看，规模总额已位居世界第三位，在商业、通信、建筑及有关工程、销售、运输、旅游以及金融等服务领域均取得了长足发展，在市场开放、国际竞争与合作、资金、技术、管理以及人才培育等方面都有了很大提升。但中国的服务贸易还处于初级阶段，多年来服务贸易一直存在较大逆差，服务贸易产业层次较低、结构不合理等问题并未有根本改变。还不具备与发达国家竞争的能力，甚至与许多发展中国家相比还有很大差距。而且，发达国家的投资贸易保护措施名目繁多，除了反倾销、反补贴、技术壁垒，近年抛出诸多贸易投资规则，不断对中国产业发展形成新的牵制。

上海一直是中国经济的领头羊。与受全球金融危机影响而增长乏力的货物贸易相比，近年来上海服务贸易发展势头良好，有几个特点：（1）增长迅猛，规模快速扩张，在经济中的地位和占全国的比重持续上升。自 2006 年以来上海服务贸易进出口总额年均增速达到 27%，占全国服务贸易进出口总额的比重从 21% 提高到 2012 年上半年的 32.2%。

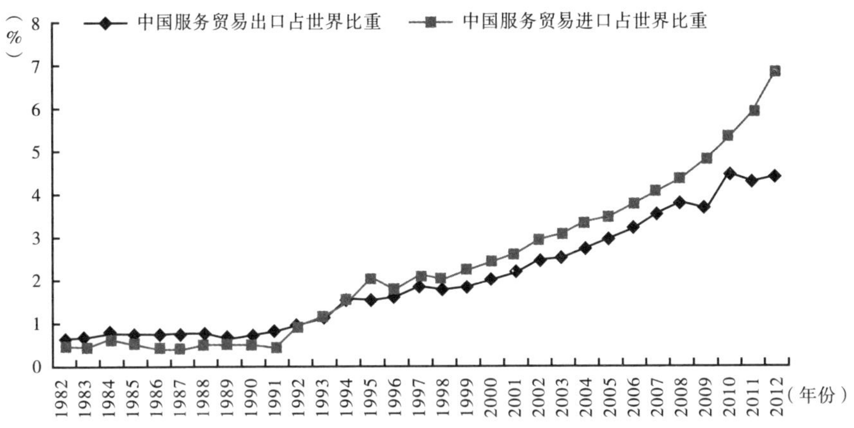

图 3-3 中国在世界服务贸易格局中的位置

注：遵循 WTO 有关服务贸易的定义，中国服务进出口数据不含政府服务。

数据来源：WTO 国际贸易统计数据库（International Trade Statistics Database）；中国商务部。

2010~2012 年，上海服务贸易跨境收支规模在上海跨境收支总额中的比例从 19.8% 稳步上升到 23.4%。2012 年上海服务贸易跨境收支同比增长 26.6%，远高于货物贸易跨境收支 10.4% 的增长率。（2）在运输和旅游服务等方面持续保持了传统优势。2011 年上海服务贸易进出口中，旅游占 34.6%，运输占 30.5%，二者继续保持领先地位。受“后世博会效应”、人民币升值后境外购买力增强、出境游进一步便利化等因素影响，上海旅游保持强劲增长，并成为服务贸易中的最大项。（3）部分现代服务业发展较快。服务外包、软件信息出口、文化出口等项目逆势增长，成为服务贸易中的亮点。

近年来，资源、环境、成本等方面的压力使上海经济在全国首先遇到了巨大的挑战。同时上海由于缺乏自主核心技术和自有品牌，产业发展路径不能自主，对外依赖严重。面对全国的同质化竞争局面，所谓战略性新兴产业的扶持和发展，也很容易被模仿。但上海的有利条件也非常明显，一是地缘优势，处于东亚经济圈和中国东部发达经济区的核心地带。二是基础优势，无论从制造业、金融保险、航运、旅游、商贸等产业到基础设施各方面，还是从海派商业文化到科研院所及各类人才储备，上海都具有其他省市所不具备的、长期积累的基础优势；三是政策优势，随着中国自贸区在上海的启动，大量的政策试验将在自贸区内率先试水，将带动上海及全国的改革与开放。以今年上海港成为世界最大集装箱吞吐港为标志，上海正在向着“国际资源配置枢纽”和“自由港”的方向迈进。其经济发展能否最终完成从投资驱动向创新驱动增长、从工业主导转向服务经济主导、从工业文明转向生态文明和信息社会的三个大转型，不仅对于上海自身，对于全国来说也是意义重大。

“第三次工业革命”是上海制造摆脱困境的良机。上海“四个中心”战略中的贸易、航运和金融中心建设，都属于现代服务业。上海身为全国最大的城市，又地处长三角都市圈的核心，上海服务贸易占全国的近1/3，发展服务业尤其是可贸易服务业具有得天独厚的优势。我国新一轮的对外开放，主攻方向和重点领域正是服务业开放。因此，顺应第三次产业革命的发展趋势，抓住可贸易服务业全球化的历史性机会，借着中国新时期改革开放的“东风”，大力发展可贸易服务业，以此来促进上海乃至全国经济结构调整升级和“创新转型、科学发展”，是一个可行的方向和途径。

当然要强调的是，发展服务业也好，推动第一轮产业革命也罢，都不应局限在技术基础、生产方式和产业形态的变革方面，更深层次的是制度的创新和政府管理方式的变革。先行国家成功的经验无一例外是技术革命与制度创新双轮驱动。制度基础决定了技术创新的广度和深度，同时也决定了新型技术转化为一国产业竞争力的程度。在第三次产业革命中，按需定制、社会化大生产、平台企业、网络组织、开放与共享、创意与体验等更为普遍，生产者与消费者、制造业与服务业、大企业与小企业、跨国公司与民族国家等都正在被重新定义，知识创新和个体创造力的作用更为突出，对制度创新和管理变革提出了新要求。新一轮的改革开放，不仅是涉外经济体制的自身的改革，更是涉及行政体制、投资体制、金融体制等领域的深层次改革，触及固有利益的调整。在中美投资协议采用“准入前国民待遇加负面清单的原则”展开谈判的背景下，中国（上海）自由贸易试验区总体方案以此为蓝本，先行先试，意味着我国开放模式又一个新的起点。人们对此有理由期待，通过新一轮开放，我国服务业发展将更具活力，服务贸易更具国际竞争力，并以此带动经济发展的转型升级，并在第三次产业革命中完成国家的复兴。

第四章

上海自贸区制度创新及国际比较

摘　要

新的全球化格局下，面对美欧等发达经济体的层层封锁，中国正在逐步丧失全球贸易中的话语权。基于这种国际背景下，上海自由贸易区应运而生，从制度层面最大限度地与国际规则接轨，对加快政府职能转变、积极探索管理模式创新、促进贸易和投资便利化，为全面深化改革和扩大开放探索新途径、积累新经验。上海自贸区作为中国经济改革的"试验田"，是集货物贸易转型、服务业开放和金融开放为一体的全面自贸区。自贸区的建立紧紧围绕面向世界、服务全国的战略要求和上海"四个中心"建设的战略任务，按照先行先试、风险可控、分步推进、逐步完善的方式，把扩大开放与体制改革相结合、把培育功能与政策创新相结合，形成与国际投资、贸易通行规则相衔接的基本制度框架。本章详细分析了自贸区的五大任务、负面清单及其制度设计，同时展开对自贸区的国际比较，希望未来自贸区制度能从管理体制、监管模式和金融制度体系方面进行进一步深化改革，切断很多传统体制的羁绊，创造制度红利，形成一个可参与全球竞争的新体制。

全球金融危机重创美欧等发达经济体，新的全球化格局正在形成，面对中国等新兴经济体的崛起，美国开始实行新的全球贸易战略，全力在亚太地区和欧洲推进 TPP、TTIP 和 TiSA 谈判，试图建立新的贸易规则，从而掌握世界贸易规则制定的主导权，设置一个以高度自由化为名的市场准入屏障，使中国等相对滞后国家因无法高尺度互惠开放本国市场和达不到高规格的技术标准、医药、医疗服务以及电子产品规格、环保指标等原因而无法加入，在全球化的新规则中无发言权，从而制约新兴经济体的发展。同时，随着中国经济的飞速发展，原有的制度已经无法适应经济增长的需要，管制过密化、国进民退、政府税收膨胀、民营经济困顿、经济自由遭到削弱等问题日益显现，改革的制度红利正在渐渐消失，制度开始制约我国的竞争力和发展力。

基于这种国际国内背景下，2013 年 8 月，国务院正式批准设立中国（上海）自由贸易试验区，2013 年 9 月 29 日，上海自由贸易区正式挂牌成立。建立上海自贸区，是党中央、国务院做出的重大决策，是深入贯彻党的十八大精神，在新形势下推进改革开放的重大举措，从制度层面最大限度地与国际规则接轨，对加快政府职能转变、积极探索管理模式创新、促进贸易和投资便利化，为全面深化改革和扩大开放探索新途径、积累新经验，具有重要意义。

上海自贸区的建立是顺应国际贸易新趋势、继续深化改革和扩大开放的重大举措。目前，世界上各类开发区和特殊经济区可归纳为七大类：保税仓库区（Bonded Warehouse Zone）、自由区（Free Zone）、对外贸易区（Foreign Trade Zone）、出口加工区（Export Processing Zone）、经济特区（Special Economic Zone）、企业区（Enterprise Zone）、银行自由区（Bank Free Zone）。上海的“自贸区”概念囊括了上述各类开发区和特殊经济区，是集货物贸易转型、服务业开放和金融开放为一体的全面自贸区。上海自贸区作为中国经济改革的“试验田”，制度改革是决定成败的关键。上海是中国发展的“增长极”，目前正着力构建以现代服务业为主、战略性新兴产业引领、先进制造业支撑的产业体系，不断提高产业核心竞争力，既要打造“上海智造”，也要打造“上海服务”。上海可以借助自贸区的制度实验，加大对现有经济管理体制的改革，切断很多传统体制的羁绊，创造制度红利，形成一个可参与全球竞争的新体制，这将对上海的产业转型升级起到积极的推动作用。

第一节　美国的全球贸易新战略

目前，美国政府手中有三张贸易王牌：TPP（跨太平洋自由贸易协定）、TTIP（跨大西洋自由贸易协定）和 TiSA（国际服务贸易协定）。它们都是在美国主导下推行的自由贸易协定，是美国构筑的全球贸易战略“金三角”。表面上看，美国试图提高自由贸易水平，改善全球的投资环境，从而帮助其实现经济复苏的目标；实际上，美国是要借这个机会抢先制定“下一代”贸易规则，从而掌握世界贸易规则制定的主导权，设置一个以高度自由化为名的市场准入屏障，使中国等相对滞后国家因无法高尺度互惠开放本国市场和达不到高规格的技术标准、医药、医疗服务以及电子产品规格、环保指标等原因而无法加入，在全球化的新规则中无发言权，从而制约中国的发展。TPP、TTIP 和 TiSA 是新一代自贸区的准则，这种自贸区和原来那种“主要是制造业贸易，以减免关税为目标”的老一代的贸易区不同，新自贸区的目的主要是打开市场准入。

1. TPP（跨太平洋自由贸易协定）

TPP 由智利、新西兰、新加坡和文莱四国于 2005 年 7 月签订的 TPSEP（跨太平洋战略经济伙伴关系协议）演变而来。协议于 2006 年 5 月 28 日正式生效，成为亚太四国间就货物、服务、知识产权贸易和投资等相关领域给予互惠的经济合作协定。初始成员国为四个，所以又被称为“P4 协议”。2009 年美国高调加入 TPP 谈判，同时秘鲁、越南和澳大利亚也宣布加入谈判，TPP 实现了由“P4”向“P8”的转变，并呈现亚太地区参与国家扩大的趋势。目前，TPP 成员国有 12 个：美国、新加坡、新西兰、智利、文莱、澳大利亚、越南、马来西亚、秘鲁、墨西哥、加拿大和日本。据国际货币基金组织统计，TPP 成员国的经济规模约占世界经济总量的 40%，是欧盟经济规模的 1.5 倍。

（1）TPP 的主要内容

现有的 TPP 包括二十个条款和两个补充文件（详见表 4－1），包括发达小国间的自由贸易协定、综合性的高水平自由贸易协定、APEC 框架下的自由贸易协定以及开放性的自由贸易协定。主要涉及货物和服务贸易自由化和便利化标准、非关税壁垒减除标准、政府采购标准、知识产权保护标准、劳工准则和环境合作标准等具有约束性的新标准，包括关税分阶段全部减除、实行 45% 附加价值标准的原产地规则、完税手续货到 48 小时完成、强力实施反倾销、反补贴、反技术贸易壁垒措施和减除妨碍竞争行为、政府采购实施无差别国民待遇、知识产权保护需承诺《关于与贸易相关的知识产权协定》全部权利和义务、各国制定严格劳工法规和劳工保护法令、不能以放宽环境规制促进自由贸易等新标准（详见表 4－2）。

表 4－1 TPP 的条款和内容

条款	内容	条款	内容
前 言		第十二条	服务贸易
第一条	成立	第十三条	临时入境
第二条	定义	第十四条	透明性
第三条	货物贸易	第十五条	纠纷解决
第四条	原产地原则	第十六条	战略合作
第五条	关税手续	第十七条	行政与制度条款
第六条	贸易救济措施	第十八条	一般条款
第七条	动植物卫生检疫措施	第十九条	一般例外
第八条	贸易的技术性障碍	第二十条	最终规定
第九条	竞争政策	补充文件	环境合作协定
第十条	知识产权		劳动合作备忘录
第十一条	政府采购		其他

注：根据 TPP 协议文本整理。

表 4－2　TPP 的主要特点与功能、涵盖范围与领域、法律文本主要内容

<table>
<tr><th>主要特点与功能</th><th>涵盖范围与领域</th><th colspan="2">法律文本主要内容</th></tr>
<tr><td rowspan="2">全面的市场准入：
消除关税与其他服务与投资壁垒</td><td rowspan="12">该谈判协议作为单一承诺，将涵盖所有重要的贸易和与贸易相关的领域。谈判各方均同意达成一个高标准、充分确保共享利益和义务关系的协议，并妥善解决各类敏感性问题、如发展中国家成员国待遇、贸易竞争力培养、技术援助和分期履约等问题</td><td rowspan="2">竞争政策：
确保公平竞争的商业环境，并保护消费者权益</td><td>知识产权保护政策</td></tr>
<tr><td>投资非歧视与权利保护</td></tr>
<tr><td>全面的区域合作协定</td><td>合作与贸易竞争力培养</td><td>劳工权利保护与人力资本开发政策</td></tr>
<tr><td rowspan="5">重叠贸易议题解决原则：
保持监管的连贯性；促进竞争力提升和商业发展便利；支持和鼓励中小企业跨国发展；建立实施和执行 TPP 的有效机制</td><td>跨境服务：
为服务贸易提供安全、公平、公正和透明市场</td><td>争端解决机制</td></tr>
<tr><td>海关手续便利化</td><td>原产地规则</td></tr>
<tr><td>电子商务政策</td><td>货物市场准入原则</td></tr>
<tr><td rowspan="3">环境政策：
加强环境保护的框架制定；贸易与环境相互支持的条款</td><td>卫生与动植物检疫标准</td></tr>
<tr><td>技术性贸易壁垒</td></tr>
<tr><td>鼓励产品与服务创新</td><td>电信业竞争与运营监管条款</td></tr>
<tr><td rowspan="3">机动原则：
根据新成员和新情况随时更新和灵活处理</td><td>金融服务开放与非歧视</td><td>临时入境条款</td></tr>
<tr><td>政府采购开放与非歧视</td><td rowspan="2">纺织品与服装产品市场准入原则</td></tr>
<tr><td>贸易救济</td></tr>
</table>

注：根据 TPP 协议文本整理。

（2）美国推动 TPP 发展的主要动因

TPP 之所以登上亚太乃至全球贸易自由化进程的舞台，并扮演引人注目的角色，关键在于美国的大力推动和积极打造。奥巴马政府已经逐渐将 TPP 视为美国主导未来亚太政治经济格局的一块战略基石。究其动因，有短期因素，更有长远考虑。

从短期动因看，主要有以下三个方面的考端：

首先，美国需要开拓新市场，为其实现出口倍增计划创造条件。美国受金融危机和两场战争久拖未决的拖累，急需寻找措施走出危机，重振经济。美国政府于 2009 年初提出“五年出口倍增计划”，希望未来五年内美国的出口额能够实现翻番，由此新增 200 万个就业岗位。“五年内出口倍增”意味着年出口增幅应高于15%。与欧洲深陷债务危机、高失业率和低增长的现实情况相比，亚太地区拥有庞大的市场空间，区内新兴经济体快速的经济增长，决定了美国实施新出口战略的核心必须锁定亚太地区。

其次，美国可以借此机会建立自由贸易协定新标准，节约FTA谈判成本，推行打上美国印记的全球价值观。TPP作为FTA的一种新模式，已经将许多非传统贸易因素融入美国自由贸易政策实践。TPP谈判的主要内容几乎将所有涉及货物和服务贸易的因素都囊括其中，构成所谓“高标准、高质量”的FTA，可以作为未来美国FTA谈判的新标准，节约谈判资源。与此同时，美国对其国内失业等问题进行“国际化”处理，将劳工和环保议题纳入谈判，希望对外贸易政策成为美国实现广泛政治、社会、外交和发展目标的“巧政策”（Smart Trade Policy）。

最后，利用TPP谈判推动APEC贸易自由化进程。APEC作为重要的地区经济合作组织，曾对全球多边贸易体制的建立做出过突出贡献。但是，今年来，APEC在推动实现茂物目标方面的作用乏善可陈，而且会议议题不断泛化，缺少再次激活其贸易自由化进程的实质动力。美国曾试图在APEC框架下推动FTAAT，由于种种原因，FTAAT始终停留在“深入讨论和研究”阶段。因此，美国希望通过TPP在APEC成员国之间达成FTAAT，从而实现APEC贸易自由化。

从长期动因来看，美国试图通过推动TPP取得东亚乃至整个亚太地区的支配和霸主地位，从而最大限度地实现美国的各种国家利益。在亚太地区的区域合作中，中国除了与周边邻国和部分亚太国家建立区域贸易集团外，还在政治、安全和外交等方面形成了相当的影响力，一定程度上削弱了美国在东亚的主导地位，限制了美国的地区均势战略，这是美国所不愿看到的。对于美国来说，维持在东亚地区的主导性存在，既可以从东亚经济的繁荣中获益，也可以保障其战略和安全地位。

2. TTIP（跨大西洋自由贸易协定）

2013 年 2 月 13 日，美国和欧盟发表联合声明，宣布双方将启动 TTIP 谈判，共同建立跨大西洋自贸区。TTIP 是美国和欧盟为了摆脱经济危机的影响、共同抵御来自其他国家的贸易竞争和产业冲击而建立的新型合作机制，其主要目的是谋求区域共同发展，符合双方的共同利益需要。

（1）TTIP 的主要内容

TTIP 是美欧整合双方经济的重大举措，计划进一步开放彼此市场，整合规范与标准，并共同应对全球贸易面临的挑战。欧美此举既有摆脱各自经济困境、推动内部经济增长的考虑，更有联手应对新兴经济体崛起、维持国际经贸主导权，以及重振“跨大西洋联盟”的战略考虑。TTIP 的内容主要包括以下三个方面：

第一，扩大开放双方市场。作为世界上最大最强的两个经济体，美欧在全球经济中的地位举足轻重，双方贸易关系紧密，日均贸易额超过 27 亿美元，约占全球货物贸易总量的 30%，占全球服务贸易总量的 40% 以上。长期以来，如此庞大的贸易市场令双方获益匪浅。虽然美欧市场的开放程度已具相当规模，但欧美似乎并不满足于此，他们希望通过创造性的“破局”，进一步打开双边市场。针对如何进一步开放市场问题，TTIP 遵循“透明、公平、互惠”三大原则，提出四大举措（见表 4 –3）。

表 4 –3　TTIP 关于开放市场的主要内容

谈判框架	主要内容
关　　税	除个别敏感商品外，所有工农业产品实行零关税
服务贸易	最大限度地打开诸如运输业等新领域的市场大门，推动双边服务贸易以透明公正、严格遵守贸易规则的方式发展
投　　资	最大限度地保护投资自由，取消投资壁垒，充分释放投资潜力，为来自对方国家的投资提供最高水平的保障，实现资本自由流动
政府采购	进一步开放公共采购市场，改善对方企业在本方公共采购项目招标中的竞争地位，避免歧视性规定

注：根据 TTIP 协议文本整理。

第二，贸易规范与标准，取消非关税壁垒。美国商务部的统计数字表明，2013 年非关税壁垒给欧美企业带来的成本负担相当对增收 15% 的关税，非关税壁垒的阻碍作用远远超过关税。TTIP 谈判致力于消除这些关税之外的障碍（如规则冲突、安全标准和环境标准的差异等），整合双方的规范与标准，促进不同标准体系的兼容性。TTIP 协议中规定美欧成立专门的规则审定机构，对现有规则和标准进行评估，对于可兼容的规则将交由立法部门通过法定程序予以互认，并设立阶段审查制度，根据情况变化对相关规则及时做出调整。

第三，合作应对全球贸易面临的挑战。随着发展中国家的崛起以及美欧自身经济的疲软，美欧在国际贸易体系中的领导地位日益削弱。因此，美欧双方试图通过 TTIP 打造一个跨大西洋“利益共同体”，共同应对全球贸易问题。其核心内容主要涉及三个方面：推动知识产权保护，协调贸易与可持续发展，取消针对国有企业、原材料与能源、中小企业等所采取的政府补贴、出口限制等不公正待遇。

（2）美欧推动 TTIP 的动因

美欧建立双方自贸区的意图由来已久，但由于双方难以克服在规则和制度上存在的巨大利益差异与分歧，自贸区建设进展缓慢。全球金融危机使美欧经济深陷泥淖，基于这种经济形势下，双方推进经济合作的愿望变得迫切，对谈判成果和时效的要求提高。2013 年 2 月 13 日，美欧宣布以开放的形式进行全面谈判，并要求谈判在 18 个月内完成，于 2014 年底前签订相关协议。

美欧推动 TTIP 的最主要动因是经济因素。美欧双方试图通过 TTIP 深化经济一体化合作，双方共同合作摆脱危机困扰，“挖掘”经济收益。全球金融危机使美欧经济受到严重冲击，美国虽已实现经济复苏，但潜在的内外风险不容小觑；欧洲经济仍在复苏边缘挣扎，欧债危机虽已度过“高危期”，但正从“急病”转入“慢症”，使经济复苏的道路上荆棘满布。“共同取暖度危机”，就成为双方的一种选择。据估算，美欧未开放市场的服务业产值约占双方GDP总和的20%，若完全消除服务业贸易壁垒，其带来的收益对美欧经济的促进作用不言而喻。在消除非关税壁垒及规则整合方面，双方的获益将更大，若消除50%的非关税壁垒，将可为美欧经济分别带来0.7%和0.3%的年增长。

主导全球贸易规则，是美欧推动TTIP的另一个动因。TTIP的意义已超越了经济本身，成为美欧携手应对新兴国家崛起、维护其在国际经济格局中主导地位的重要手段。TTIP包括的监管、竞争政策与本土化等新合作内容透露出世界上最强的两个经济体之间试图达成协定来促成一个“游戏规则更改者”。美欧希望通过建立双边贸易新规则，吸引或迫使其他经济体向其规则靠拢，最终达到重塑世界贸易规则的目的。

3. TiSA（国际服务贸易协定）

WTO多哈回合谈判失败之后，美国和澳大利亚等发达经济体希望绕开农产品补贴等谈判“僵局”，寻求发挥自身优势的新途径，TiSA应运而生。目前，TiSA有21个成员：美国、澳大利亚、智利、中国台湾、哥伦比亚、日本、欧盟、中国香港、冰岛、墨西哥、新西兰、挪威、巴基斯坦、韩国、瑞士、土耳其、哥斯达黎加、以色列、列支敦士登、秘鲁、巴拿马。参与TiSA谈判的基本条件是在金融、证券和法律服务等领域没有外资持股比例或经营范围的限制，中国目前已经加入最新一轮的谈判。

TiSA与TPP和TTIP略有不同，因为它是仅关于服务贸易的协定，不像TPP和TTIP既针对商品贸易，又包含服务贸易。其主要内容包括以下几个方面：第一，增加商务访客、专家和技术人员准入的便利性，包括对公司市场开拓意义重大的内部人员调动（ICT）；第二，取消数据必须预先存储于使用国境内服务器的要求，真正实现数据跨境的自由流动；第三，对其他国家的服务供应商提供承诺的国民待遇，采取有限限制，即实行负面清单；第四，减少对提供跨境服务的限制，包括取消许可、居住要求等，减少对通过投资提供服务的机构设立、参与合资企业或经济需求测试等的要求；第五，放宽政府采购领域，取消对国有企业的保护。

第二节 中国（上海）自由贸易区的建立

美国精心构筑的全球贸易“金三角”（TPP、TTIP 和 TiSA）对中国形成一种经济合围的态势，如果中国不尽快在这种包围圈中寻找突破，未来将面临被边缘化的困境。国内的制度陷阱逐步显现，秩序混乱与经济衰退成为中国经济转型面临的现实风险。基于这种国际国内形势下，2013 年 8 月，国务院正式批准设立中国（上海）自由贸易试验区，实验区总面积为 28.78 平方公里，相当于上海市面积的 1/226，范围涵盖上海市外高桥保税区、外高桥保税物流园区、洋山保税港区和上海浦东机场综合保税区等 4 个海关特殊监管区域（表 4－4，图 4－1）。2013 年 9 月 29 日，上海自由贸易区正式挂牌成立。自贸区的建立将成为中国突破“金三角”合围的重要砝码，体现了中国融入新一轮全球化的积极姿态，不仅能提升中国的国际经济地位，还可以增加中国在国际市场的话语权。

表 4－4 上海自贸区各区域的背景及面积

区域	背景	面积(平方公里)
外高桥保税区	1990 年 9 月正式启动，是全国第一个，也是目前全国 15 个保税区中经济总量最大的保税区。	10
外高桥保税物流园区	国务院特批的全国第一家保税物流园区，同时是上海市“十一五”期间重点规划的三大物流基地之一，于 2004 年 4 月 15 日通过海关总署联合验收小组验收。与外高桥港区连成一体，距离外高桥保税区仅有 3 公里。	1.03
浦东机场综合保税区	2010 年 9 月 28 日正式运作，位于我国东部沿海经济带与长江流域交汇点，紧邻货邮吞吐量世界第三的浦东国际机场，又处于亚、欧、美三角航线上。	3.59
洋山保税港区	2005 年 12 月 10 日在洋山深水港开港时正式启用，是上海市和浙江省跨区域合作建设，实行海关封闭监管的特殊功能区域，也是我国第一个保税港区。	14.16

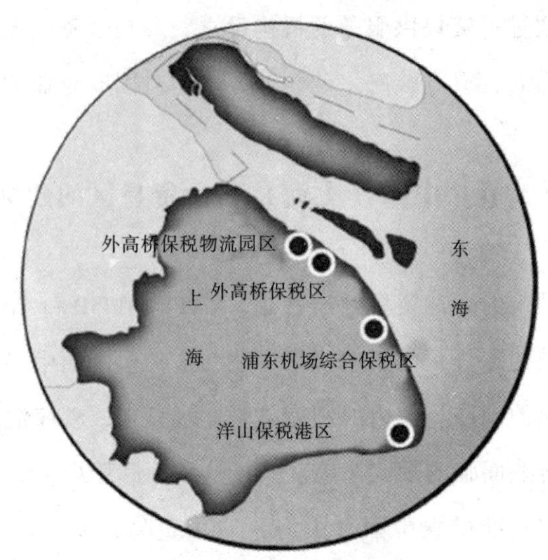

图 4-1　上海自贸区覆盖区域示意图

1. 上海自贸区的五大任务

上海自贸区的建立紧紧围绕面向世界、服务全国的战略要求和上海“四个中心”建设的战略任务，按照先行先试、风险可控、分步推进、逐步完善的方式，把扩大开放与体制改革相结合、把培育功能与政策创新相结合，形成与国际投资、贸易通行规则相衔接的基本制度框架。上海自贸区的建立，是中国对内深化改革和对外进一步开放的重大举措，自贸区的目标不是局部实验，而是进行制度改革，在符合法治化、国际化和市场化的前提下，推进境内外投资和贸易制度的创新，通过扩大开放来促进、推动、甚至倒逼改革。现颁布上海自贸区措施中的五大任务体现出政府改革的决心，上海自贸区改革的核心是制度创新，而不是通过政策优惠营造政策洼地。

（1）加快政府职能转变

加快政府职能的转变是上海自贸区的第一大任务，其核心是改革行政审批制度。现行投资审批制度带来了资源错配、宏观调控边际效应下滑和腐败频发等一系列问题，已成为打造中国经济升级版的“拦路虎”。上海自贸试验区选择对这个痼疾“动刀子”，体现了中国政府提出的改革要“敢于涉险滩、敢啃硬骨头”的精神。自贸区内对外商投资将由审批制改为备案制管理，减少行政审批事项，逐步建立“一口受理、综合审批和高效运作的服务模式，完善信息网络平台，实现不同部门的协同管理机制”。同时，建立行业信息跟踪、监管和归集的综合性评估机制，建立集中统一的市场监管综合执法体系，完善信息公开机制，完善投资者权益有效保障机制，建立知识产权纠纷调解、援助等解决机制。从这个层面来看，自贸区是与“金三角”规则完全接轨的，以 TPP 为例，第十八条“行政与制度条款”，明确提出要简化行政管理手续；第九条也提出“创设和保留市场监管执法部门，负责采取措施，禁止反竞争的商业活动”。

（2）扩大投资领域的开放

主要是针对服务业，涉及金融服务、航运服务、商贸服务、专业服务、文化服务以及社会服务六大领域，暂停或取消投资者资质要求、股比限制、经营范围限制等准入限制措施（银行业机构、信息通信服务除外），营造有利于各类投资者平等准入的市场环境。取消准入限制，这可以视为中国向 TiSA 标准统一的重大举措，参与 TiSA 谈判的基本条件是在金融、证券和法律服务等领域没有外资持股比例或经营范围的限制。

探索建立负面清单管理模式，逐步形成与国际接轨的外商投资管理制度。借鉴 TPP、TTIP 和 TiSA 等规则，对外商投资试行准入前国民待遇，对负面清单之外的领域，按照内外资一致的原则，将外商投资项目由核准制改为备案制；将外商投资企业合同章程审批改为备案管理；优化工商登记流程；完善国家安全审查制度。

（3）推进贸易发展方式转变

推动贸易转型升级。鼓励跨国公司建立亚太地区总部，建立整合贸易、物流、结算等功能的营运中心。深化国际贸易结算中心试点，拓展专用账户的服务贸易跨境收付和融资功能；支持发展离岸业务；鼓励企业统筹开展国际国内贸易；探索在试验区内设立国际大宗商品交易和资源配置平台；扩大完善期货保税交割试点，拓展仓单质押融资等功能；加快对外文化贸易基地建设；推动生物医药、软件信息、管理咨询、数据服务等外包业务发展；允许和支持各类融资租赁公司在试验区内设立项目子公司并开展境内外租赁服务；鼓励设立第三方检验鉴定机构；开展境内外高技术、高附加值的维修业务；加快培育跨境电子商务服务功能，试点建立与之相适应的海关监管、检验检疫、退税、跨境支付、物流等支撑系统。

提升国际航运服务能级，探索形成具有国际竞争力的航运发展制度和运作模式。积极发展航运金融、国际船舶运输、国际船舶管理、国际航运经纪等产业；加快发展航运运价指数衍生品交易业务；推动中转集拼业务发展，允许中资公司拥有或控股拥有的非五星旗船，先行先试外贸进出口集装箱在国内沿海港口和上海港之间的沿海捎带业务；支持浦东机场增加国际中转货运航班；充分发挥上海的区域优势，利用中资“方便旗”船税收优惠政策，促进符合条件的船舶在上海落户登记；实行国际船舶登记政策。

（4）深化金融领域的开放创新

自贸试验区金融改革创新包括四方面：人民币资本项目可兑换、利率市场化、跨境贸易结算、外汇管理制度创新。所有开放创新措施都将坚持“一个前提、两个着力点”：“一个前提”就是在风险可控的前提下，对于系统性和区域性的风险，绝对零容忍；“两个着力点”就是要牢牢把握所有的改革创新都要与中国经济发展水平和人民币国际地位相适应，为不断提高我们国家的国际竞争力服务，牢牢把握所有的改革创新始终要为实体经济服务，而不是为金融而金融、为创新而创新。

(5) 完善法制领域的制度保障

加快形成符合自贸区发展需要的高标准投资和贸易规则体系。针对试点内容，暂时调整《中华人民共和国外资企业法》《中华人民共和国中外合资经营企业法》和《中华人民共和国中外合作经营企业法》规定的有关行政审批。各部门要支持自贸区在服务业扩大开放、实施准入前国民待遇和负面清单管理模式等方面深化改革试点，及时解决试点过程中的制度保障问题。上海市要通过地方立法，建立与试点要求相适应的试验区管理制度。

2. 自贸区负面清单解析

实行负面清单制度是上海自贸区与国际规则接轨的一大标杆，但是由于上海自贸区发布的负面清单与之前颁布的《外商投资产业目录》相似度过高，这引起各界人士对现行负面清单的质疑。

(1) 现行负面清单与外商投资产业目录的区别

总体来说，现行负面清单与外商投资产业目录相比，区别并不大。通过对比两份文件，可以看出负面清单对各行业的限制和禁止内容基本涵盖了《外商投资产业目录》中的限制和禁止部分。其中，采矿业解除了对钨、钼、锡、锑勘查和开采的禁止；化学原料及化学制品制造业也放开了对感光材料生产、硼镁铁矿石加工以及无机盐生产的限制；有色金属冶炼及压延加工业不再禁止外商投资放射性矿产的冶炼和加工；专用设备制造业中，禁止外商投资武器弹药制造的禁令也取消了；工业品及其他制造业的禁止项目取消了对外商投资致癌、致畸、致突变产品和持久性有机污染物产品生产的限制；交通运输、仓储和邮政业中，不再限制外商投资公路旅客运输公司和电信公司，同时也放开了对邮政公司、信件的国内快递业务的禁止；批发和零售业中，不再限制直销、邮购、网上销售，大型农产品批发市场建设、经营，船舶代理和外轮理货，成品油批发及加油站的建设、经营；金融业中对证券公司的限制也有放松，取消了之前限制从事 A 股承销、B 股和 H 股以及政府和公司债券的承销和交易、外资比例不超过 1/3 的规定；科学研究、技术服务和地质勘查业中，基因诊断与治疗技术开发和应用对外资开放；文化、体育和娱乐业中，不再限制外商投资演出经纪机构和娱乐场所经营，也不再禁止外商投资各级广播电台（站）、电视台（站）、广播电视频道（率）、广播电视传输覆盖网（发射台、转播台、广播电视卫星、卫星上行站、卫星收转站、微波站、监测台、有线广播电视传输覆盖网）。

同时，负面清单又在《外商投资产业目录》的基础上加入了更多的限制和禁止条款。例如：农、林、牧、渔业中，负面清单规定投资中药材种植、养殖须合资、合作；投资农作物种子企业须合资、合作，投资粮、棉、油作物种子企业的注册资本不低于 200 万美元，且中方投资比例应大于 50%，其他农作物种子企业的注册资本不低于 50 万美元。这两项限制并没有出现在之前颁布的《外商投资产业目录》中。

（2）清单应重分类轻长度

很多学者认为上海自贸区现行的负面清单太长，失去了作为设立负面清单的意义。其实，一份负面清单最重要的不是清单本身的长短，而是应该看其分类的标准，一份长清单不一定就代表开放程度不高，如果按照大类来分，清单肯定会短，但实际开放的空间就小。这就好比一幢楼房，按照大类划分清单就相当于对大门进行监管，如果大门被管住了，整幢楼房就进不去了；如果按照中类划分，相当于对楼层进行监管，未被限制的楼层仍然可以进入；如果按照小类进行划分，相则当于对房间进行监管，开放的空间实际更大。现在出台的这份负面清单是参照国民经济的大门类来进行分类的，其分类远比《外商投资产业目录》细致，涵盖 18 个经济行业门类，涉及 89 个大类、419 个中类和 1069 个小类，编制特别管理措施 190 项。这份清单实际上只监管了 17.8% 的产业小类，开放率高达

82.2%，其中，制造业限制小类占比约 11.6%，服务业限制小类占比约 23%。细化分类必将会成为未来负面清单调整的方向，明年的负面清单可能会对个别目前只做了原则性表述的门类进行进一步细化或者展开，将来开放的程度会越来越高。

（3）负面清单的未来走向

目前发布的负面清单中，禁止类规定比较明确，但在限制类规定留下了很大的解释空间，未来可以进一步明晰化这份负面清单。此外，现行负面清单中对服务业的限制过多，虽然在自贸区总体方案中开放了 18 个服务业门类，但《外商投资产业指导目录》中限制类 35 项、鼓励类中股权限制措施 12 项，依然基本如约出现在了负面清单中。未来的发展趋势是利用负面清单来达到服务贸易的自由化，其核心是全面给予外资国民待遇，即任何国家要将给本国企业的所有好处同样给外资企业，特别是取消合资企业外资控股限定。按照这个趋势，未来的负面清单必须进一步放宽限制，比如“外资在中国投资银行保险业，单个企业不能超过 20% 的股权”这样的约束可能就会取消。此外，对于那些没有出现在目录中的某些产业和管制措施却出现在了负面清单中的禁止行业，也应该考虑进一步解禁，比如“禁止投资因特网数据中心业务”“禁止投资文物拍卖”“禁止投资盐的批发”“禁止直接或间接从事和参与游戏运营服务”等。

但是，需要注意的是，对负面清单的开放应该循序渐进、逐步放松，并且开放程度应该与监管水平保持同步，注重风险控制。根据发达国家的负面清单经验，涉及意识形态领域的行业需要谨慎开放，如广播电视、互联网相关服务、教育服务等。出于对国家经济安全的考虑，涉及国计民生和国防安全的行业也应该有限开放，确保国有经济的控制地位，如房地产、特殊领域的科研服务、水利建设服务、航空运输、部分信息技术、部分专业测绘服务等。

3. 上海自贸区的国际比较

上海自贸区，全称“中国（上海）自由贸易试验区”（Free Trade Zone，FTZ），是根据本国法律法规在本国境内设立的区域性经济特区。这种贸易方式属于一国境内关外的贸易行为，即某一国在其辖区内划出一块地盘作为市场进行对外贸易，对该市场的买卖不过多的插手干预且不收或优惠过路费（关税）。

（1）上海自贸区与FTA（传统自由贸易区）的比较

与上海自贸区不同的是，传统自由贸易区（以TPP、TTIP和TiSA覆盖下的区域为例）是多个国家共同制定游戏；而上海自贸区的方式是中国自己在玩，游戏规则自己制定，不需要经多方协议。传统的自由贸易区（Free Trade Area，FTA），是根据多个国家之间协议设立的包括协议国（地区）在内的经济体。指多个国家或地区（经济体）之间做买卖生意（贸易），为改善买卖市场，彼此给予各种优惠政策；具体买卖的规则，不是由某一国说了算，而是在国际协议的基础上由多国合作伙伴一起商议制定规则，按多国共同制定的规则进行。FTZ与FTA两者也有相同之处，他们的相同之处在于，都是为降低贸易成本促进商务发展而设立。

（2）上海自贸区与其他FTZ的比较

上海自贸区并不是中国建立的第一个自由贸易区，早在2010年，国务院就曾经批准紧邻香港的前海成立“前海深港现代服务业合作区”。此外，香港、纽约和汉堡都有类似的自贸区存在。

图4-2 自贸区的国际样本

表 4－5 上海自贸区与深圳前海、中国香港、纽约和汉堡自贸区的比较

	上海	深圳前海	纽约	中国香港	汉堡
占地面积	28 平方公里	15 平方公里	8.4 平方公里	1095 平方公里	15 平方公里
所辖区域	外高桥保税区、外高桥保税物流园区、洋山保税港区、浦东机场综合保税区	中国香港、深圳、广州	伊丽莎白工业园区、泽西港、纽约港	香港岛、九龙半岛、新界、离岛	汉堡港、周边水域航道
定位差异	综合、全面的国际金融中心	金融开放实验示范窗口	综合性自由贸易区	国际金融、贸易和航运中心	转口贸易、物流集散中心
发展重点	金融、贸易、航运	金融、现代物流、信息服务业、科技文化创意产业	货物中转、自由贸易、加工业务	离岸贸易、金融	货物中转、仓储、流通、加工和船舶建造
核心优势	中国国内最领先的金融基础、自贸区试点的制度优势	毗邻中国香港	倒置关税，不存在关税和非关税贸易壁垒	自由贸易港、免税、完善的制度和政策优势	境内关外，境外货物可自由进入
政策解析	金融创新、制度改革	金融创新	税收减免、简化国际退货服务流程	自由的经济体制	进出口、转口货物可自由装卸、转船、储存，不需结关

4. 上海自贸区的制度设计

国际上自贸区的制度设计一般包括以下几个方面：第一，境内关外的政策。即简化通关手续，海关工作效率极高。第二，优惠税收。包括消减关税（通常以零关税为目标）、增值税、所得税等。第三，行政实行一站式服务管理模式。以提供友善的招商投资服务环境为目标。第四，投资和贸易自由化。营造公平竞争的市场环境，鼓励民营企业参与管理运营自由贸易区。第五，以发展国际物流功能为导向，吸引高端制造业，鼓励服务外包。第六，金融开放。提供便利的金融设施和服务，提供外汇自由兑换与离岸金融中心服务。第七，提供优惠的土地政策。第八，管委会和立法权。建立法律政策框架，成立管理委员会指导设立和维护自由贸易区运行。

结合国际经验和中国实际情况，上海自贸区的制度设计包括以下三个方面：

（1）提升自由贸易功能

上海自贸区将原有的四个保税区合并为一个自由贸易区，与“保税仓储、出口加工、转口贸易”并且享有“免证、免税、保税”政策的保税区相比，自贸区的自由贸易功能要更强。自贸区应该从以下三方面提升贸易自由度：首先，转变监管理念，要从货物管理转变为企业管理；其次，提高贸易开放度，要具备与国际接轨的多元贸易模式，进一步拓展和优化贸易功能；最后，放宽政策开放度，尤其是外汇政策和税收政策，自贸区要求外汇政策率先开放，税收政策要有国际竞争力。

成立自贸区之前，上海综合保税区内支持贸易服务业的政策法规、运作水平和操作模式已经基本成熟，能够提供完备的港口核心服务、附加值服务与物流服务，在金融服务方面还有较大发展空间。自贸区成立之后，针对自贸区的特点，有以下几点政策支持：

第一，资金支持。推进上海国际贸易中心建设财政资金投入机制，重点支持贸易平台建设、贸易环境营造和改善、贸易机构引进、贸易促进活动等，发挥财政资金的引导和激励作用。

第二，贸易支持。服务贸易方面，单船单机的融资租赁向离岸服务发展，完善SPV退税、进口退税服务；内外贸一体化方面，进一步扩大国际贸易结算、跨国公司总部外汇集中运营管理试点；国际外汇资金吸存和贷款的备案式管理（而非额度化管理）、跨境收付方面，对区内外汇资金先实行限额管理下的境内外双向互通；园区建设方面，统筹发展中心城区商业、新城和郊区商业、社区商业，重点建设地标性商业中心、特色商业街区；人才吸引方面，为引进的高层次、紧缺型贸易人才在户籍和居住证办理、住房、医疗保障以及子女就学等方面提供便利；对引进的境外贸易人才，简化出入境手续。

第三，海关监管。海关监管的政策核心在于聚集“准境外港地位”的试点，包括进一步深化期货保税交割、保税船舶登记、启运港退税试点；允许境外货船捎带国内其他港口货物进自由贸易区；允许国内运往自由贸易区的货物实行无条件的启运港退税；进驻自贸区的企业，将享有更便捷的审批流程和税费减免政策。从本质上看，包括保税区在内，我国的特殊监管区实行的仍是“境内关内”政策，采取区内仓库与卡口同时监管，导致了监管手续的烦琐；而自贸区则实行“境内关外”政策，即“一线放开，二线管住”。两者区别详见图4－3。所谓“一线”，是指自贸区与国境外的通道口。“一线放开”是指对境外进入的货物，海关实行备案管理不查验货、检验检疫部门只检疫不检验，并实行区、港一体化运作管理，区内区港之间的货物可以自由流通。而所谓“二线”，是指自贸区与海关境内的通道口。“二线管住”，是指货物从自贸区进入国内非自贸区或货物从国内非自贸区进入自贸区时，海关必须依据本国海关法的规定，征收相应的税收，同时海关对出区的货物实行严格的监管，防止走私。从“境内关内”走向“境内关外”，实现贸易、投资、金融和运输四个方面的自由化，这是自贸区制度设计方面一个很大的突破。

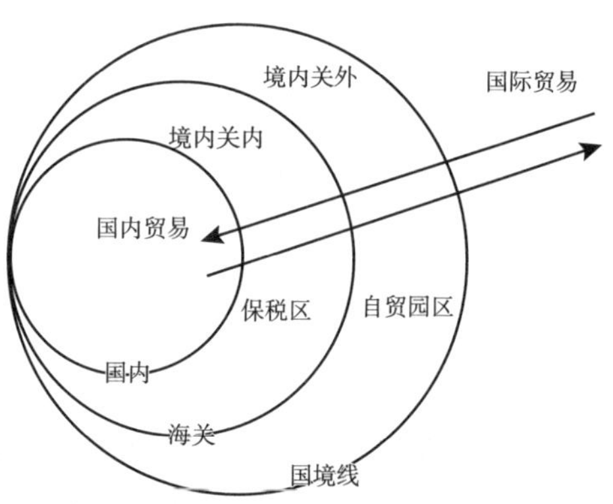

图4－3 自贸区和保税区的区别

（2）扩大投资和金融领域开放

无论TPP还是TTIP，或者是TiSA，都对投资开放和金融自由化提出了更高要求。上海自贸区作为改革的试点，利率市场化、汇率市场化、金融产品创新、离岸业务、金融业对外开放、内资外投和外资内投等在上海自贸区优先进行试点。

投资领域开放的核心是内资外投和外资内投两个方面。根据自贸区的有关规定，外资内投可以获得准入前的国民待遇，企业设立和项目立项不需要事先提交项目可行性研究报告，实行少干预、无补贴政策；内资外投从原有的“核准制”转变为“备案制”，并且为区内注册登记满足条件公司提供资金援助。

金融领域开放人民币资本项目可兑换、实行金融市场利率市场化、人民币跨境使用等，对符合条件的民营资本和外资金融机构全面开放金融服务业。主要包括四个方面的内容：第一，人民币资本项目下逐步开放，上海自贸区全方位为企业提供与海外资本和市场对接的窗口，未来企业法人可在自贸区内完成人民币自由兑换，个人则暂不施行；第二，外资银行和中外合资银行可从事各类零售及批发银行业务，包括接受存款、企业融资、贸易融资、财务活动、贵金属买卖及证券交易等；第三，构建离岸金融中心、人民币汇率价格发行机制，使外流资金能够实现更好的周转，提高人民币使用效率；第四，金融服务创新，与贸易相关的金融业务如融资租赁、期货保税交割、保税仓单押融等也在逐步推行。

（3）建立风险防范机制

上海自贸区作为开放试点探索改革的深水区，建立相应的防范制度势在必行。上海自贸区遵循先行先试、风险可控的原则，人民币资本项目开放、离岸金融服务与投资开放的政策严格被限定在自贸区的28平方公里内开展，优惠制度仅限在区内注册企业与经济活动受益。同时，配套建立监管机制、信息公开机制、与自贸区相适应的外汇管理机制。上海金融办与一行三局紧密合作，配合央行分账核算操作办法，对区内存量企业进行梳理排摸，支持央行加快建设自贸试验区资金监控系统，落实风险防范机制。自贸区的开放程度与现有的立法程序、贸易制度、金融监管法律存在潜在的冲突，相关配套实施细则估计会陆续出台，这也给倒逼国内改革留下了空间。

第三节 上海自贸区的发展方向

上海自贸区为深化改革开放探路，以开放促发展、促改革、促创新，不是用优惠政策来营造政策洼地，而是注重制度创新，不仅涉及货物贸易，主要针对服务业开放，不仅涉及边境开放，主要涉及境外开放。随着自贸区服务业和金融业扩大开放措施的相继出台，未来自贸区需要配套完善的制度建设包括以下几方面：

1. 管理体制改革

上海自贸区明确提出“加快政府职能转变”，要求变“审批”为“监管”，这对管理体制提出了新的挑战，进行制度改革迫在眉睫。

（1）实施双层管理体制

上海自贸区可以借鉴 TPP、TTIP 实行的政府管理与市场结合的双层管理体制，打破纵向切割，设立专门的行政机构和日常监管机构。目前，自贸区战略的推进并没有专门的负责机构，现有的行政管理机构涉及海关、质检、工商、税务和外汇管理部门等。各个机构需要合作才能完成一项工作，有时候可能还需牵头部门花时间整合工作，这些都会降低工作效率。另外，各个机构之间主要对自己部门领域负责，这样不仅影响战略的整体性把握，而且多部门管理也影响战略推广的质量。因此，可以仿照国际上其他自贸区的组织结构，成立一个独立的管理委员会，隶属于政府，作为自贸区唯一的行政管理机构，将分散于各个职能部门的权利集中。同时，在充分引入市场机制的情况下，探索建立综合执法体系，鼓励社会组织参与市场监管，建立一个由政府控制的机构对自贸区进行统一规划、土地开发、基础设施开发、招商引资、物业管理、项目管理、咨询服务、投诉处理等工作。

（2）建立符合国际标准的法规

自贸区的建立对知识产权、劳工标准、环境保护等议题提出了新要求，这也是目前美欧等发达经济体试图树立的新型贸易标准。上海自贸区必须建立与国际接轨的仲裁制度，比照国际标准制定知识产权保护制度、劳工标准和环境标准，同时加大执法和监督力度。新法规的出现可能会与中国境内法律法规出现不一致的情况，这就要求上海自贸区拥有适度立法权。前文说过，很多存在制度陷阱的国家会出现这么一种现象：政府为了自身工作的便利，或者官员为了寻租的需要，通常会创设出许多法律法规，使人们无法在相关的维度空间开展分工合作，提升自身和社会的福利。而消除相关法律法规则可以形成新的制度竞争力，带来新的制度红利。因此，建立符合国际标准的法规，有利于中国突破制度陷阱，奠定今后参与国际贸易规则制定的基础，打造制度竞争优势，为将来在国际社会中赢得话语权。

（3）打造信息网络平台

目前上海自贸区实行“一口受理”，即经营者只需要提交一次信息，无须重复向工商、质检、税务、海关等部门分别申报。企业完成核名程序后 4 天之内就可以拿到营业执照、企业代码和税务登记，比原来需要的 29 天时间大幅减少。这种国际化的方式虽然简化了行政手续，但是却对各部门的监管提出了高要求，打造各部门共享的信息网络平台，就成为实施高效运作服务模式的重要保障，也为事后监管提供了便利和效率。自贸区可以借鉴国际经验，设置专门的信息中心，通过建立信息网络平台实现各部门的信息共享。

2. 监管模式改革

上海自贸区可以借鉴国际上施行的免于常规海关监管的理念，改革和完善区域监管机制，探索建立高效的监管模式。

（1）简化通关手续

目前货物进入自贸区需要在海关备案，手续基本与报关相同，增加了物流转运的成本。可以探索“两步申报”的模式，试行直接通关，将审核征税等环节移到货物放行之后。国际上通常实行“周报关”制度，即企业一周对其进出口货物集中申报一次，这样可以减少企业报关的成本，简化其手续。

（2）实现海关间系统监管

自贸区内作为一个中转站，其投资和货物向他处转移时难以实现自由流动。如果自贸区海关和其他地区的海关能够建立系统监管，可以极大简化跨关转移手续，方便自由流动。

（3）减少区内监管

目前海关实施卡口和仓库两次监管，虽然有“一线放开”的政策，但是由于保税区内同时设立海关和检验检疫两个机构，实际上，货物报备之后，海关也对进入的货物进行查验，不能真正做到放开。可以借鉴美国的“审计核查制度”，海关不再到仓库进行检查，而是定期审计核查交易记录，不定期实施现场核查。这种方法不仅可以减少海关人员的工作量，而且可以提高进出口货物的流动性。

3. 金融制度体系改革

自贸区放开了金融市场，因此很多专家学者担心无法保障金融安全，尤其担心出现套利问题。对无形的金融，即便建立自贸区的独立账户，各账户分开监管，国际资本依然有办法“各显神通”，因此金融改革本质上需要全国一体化地去突破。按照“抛补利率平价理论”，人民币利差和汇差就可能带来套利空间。以600万人民币为例，到自贸区银行存入600万人民币，假设自贸区内人民币存款利率为3%，则一年后连本带息将获得618万人民币；如果同时借100万美元，假设自贸区内美元贷款利率为2%，则一年后需要归还102万美元。假设人民币兑美元的即期汇率为6，远期汇率为5.9，如果远期锁定还款美元，则一年可获利16.2万人民币。所以，如果自贸区的金融体系不完善，就会出现疯狂的套利行为。

（1）建立完善的金融制度体系

建立完善的金融制度体系应该包括两方面内容：首先，要有明确的法律对市场进行管理和监督，不仅要有基本法律法规，更需要设立针对金融犯罪的法律法规；其次，由于自贸区的特殊性，要有一系列特殊制度的安排，尤其是金融监管体制。

在整个金融制度体系中，金融监管是最重要的关键环节，自贸区作为一个相对特殊的市场，对监管主体、监管方式和监管合作等方面提出了新的要求。自贸区可以借鉴国外经验，设立一个机构专门作为监管主体负责离岸金融业务的监管，由它来负责自贸区金融业务的监管，包括准入、业务过程和退出监管。与此同时，需要专门制定针对其准入、业务过程和退出的监管法律法规及细则。另外，由于自贸区存在大量“非居民”，涉及大量的外汇业务，对于我国这样存在外汇管制的国家，需要充分监测外汇流动的合法合规性，因此在自贸区的监管主体至少应该包括银行业监管管理机构和外汇管理机构。

（2）细化自贸区金融支持政策

2013年12月2日，中国人民银行发布《关于金融支持中国（上海）自由贸易试验区建设的意见》，包括30条支持上海自贸区建设的措施，内容涉及探索投融资汇兑便利、扩大人民币跨境使用、稳步推进利率市场化和深化外汇管理等方面。但是，对于众多计划搭乘上海自贸区金融开放快车的企业来说，如何开展实质性业务，还需要明确的操作细则。尽管这次意见涉及的方面不少，但内容比较笼统，缺乏实施细则，只有等实施细则出台后，才能知道操作空间有多大。

总体来看，这次意见的出台，政策亮点不少，开放力度很大。首先，改革与风险防范并进。一方面，强化金融为企业升级和走出去的服务能力；另一方面，通过自贸区账户的隔离形式来防范风险。其次，金融开放顺序化。遵从先在资本市场开放，然后资本账户自由兑换放开；汇率市场化先行，再利率市场化。

但是，对于之前备受关注的如：民营银行、互联网金融、资本项目开放等方面的内容，意见没有涉及，希望未来逐步加大改革步伐，出台更多政策，支持上海自由贸易区的发展。

（3）营造自贸区金融改革试点

目前自贸区金融改革的“四位一体”，主要是指资本项目自由可兑换、人民币跨境使用（区域化、国际化）、利率市场化，以及深化外汇管理体制改革。加快金融改革开放，建立与开放型经济体制相适应的金融体系，通过融资、资本项目与外汇等方面的金融市场化改革，为贸易流通和投资提供金融服务升级与创新本是全球自贸区建设的应有之义。上海自贸区是在新一轮经济全球化大背景下，中国突破现有体制框架，构建对外开放新格局和开放型经济体制的风向标。

因此，从这个角度而言，如何让庞大的金融资产作为支持实体经济发展的坚强后盾，必须积极调整对外资产配置结构，推进外汇管理简政放权，完善货物贸易和服务贸易外汇管理制度，重新思考外汇储备的战略运用，以及通过人民币跨境贸易结算和流通实现全球资产配置，上海自贸区无疑担当金融改革的先锋和试验田的重要使命，并将为全国的金融市场化改革的全面深化和推广提供可资参考的有益经验。

（4）提高金融资源配置效率

上海自贸区进行金融改革不是单纯为了发展金融而发展金融，而是为了更好地为实体经济服务，真正提供与实体经济和产业升级相匹配的金融服务。目前自贸区金融改革的方案除了涉及利率和汇率市场化等金融市场化改革，未来应该要将如何提高金融配置资源效率以及金融如何支持实体经济发展作为自贸区进一步金融改革的突破口和重点。上海自贸区作为改革的试点，肩负着推动中国从贸易大国走向贸易强国的重大使命，必须创新发展供应链（价值链）金融，依托于产业价值链综合价值平台提供全面金融服务，降低整个供应链运作成本。促进产业资本和金融资本融合，提升中国在全球价值链中的核心竞争优势。

第 五 章

知识产权保护的国际经验及其对上海的启示

摘　要

本章将在探讨美国运用知识产权保护推动技术创新的经验基础上，揭示经济赶超战略给新兴市场经济体所带来的知识产权保护特殊难题，并提出上海在完善我国已引入的《拜杜法案》时应得到的启示和需采取的对策。有关国际经验显示知识产权制度必须同时具备双重功能，才能对技术创新推动的内生经济增长产生应有影响。具体地讲，就是一方面要求将专利保护延伸至公共资助研究领域，激励大学等公共研究组织参与技术创新，发挥基础研究对突破性创新（Radical Innovation）不可替代的作用，提高创新外溢效应的潜力；另一方面，还要采取知识产权保护的配套措施，确保创新外溢效应的发挥。

第一节　知识产权保护和技术创新的经验背离

从经济学直觉来看，如果缺乏知识产权保护，势必削弱技术创新的激励。然而，大量研究成果却证实知识产权保护与技术创新之间的关系很复杂，出现了知识产权保护和技术创新明显的经验背离。

（1）发达经济体知识产权保护增强对技术进步作用微弱。Kortum and Lerner（1999）的研究发现，20世纪80年代以来，美国知识产权保护增强与专利数量整体上升之间并没有存在密切联系。不过，研究结果却显示将专利保护延伸至公共资助研究领域的《拜杜法案》对美国技术创新有积极作用。专利活动的上升在很大程度上源自研发目标向应用研究的重新定位。此外，是ICT技术和风险投资的引入而非一系列专利改革在提高研究生产率方面发挥了重要作用。

（2）对正在进行工业化经济体知识产权保护增强与技术进步的关系研究也没有证实专利保护是激励创新的有效工具。Mansfield（1986）发现专利对提升创新的作用在产业间存在很大差异。该研究显示如果没有专利保护，制药的65%，化学的30%，石油的18%，机械设备的15%，钢铁制品的12%，初级金属的8%，电子设备的4%的发明不会产生。Worldbank（2001），Lerner（2002）and Lall（2003）研究发现增强专利保护的经济效果随着经济增长水平、产业结构和当地技术能力的不同而发生很大变化。这些研究坚持认为增强知识产权保护的经济影响在正在进行工业化变革的经济体中微不足道。这是因为这些经济体通常专业化于知识产权影响有限的低技术部门。更为重要的是如果发展中经济体创新特征是渐进而非突破性的，作为增强专利保护的重要方式之一，扩展专利的范围就可能削弱研发激励，并降低创新活动。(Bessen and Maskin，2000；Bessen，2004)。

（3）只有Lerner（2002）通过研究60个国家超过150年的177个与专利有关的政策变化，发现增强知识产权与创新之间存在倒U型关系。然而，没有考虑不同经济增长阶段和技术能力所带来的经济体结构差异，该研究对知识产权保护和技术创新关系的经验总结同样令人难以信服。因此，只有更加深入分析知识产权保护机制及其配套措施，才能发挥知识产权制度推动技术创新的应有作用。本章将在探讨美国运用知识产权保护推动技术创新的经验基础上，揭示经济赶超战略给新兴市场经济体所带来的知识产权保护特殊难题，并提出上海在完善我国已引入的《拜杜法案》时应得到的启示和需采取的对策。

第二节 美国对知识产权保护推动技术创新作用的探索

为了充分发挥知识产权保护对技术创新的推动作用，形成源源不竭的内生经济增长动力，美国对知识产权保护机制及其配套措施进行了漫长的探索。正如格罗斯曼和赫尔普曼（2002）所指出的那样，单纯的技术创新也是一项耗费资源、成本昂贵的高风险经济活动，同样摆脱不了报酬递减规律的制约，并不能构成持久的经济增长动力。只有通过创新活动分工，实现创新风险分散化，并借助专业化创新活动间的良性互动，获得知识的非竞争性和创新的外溢效应，降低技术创新的成本，才有可能绕过报酬递减的陷阱。因此，知识产权制度必须同时具备双重功能，才能对技术创新推动的内生经济增长产生应有影响。具体地讲，就是一方面要求将专利保护延伸至公共资助研究领域，激励大学等公共研究组织参与技术创新，发挥基础研究对突破性创新（Radical Innovation）不可替代的作用，提高创新外溢效应的潜力；另一方面，还要采取知识产权保护的配套措施，确保创新外溢效应的发挥。以 1980 年《拜杜法案》的通过为标志，美国知识产权制度经历了截然不同的两个阶段。

1. 封闭式企业技术创新体系、开放科学模式和知识产权保护

长期以来，美国的知识产权制度以严格著称，这具体表现在采取发明优先的专利原则上，专利保护期限长，专利保护范围广，并可授予多重要求权等方面。然而，如此力度的知识产权保护却由于受到封闭式企业技术创新体系和开放科学模式的制约，其对技术创新和经济增长的作用大打折扣。

（1）封闭式企业技术创新体系严重限制了创新外溢效应发挥。正如 Schumpeter（1939）指出的那样，企业创新职能最早由中、小企业业主代表的企业家承担，但在 19 世纪后半期，以专业化研究和开发部门在电力和化学公司中的出现为标志，发达经济体企业开始建立具有现代意义的技术创新体系，为国际国内科学和技术中的卓越思想进入公司提供了正规和系统的渠道（弗里曼和苏特，2004）。这种发展趋势一直延续到 20 世纪 80 年代。在这期间，著名企业的研究开发实验室倾向于封闭状态。研究探索始于企业的实验室，然后是内部评价、筛选和有选择地向开发部门转让。产品部门则把研究开发成果应用于新产品和服务中，并最终通过内部分配渠道将产品销售出去。很显然，在这种封闭式企业技术创新体系中，大型企业几乎包办了原创研发（往往长达 10 ~ 15 年）、技术工程化、生产和销售等所有创新阶段，将很难解决创新成本控制和风险分散难题。究其原因，封闭式企业技术创新体系缺乏发挥创新外溢效应的机制。封闭式企业技术创新体系曾被钱德勒（1987）概括为由职业经理人管理和协调的总部 - 职能部门组织结构的企业管理革命产物，其长处是有利于职能部门内部的知识积累以及职能部门和总部机构之间的纵向信息流动，但却可能给职能部门之间以及职能部门与外部市场的信息横向流动造成障碍，从而阻碍创新外溢效应的发挥。（2）开放科学模式尽管较好地缓和了基础研究的外部性问题，但同时也削弱了公共研究组织参与技术创新的激励，以致基础研究对突破性创新不可替代作用无从发挥，降低了创新外溢效应的潜力。与对私人知识产权实行强保护形成鲜明的对照，直至 20 世纪 80 年代之前，同其他发达经济体一样，美国长期遵循可称为“开放科学模式”的公共资助研究传统管理范式。Bush（1945）对这一传统管理范式进行了概括。Bush 认为政府应主要对基础研究进行资助和投资，致力于对大自然及其规律的一般认识和理解，而不考虑实际结果，从而创造（公共）知识，以供工业将其转化为实际应用。因此，政府对公共研究的支持，应通过给予研究团体和大学确定研究重点和资金使用自主权的方式，来维护学术自由，并且鼓励长期研究。这些观点主要产生于对二战期间在美国进行的科学研究所起作用的观察，为战后大量增加对科学研究的公共资助提供了基础。在开放科学模式下，大学等公共研究组织主要通过两个途径成为发明创新的源泉：一是在科学杂志上发表研究成果。成果一旦被发表，便进入公共领域被公众所使用。二是与企业界合作的契约式研究。在1980年以前，美国的科技创新成果实行“谁投入，谁所有、管理并受益”原则。其中由联邦政府资助所形成的可申请专利研究成果几乎都倾向于归政府所有，通过免费或非排他许可方式授权给公众使用，或者直接放弃权利，纳入公共所有（Eisenberg，1996）。至于公共研究组织与企业合作研究成果，在很多时候，企业界拥有所有权并且保护其自身的开发。在这两种情况下，公共研究组织均不保有任何的知识产权。由于公共研究组织科研成果基本都是开放的，只要对作者承担申明使用或者分享进展的义务就可以，根本就没有什么公共研究组织对知识产权的管理，可以将这种公共资助研究管理范式称为“开放科学模式”（Open Science Model）。然而，尽管开放科学模式较好地缓和了基础研究的外部性问题，但其内在缺陷还是损害了公共资助研究知识生产的完整性，严重限制了基础研究对突破性创新的贡献。根据Schumpeter（1934）的定义，发明（实质是知识的创造）和创新（实质是知识的商业化应用）存在明显的区别，两者共同构成完整的知识生产过程。一项发明是一种新型或改进的装置、产品、工艺或系统的想法、草图或模型。这种发明常可以获得专利权，但并不必然导致技术创新。从经济意义上讲，创新只是在实现新的产品、工序系统、装置的首次商业交易时才算完成。此外，Narin等（1997）的研究发现美国工业专利所引用论文的73%属于公共科学范畴，其作者来自于学术、政府和其他由联邦政府资助的机构。基础研究在技术进步，特别是突破性创新活动中的重要性由此可见一斑。考虑到由公共资助研究所形成的发明通常只是原始设想或蓝图，在知识生产上是不完整的，只有允许公共研究组织将发明以排他性许可的方式转让给企业，才能充分激励企业对其进行进一步开发，直至最终实现从发明到创新的转变。与此同时，只有增强公共研究组织谈判能力，保证研究者更公平地参与技术创新活动，也才能充分发挥基础研究对突破性创新的应有作用。很显然，在开放科学模式下，由于缺乏对公共资助研究的专利保护，无论是企业还是公共研究组织及其研究者对将公共资助研究所形成发明转变为创新均激励不足。

作为最大的发达经济体和世界技术前沿的领导者，美国最早地认识到封闭式企业技术创新体系和开放科学模式在支持企业创新和实现技术创新推动内生增长上的不足。二战结束以后，美国政府一直非常重视对科学研究的支持，并投入了大量资金资助大学、政府实验室等公共研究组织开展科技研发活动。美国政府资助的研发活动虽然取得了丰硕成果，但在开放科学模式不足的影响下，公共科技成果的商业化水平却很低。截止到 1980 年，美国联邦政府拥有 2.8 万个由政府资助而产生的专利，通过专利使用许可而用于生产的数量仅占 5%，而作为重要科研力量的美国大学每年获得的专利从未超过 250 项，实现科技成果转化的则更少（United States General Accounting Office，1998）。即使是如此低下的公共科技成果转化率，其负面影响还被封闭式企业技术创新体系进一步放大。正是由于封闭式企业技术创新体系加剧了企业创新成本控制和风险分散难度，抑制了创新外溢效应的发挥，美国在 20 世纪 70 年代中期一度陷入企业国际竞争力滑坡，增长潜力下降，甚至引发经济滞胀的窘境。

2. 《拜杜法案》、知识产权许可模式和技术创新推动的内生增长

正是为了弥补开放科学模式以及封闭式企业技术创新体系的不足，美国从 20 世纪 80 年代初开始通过了《拜杜法案》等一系列公共研究知识产权管理法案，逐步形成可称为“知识产权许可模式”的公共资助研究

管理新范式，以重振美国企业国际竞争力，并培育新的内生经济增长源泉[①]。以《拜杜法案》为代表的公共研究知识产权管理法案核心内容主要有三点：

（1）明确了公共资助研究知识产权的权利归属，规定受资助单位对公共研究成果所有权具有优先选择权，并保证研究者参与知识产权利益分享。

（2）确定了技术转让的政策性原则，不仅允许政府研究机构将由公共资助研究所形成的发明授予企业排他性使用，而且要求成立类似研究和技术应用办公室（Office of Research and Technology Applications）这样的专业化技术转让部门，从而便利公共研究组织，特别是其研究者更公平地参与企业技术创新活动。很显然，在明确公共资助研究成果所有权基础上，要求公共研究组织成立专业化技术转让部门，并允许其将由公共资助研究所形成的发明授予企业排他性使用，可以很好地平衡公共研究组织，特别是研究者和企业的利益，激励企业对公共资助研究成果进一步开发，并充分发挥基础研究对突破性创新不可替代的作用。

（3）为了有效落实对上述公共资助研究知识产权的保护，《拜杜法

---

① 1980年12月12日，美国国会通过了由参议员伯奇·贝赫（Birch Bayh）与罗伯特·多尔（Robert Dole）提出的《大学与小企业专利程序法》（University and Small Business Patent Procedures Act），也就是著名的《拜杜法案》（Bayh-Dole Act），后被纳入美国法典第35编（专利法）第18章，标题为“联邦资助所完成发明的专利权”，对非营利组织（含大学）和小型企业由联邦基金资助研究形成的专利提出正式的处理办法。1984年美国国会对《拜杜法案》进行了修订，扩大了可以拥有政府资助项目无形资产的主体范围，所有与政府签约的研发项目承担者，无论是小型企业和非营利机构，还是大型企业，都可以将受政府资助的研发成果申请专利并成为专利持有人。美国在1980年通过《拜杜法案》的同时，也通过了《史蒂文森—威德勒技术创新法》（Stevenson-Wydler Act），针对美国的政府研究机构（主要是各类联邦实验室）由政府资助项目形成的发明的专利申请和技术许可做出了明确规定。1986年又对该法进行了修订，改称为《联邦技术转让法》（Federal Technology Transfer Act of 1986）。美国《联邦技术转让法》进一步确认鼓励产学合作的原则以及加强联邦实验室向民间部门技术转移的政策目标，细化了联邦政府资助的发明的权利归属以及利益分配。

案》及相关法律对政府事后介入权进行了严格的限制。所谓事后介入权，是指某些情况下，联邦政府可以要求保留权利的受资助单位给予第三方实施发明的许可，或者由联邦政府直接授予第三方实施发明的许可。这些情况包括：受资助者在适当的合理期间内，未能采取有效的措施，通过专利授权许可的方式将某项发明商业化，以达到该创新的实际应用或使用要求；专利授权没有优先授予美国产业；出于其他联邦法律规定的保护公共健康、安全或公共使用的需要。但从实践来看，由于行使政府介入权的程序十分烦琐，迄今为止，还没有一起美国政府行使介入权的实际案例。很显然，公共资助研究知识产权的权利归属界定，技术转让的政策性原则确立以及对政府事后介入权的严格限制共同构成了公共资助研究知识产权保护机制。

正是在《拜杜法案》及相关法律推动下，美国公共资助研究管理范式发生了从“开放科学模式”到“知识产权许可模式”（Licensing Model），即主要通过将知识产权授予产业界或者是组建公共研究组织高科技衍生企业或初创企业来商业化其发明的革命性变化。知识产权许可模式以及相应的公共资助研究知识产权保护机制首先推动了美国科技创新繁荣，引发大学等公共研究组织专利申请和授权数量大幅度增加，从而提高了创新外溢效应的潜力。《拜杜法案》的通过，大大激励了大学和政府研究机构开展研发活动并获取专利权的积极性。根据美国大学技术管理协会（AUTM）的调查，从发明创造、专利申请、专利授予、生产许可等方面来看，1991 年后美国大学的技术转让效率在稳步提升（见图 5－1）。专利技术的转化率出现了飞跃式提高，由 1980 年的个位数上升到了 2003 年的 30％。1980 年之前，美国大学的专利申请数量每年平均不到 250 项，而其中能够商业化的专利就更少了，但是到了 2003 年情况发生了巨大的变化，这一数字变为了 3933 项。1991～2002 年，每年平均的发明数量从 6087 个上升到了 15510 个，专利数从 1584 上升到了7921项。2003年，30个AUTM会员共向市场推出了472种新产品。

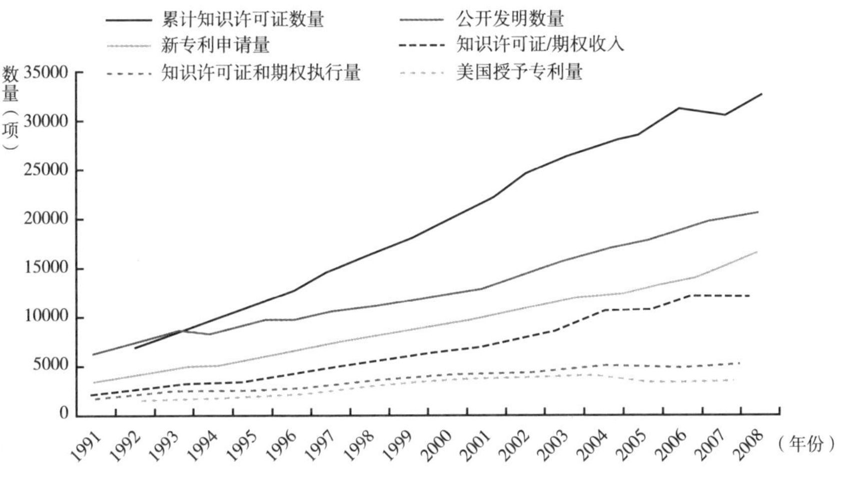

图5-1 1991年以来美国的技术转让情况

资料来源：Vicki Loise，CAE，and Ashley J. Stevens，CLP，The Bayh-Dole Act Turns 30。

在知识产权许可模式下，公共资助研究知识产权保护机制还通过与配套措施共同作用，并由此催生ICT革命，分别为开放的企业技术创新体系的形成提供了社会治理和信息技术基础，确保创新外溢效应的发挥。在封闭式的企业技术创新体系中，由于大型企业几乎包办了从研发到成果商业化应用所有创新阶段，将很难解决创新成本控制和风险分散难题。这就要求通过对企业不同创新阶段的风险定价，促进创新活动专业化分工，并实现不同创新活动间的知识和信息交流，从而形成开放的技术创新体系。只有这样，才能在实现创新风险分散化的基础上，发挥创新外溢效应，有效降低创新成本。形成开放的企业技术创新体系无疑需对由总部-职能部门结构所代表的封闭式企业技术创新体系组织文化进行变革，发展更加扁平化的组织结构，激励职能部门之间以及职能部门与外部市场的信息横向流动。这种组织文化变革的社会治理基础则是由公共资助研究知识产权保护机制配套措施提供。这些配套措施包括：通过激励大学等公共研究组织建立高科技衍生企业或初创企业，发展公共研究组织与企业创新合作伙伴关系；结合竞争政策的使用，通过在空间上围绕公共研究组织组建科技公园和相应的企业孵化器，激励中小企业参与创新活动，发挥基础研究和产业集群的协同作用；组建公共资助研究创新网络，便利创新外溢效应发挥。同样重要的是深刻改变了人类生活的互联网浏览器、电子邮件、视觉芯片、光纤电缆、尼古丁贴片、Google、移动通信技术，等等，这些都起源于大学和公共研究机构。这些技术进步极大地降低了信息收集和处理成本，使封闭式的企业技术创新体系日益走向开放成为可能。很显然，无论是创新活动专业化，还是不同创新活动间的知识和信息交流都离不开对相关信息的有效收集和处理。此外，市场化运作基金也为开放的企业技术创新体系的形成发挥了助推作用。事实上，包括美国在内的OECD很多成员国经验表明各种类型的私募（PE）和风险投资基金（VC）不仅通过注入风险投资资金和并购资助了中小企业的研发活动（比重高达20%），而且大型企业也借助市场化运作基金实现了研发活动的调整：（1）企业重组内部研究开发业务以增大其对企业战略需求的贡献。（2）企业加大网罗企业之外开发的技术，部分实现研发活动的服务外包。（3）企业建立旨在对那些自身开发但又不能在企业内部充分利用的技术进行增值的计划。市场化运作基金有效地推动了企业创新。Kortum and Lerner（2000）检验了美国20个产业在超过30年期间风险资本对形成专利发明的影响。该研究发现一个产业风险资本活动增加伴随着显著更高的专利授予率。尽管1983～1992年研发开支的风险资本融资比重不超过3%，但风险资本却解释了约8%的工业发明。由此可见，在公共资助研究知识产权保护机制及其配套措施作用下，并得益于市场化运作基金的帮助，开放的企业技术创新体系得以形成，有效激励了大学等公共研究组织和中小企业参与创新活动，彻底改变了创新职能过度集中于大企业的状况，确保技术创新外溢效应发挥。

综上所述，在开放科学模式基础上将专利保护延伸至公共资助研究领域，提高了创新外溢效应的潜力，通过组织文化变革和信息技术进步改造封闭式企业技术创新体系，则便利创新外溢效应的发挥。这二者相结合实现了知识生产和知识扩散的平衡。只有这样，才能有效降低创新成本，并分散创新风险，促进新的内生增长源泉形成。得益于《拜杜法案》及相关法律推动，在公共资助研究管理知识产权许可模式和开放的企业技术创新体系共同作用下，美国从 20 世纪 90 年代后期开始不仅重获企业国际竞争力，而且还实现了技术进步推动的内生增长。正如 2002 年英国《经济学家》杂志所指出的那样，“《拜杜法案》的意义在于，它把所有在政府财政支持和帮助下完成的发明和发现从实验室里解放出来。”因此，这一法案被誉为“美国国会在过去半个多世纪中通过的最具鼓舞力的法案，如果没有该法，就没有美国今天科技创新层出不穷的繁荣局面。”

第三节　经济赶超战略与新兴市场经济体知识产权保护难题

与作为世界技术前沿领导者的美国不同，新兴市场经济体在经济增长初始阶段不得不实施经济赶超战略，主要通过国内企业对引进技术的逆工程化和模仿创新以及政府扶持大型企业应用研究方式积累技术能力。很显然，在这样的增长阶段和战略下，新兴市场经济体的知识产权政策重点只能是有意识地实行知识产权弱保护，激励国内企业进行渐进性创新，并确保技术创新外溢效应发挥。究其原因，一方面，正在进行工业化经济体通常专业化于知识产权影响有限的低技术部门，另一方面，受制于与世界技术前沿的巨大差距，这些新兴市场经济体创新更多带有渐进性而非突破性特征，作为增强专利保护的重要方式之一，扩展专利的范围就可能削弱研发激励，并降低创新活动。这就给新兴市场经济体加强知识产权保护，特别是引入《拜杜法案》，激励突破性创新带来特殊困难。

经济赶超战略和相应的知识产权制度势必产生一系列体制障碍，并给技术创新带来显而易见的负面影响。首先，经济赶超战略和相应的知识产权制度势必造成对基础研究投入相对不足，并削弱大学参与创新活动的激励，导致基础研究在突破性创新中的关键作用难以发挥。即使在开放科学模式下，美国在基础研究和研究生教育之间也存在紧密联系（Miyata，2000）。从历史上看，美国公司就在其实验室和企业内研究组织中雇用了大量拥有博士学位的科学家。这一过程无疑有助于加强教育和产业部门的联系，并便利知识互动（Westney，1993）。因此，美国公司得以在本国建立起学术性科研基础，用来支持突破性技术创新。与此形成鲜明对照的是，作为一个由新兴市场经济体发展成为发达经济体的典范，日本大学在经济赶超战略制约下仅在创新活动中发挥边缘作用。直到 20 世纪 80 年代中期，日本大学和产业部门在研发合作上的正式联系也十分有限。大学在日本更多地扮演知识传播者而非知识生产者的角色，并主要负责为产业培训和输送合格的大学毕业生（Oka，1993；Hee and Hirasawa，1998）。日本企业的创新战略倾向于应用研究上，用以提升渐进性的产品创新。日本对基础研究的公共资助相对于其他发达的工业化经济体同样较低。获得资助最多的部门包括能源、工程、电子和高级材料。大学得到的资助尤为有限（Nakayama and Low 1997；Clark，1995）。到了 20 世纪 80 年代，尽管日本研发政策更多地转向基础研究，但学术研究和产业间的联系提高仍然有限。甚至当寻求发展基础研究能力时，有相当一部分日本企业前往美国和欧洲建立与大学的合作关系，并建立相应的基础研究设施，而不是与日本基地的机构进行合作（Hee and Hirasawa，1998）。其次，经济赶超战略和相应的知识产权制度可能导致对大型企业的政策倾斜，损害公平的市场竞争环境，削弱中小企业参与创新活动激励，阻碍技术创新外溢效应发挥。很显然，上述主要通过政府扶持大型企业应用研究推动技术进步方式在很大程度上依赖低要素成本的支撑，一旦经济赶超任务完成，其弱点将暴露无遗。20 世纪 80 年代初期，日本通产省产业结构审议会发表《八十年代通商产业政策构想》，宣布日本已经结束了战后以来的“追赶现代化”时代，正迅速迈入世界一流国家行列。赶超时代的终结必将带来日本国内要素价格飙升以及与世界技术前沿差距的缩短。如果不能发挥基础研究在突破性创新中的关键作用，实现技术创新外溢效应，高成本、高风险的技术创新势必难以为继。由此可见，日本原有的与经济赶超战略相配套的技术进步方式正是其 1989 年遭遇金融危机的重要原因之一。与日本形成鲜明的对照，韩国却由于抓住了 1998 年亚洲金融危机提供的改革契机，重塑了公平的市场竞争环境，为技术创新外溢效应发挥创造了有利条件。从 20 世纪 90 年代中期开始，韩国进入了发达国家俱乐部，成为经济与合作组织（OECD）的一员，但经济赶超战略在创新上的弱点很快也使其遭遇了严重的金融危机。幸运的是在危机的压力下，韩国接受了国际货币基金组织提出的一揽子改革方案，重塑了公平的市场竞争环境。全面实现资本市场、外商直接投资和贸易自由化，成为一个近乎完全的开放经济体，从而保证企业面临更加稳定和透明的商业环境。其中大公司遭受了实质性的变革。激进的企业重组在所难免，以致 30 个顶级财阀约有 1/3 破产。根据 Choo 等（2009）的研究，技术能力是决定财阀在危机后经济表现的关键因素，只有具有一定技术能力的企业才能得以幸存。经过危机后重组，仍然得以存续的韩国财阀重新成为重要的全球竞争者，并具有较低的负债率和相当比重的外国股权。更具竞争性的市场环境不仅能够激励不同规模的企业，无论是进行在位创新的大企业，还是新建的小企业参与技术进步，而且有利于促进技术创新外溢效应发挥，降低技术创新成本，并实现风险分散化。Taegi Kim and Keun-Yeob Oh（2012）运用韩国 1985 ~ 2007 年 216 家企业 1985 ~ 2007 年微观数据，证实 1986 年以来的专利制度改革对研发支出水平和专利数量均具有正效应。在此期间，由研发支出水平和专利数量提高衡量的知识增长也已经对韩国制造业企业全要素生产率产生显著的正效应。该研究还借鉴 Jaffe（1986）处理企业层面知识外溢的方法，发现其他企业的研发比企业内的研发对制造业企业全要素生产率作用更为重要。对其他企业和企业内专利活动的研究也发现类似结果。考虑到知识外溢效应使得知识成为唯一不会报酬递减的生产要素，企业在研发支出和专利活动上所体现的外溢效应表明，通过自 1986 年以来不断增强知识产权保护，激励技术创新，韩国已经实现技术创新推动的内生经济增长。很显然，日本和韩国冰火两重天的经济表现充分证实了技术创新职能过度集中于大型企业的危害。最后，经济赶超战略和相应的知识产权制度可能造成政府过度干预，以致在引入《拜杜法案》时，无法落实对公共研究组织的知识产权保护。以日本为例，1999 年《产业活力特别措施法》第 30 条对有关规定进行了调整：在国家和特殊法人委托或者提供资金资助开展科技研究时所形成的研究成果（该法被称为“特定研究成果”），如果研究者承诺满足以下条件，则研究成果所获得的专利权可以归研究者所有：（1）一旦研究者取得研究成果，将立即、无延迟地向政府汇报成果情况；（2）在为了满足公共利益需要、确有必要的情况下，国家可以对研究成果进行无偿使用；（3）如果研究者拥有的某项专利在一定期间内无正当理由而未被有效应用，国家为促进该项专利的应用，可采取措施给予第三者该项专利的使用权。尽管法律已经做出了规定，但大部分政府部门并不情愿放弃自己所委托项目的所有权。这些政府部门通常在项目委托合同中就做出事先约定，要求研究成果的知识产权归委托方所有。只有经济产业省及其下属的日本新能源产业技术开发机构等少数部门在开展委托研究时依照新法规行事，让大学和公共研究机构拥有技术成果及相关专利的所有权[①]。由此可见，只有对政府干预进行严格的限制，公

① 前身为通商产业省，2001 年起更名为经济产业省。

共研究组织的知识产权保护才能得到有效落实。

综上所述，曾经实施经济赶超战略的新兴市场经济体在引入《拜杜法案》，激励突破性创新，进而实现技术创新推动的内生经济增长时，需付出额外的转型成本：（1）建立高等教育和产业部门紧密的研发合作关系，产生对基础研究和突破性创新的迫切需求。（2）严格限制政府事后介入权，能够有效落实对公共资助研究知识产权的保护。（3）保持公平的市场竞争环境，培育良好的创业和融资条件，便利公共研究组织和中小企业参与创新活动，特别是公共研究组织建立高科技衍生企业或初创企业，发展公共研究组织与企业创新合作伙伴关系。

第四节　结论及其对上海的启示

根据上面的分析，在《拜杜法案》及相关法律推动下，美国形成了知识产权许可模式的公共资助研究管理新范式和相应的知识产权保护机制以及配套措施。如图 5－2 所示，在知识产权许可模式下，公共资助研究知识产权保护机制以及配套措施分别由三大支柱组成。公共资助研究知识产权保护机制的三大支柱包括：（1）《拜杜法案》及相关研究者参与知识产权利益分享，以激励公共研究组织的知识创造。（2）《拜杜法案》及相关法律要求公共研究组织成立专业化技术转让部门，实施排他性专利许可，从而在保证研究人员公平参与创新的前提下，激励企业对公共资助研究成果进一步开发，以便利知识商业化应用。（3）《拜杜法案》及相关法律对政府事后介入权进行了严格限制，有效落实公共资助研究知识产权保护。公共资助研究知识产权保护机制配套措施的三大支柱包括：（1）激励大学等公共研究组织建立高科技衍生企业或初创企业，发展公共研究组织与企业创新合作伙伴关系。（2）结合竞争政策的使用，在空间上围绕公共研究组织组建科技公园和相应的企业孵化器，激励中小企业参与创新活动，发挥基础研究和产业集群的协同作用。（3）组建公共资助研究创新网络，便利创新外溢效应发挥。一方面，公共资助研究知识产权保护机制有助于平衡公共研究组织，特别是研究者和企业的利益，激励企业对公共资助研究成果进一步开发，并充分发挥基础研究对突破性创新不可替代的作用，可以提高创新外溢效应的潜力；另一方面，公共资助研究知识产权保护机制配套措施则可以激励大学等公共研究组织和中小企业参与技术创新活动，避免创新职能向大型企业过度集中，确保创新外溢效应发挥。这两者相结合很好地保持了公共资助研究知识生产和知识扩散的平衡，促进了美国技术创新推动的内生增长实现。

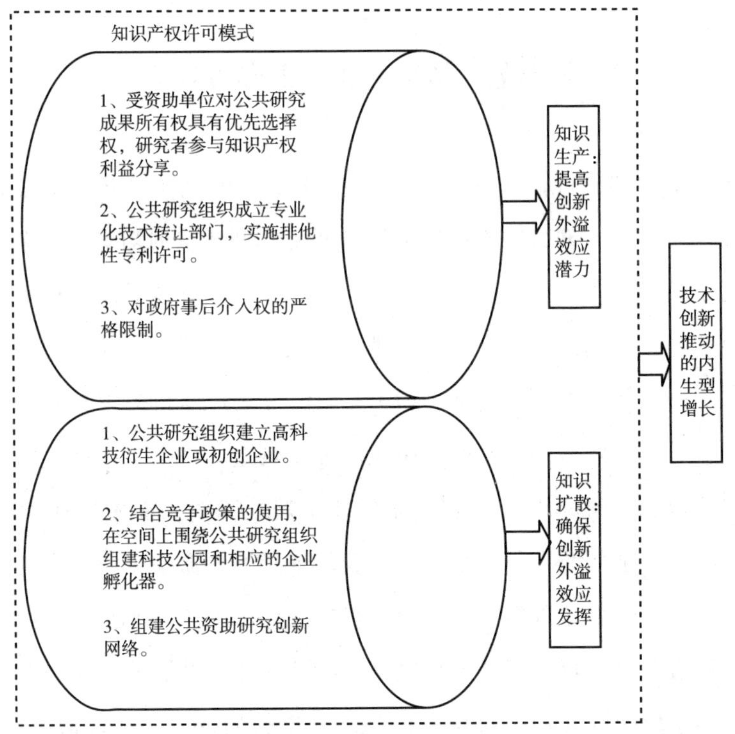

图 5－2 知识产权许可模式以及政府科技项目无形资产管理体制

新兴市场经济体在经济增长初始阶段由于与世界技术前沿的差距较大，不得不实施经济赶超战略，主要通过国内企业对引进技术的逆工程化和模仿创新以及政府扶持大型企业应用研究方式积累技术能力。很显然，在这样的增长阶段和战略下，新兴市场经济体的知识产权政策重点只能是有意识地实行知识产权弱保护，激励国内企业进行渐进性创新，并确保创新外溢效应发挥。只有当经济赶超任务已经完成，国内低要素价格以及与世界技术前沿差距不复存在，产生对基础研究和突破性创新的迫切需求，新兴市场经济体才可以考虑引入《拜杜法案》，将专利保护扩展至公共资助研究领域激励大学参与突破性创新活动。此外，新兴市场经济体只有进行必要的体制转型，消除政府过度干预，落实公共资助研究知识产权保护，并重塑公平的市场竞争环境，确保创新外溢效应发挥，才可能取得引入《拜杜法案》应有的政策效果。

上述有关知识产权保护的，特别是引入《拜杜法案》的国际经验为我国完善知识产权制度提供了有价值的启示。1984 年，我国颁布专利法，正式建立原始授予专利制度。我国 2003 年人均 GDP 达到 1000 美元，开始步入中等收入国家行列。这充分说明现有的知识产权政策取得了很好的效果，正在推动经济赶超任务的加速完成。不过，其后随着国内要素价格飙升以及与世界技术前沿差距的日益缩短，我国经济赶超增长方式越来越需要实现向技术创新推动的内生增长转变，这就要求我们进一步完善已经引入的《拜杜法案》。2002 年 3 月 5 日，中国科技部、财政部出台《关于国家科研计划项目研究成果知识产权管理的若干规定》，对以财政资金资助为主的科研项目研发成果的知识产权归属做出规定。其中，最引人瞩目的是第一项："科研项目研究成果及其形成的知识产权，除涉及国家安全、国家利益和重大社会公共利益的以外，国家授予科研项目承担单位。项目承担单位可以依法自主决定实施、许可他人实施、转让、作价入股等，并取得相应的收益。同时，在特定情况下，国家根据需要保留无偿使用、开发、使之有效利用和获取收益的权利。"该规定出台标志着我国正式引入《拜杜法案》，用于公共资助研究知识产权管理。

上海在完善中国版的《拜杜法案》上具有得天独厚的条件。①2012年，按照市场汇率计算，上海市人均GDP已超过13000美元，达到发达经济体的标准。这标志着经济赶超任务在上海已经完成，足以保证其对基础研究和突破性创新产生迫切需求，并提供完善已引入的《拜杜法案》的强劲动力。②上海正在进行的自由贸易区建设旨在重塑公平的市场竞争环境，恰好有助于确保创新外溢效应发挥。这就为充分发挥《拜杜法案》作用，激励突破性创新，进而实现技术创新推动的内生经济增长提供了最为重要的制度要素。毕竟如果没有足够规模的稳定市场支撑创新外溢效应的实现，企业就无法有效控制创新成本，并分散风险，对基础研究和突破性创新的需求也将成为无源之水、无本之木。

因此，上海市可以通过如下一系列措施，对完善我国已引入的《拜杜法案》做出独特贡献。第一，消除许可收入向政府资助机构的上缴，并详细说明和规定政府事后介入权，从而有效落实公共资助研究知识产权保护。第二，适度吸收德国知识产权管理的发明人原则，充分保障研究人员参与技术创新的权利。具体地讲，就是将公共资助研究成果首先归属于研究人员，只有通过特定的行为、程序才能转化为公共研究组织的财产。第三，借鉴英国模式，由政府资助机构在体制、融资和技能上对公共研究组织成果商业化活动提供一次性的全方位扶持。（1）由政府资助机构共同开发出一个适用于公共研究成果商业化的会计核算框架，以培养更有利于公共研究成果商业化的文化和风险态度。（2）在增加基础研究公共资助基础上，由政府资助机构组建种子和天使基金对公共研究成果商业化提供融资支持。(3）通过完善现有的高新技术开发区和发展公共资助研究创新网络，积极培养公共研究组织商业化技能。通过竞争政策的调整以及对创新的硅谷模式探索，美国还是成功地激励了中小企业参与创新活动。竞争政策的使用保证了所有企业都面临公平的市场竞争环境，也减弱了专利保护扩展至公共资助领域可能给知识扩散至中小企业所造成的障碍。美国20世纪90年代兴起的创新的硅谷模式则通过在空间上围绕大学等公共研究组织组建科技公园和相应的企业孵化器，发挥基础研究和产业集群的协同作用，进一步便利了公共资助研究知识在中小企业中的扩散。很显然，如果公共资助研究知识在企业中扩散存在明显障碍，特别是缺乏中小企业对创新活动的积极参与，起源于公共资助研究的创新外溢效应就可能无从发挥，无疑会损害创新成本控制和风险分散。这些机构主要包括：（1）美国商务部技术管理局（TA）：它是美国联邦政府技术转让政策的执行机构，下设技术政策办公室（OTP）、国家标准与技术研究院（NIST）、国家技术信息服务中心（NTIS）等三个机构。其工作目标是关注大学和联邦实验室的技术转让，执行《拜杜法案》赋予的各项职能，促进大学、联邦实验室与企业的合作。（2）“爱迪生（Edison）”系统：美国联邦法律规定，所有的联邦资助接受者和承包商都必须向联邦机构报告基于资助协议的发明和专利细节。为了更好地了解和监控联邦资助项目的无形资产管理和利用状况，20世纪90年代末期，美国国立卫生研究院开发了一个关于发明情况的在线信息管理系统“爱迪生”。目前已经有包括国防部、国家科学基金会等18家提供研发资助的联邦机构加入了这个系统，有大约500个接受资助的单位或承包商组织注册和使用系统。接受资助的项目承包者须将项目形成的发明情况上传到这个系统，通过这个系统，任何一家提供资金的联邦机构都可以了解有关发明的权属和使用情况，如被资助者是否打算拥有有关发明的所有权，是否已经申请了专利，有关专利是否已经授权企业使用等，从而更好地监督被资助者履行《拜杜法案》等相关法律的执行情况，更好地推动科技成果的商品化。（3）大学技术转让办公室：各大学成立技术转让办公室，在《拜杜法案》及联邦相关法律的框架下，制定各学校自己的无形资产管理政策。（4）美国大学技术管理协会（AUTM）：该协会成立于1974年，是一个以技术转让为核心目标的组织。团体会员来自研究性大学、研究机构、教学医院和政府研究所，是世界著名的技术转让专业组织。1979 年，其成员仅有 113 个，1989 年达到 691 个，1999 年达到 2178 个，现在则超过了 3500 个。（5）联邦实验室研究及技术应用办公室：职能与大学技术转让办公室类似。（6）联邦实验室技术转移联合体（FLC）：它是全国性的联邦实验室网络，FLC 的雏形问世于 1974 年，《联邦技术转让法》颁布后正式成立。FLC 的使命是扩大成员机构之间的沟通，加强与州政府和地方政府、企业、学术界和其他外部参与者之间的交流和对话，全方位促进联邦实验室和美国的大中小型企业、学术界、州政府和地方政府和联邦机构之间的技术合作，推动联邦实验室的研究成果和技术的迅速进入美国经济，促进科技成果向生产力的转化。目前，大约 300 个联邦实验室和中心及其上级部门或机构是 FLC 的成员。FLC 本身并不转让技术，它致力于提高联邦实验室的技术转让效率。FLC 发展到现在，不仅成为一个研讨科技成果商业化发展战略的论坛，也成为连接实验室与外部市场的纽带。第四，结合上海自由贸易区的建设，重塑公平的市场竞争环境，确保创新外溢效应发挥。

参考文献

G. M. 格罗斯曼、E. 赫尔普曼（2002）：《全球经济中的创新与增长》中译本，中国人民大学出版社。

克利斯·弗里曼、罗克·苏特（2004）：《工业创新经济学》中译本，北京大学出版社。

小艾尔弗雷德·D. 钱德勒（1987）：《看得见的手 – 美国企业的管理革命》中译本，商务印书馆。

Bessen, J., "Holdup and Licensing of Cumulative Innovations with Private Information," *Economics Letters*, 82, 321 – 326, 2004.

Bessen, J., Maskin E., "Sequential Innovation, Patents and Imitation", *MIT Working Paper* No. 00 – 01, 2000.

B. R. Clark, *Places of Inquiry: Research and Advanced Education in Modern Universities*, University of California Press, Berkeley, 1995.

Bush, Science: The Endless Frontier, Us Government Printing Office, Washington, DC, 1945.

C. H. Hee, R. Hirasawa, "Changes in Japanese Government Policies to Be A Front-Manner in Science and Technology," *Science and Public Policy* 25, 47 – 54, 1998.

Choo, K, Lee, K., Ryu, K. and Yoon, J., "Performance Change of The Business Groups in Korea over Two Decades: Investment Inefficiency and Technological Capabilities," *Economic Development and Cultural Chang*, 57 (2), 359 – 86, 2009.

D. E. Westney, *Country Patterns in R&D Organization: the United States and Japan, in Bruce Kogut (Ed.), Country Competitiveness and The Organizing of Work*, Oxford University Press, New York, 36 – 53, 1993.

EdwinMansfield, "Patents and Innovation: An Empirical Study," *Management Science*, Vol. 32, No. 2, 173 – 181, 1986.

F. Narin, K. S. Hamilton, D. Olivastro, "The Increasing Linkage between U. S. Technology and Public Science", *Research Policy*, 26, 317 – 330, 1997.

H. Oka, "The Industrial Sector's Expectations of Engineering Education", *Economic Eye* 14, 12 – 15, 1993.

Innovation's Golden Goose, *The Economist*, Dec 12th, 2002.

Jaffe, A., "Technological Opportunity and Spillovers of R&D: Evidence from Firms' Patents, Profits, and Market Value," *American Economic Review* 76, 984 – 1001, 1986.

Kortum, S., Lerner, J., "What Is Behind The Recent Surge in Patenting?" *Research Policy*, 28, 1 – 22, 1999.

Kortum, S., Lerner, J., "Assessing the Contribution of Venture Capital to Innovation," *Rand Journal of Economics* 31 (2000), 674 – 692, 2000.

Lall, Sanjaya, "Indicators of The Relative Importance of IPRs In Developing Countries," *Research Policy*, Elsevier, vol. 32 (9), 1657 – 1680, 2003.

Learner, J., "Patent Protection and Innovation over 150 Years," NBER Working Paper No. 8977, 2002.

Rebecca S. Eisenberg, "Public Research and Private Development: Patents and Technology Transfer in Government-Sponsored research," 82, *Virginia Law Review*, 1996.

Schumpeter, J. A., The Theory of Economic Development, English translation, Harvard, 1934.

Schumpeter, J. A., Business Cycles: A Theoretical, Historical and Statistical Analysis of the Capitalist Process, 2 vols, New York, Mcgraw-Hill, 1939.

S. Nakayama, M. F. Low, "The Research Function of Universities in Japan," *Higher*

Education 34, 245 – 258, 1997.

Taegi Kim, Keun-Yeob Oh, The Effects of The Innovation and Productivity: Evidence from Korea's Firm-Level Data, The Economics of Intellectual Property in The Republic of Korea, WIPO, 2012.

United States General Accounting Office, Administration of The Bayh-Dole Act by Research Universities, Report to Congressional Committees, 1998.

World Bank, *Global Economic Prospects and Developing Countries.* Oxford University Press, New York, 2002.

Y. Miyata, An Empirical Analysis of Innovative Activity of Universities in The United States, Technovation 20, 413 – 425, 2000.

第 六 章

面向创新和多元化发展的政府收支模式改革

摘　　要

以政府收支模式改革来实现走出分割，走向一体化配置资源，包含了政府资源自身配置为主体的公共资源配置模式改革和通过政府收支模式改革来提高市场配置资源的广度和深度两层含义。长期来看，以财税能力为核心的国家能力建设应当成为政府收支模式改革的主方向。

中期目标

公共资源配置模式改革：打破公共预算、政府性基金预算、社会保障预算和国有资产经营预算在预算范围和预算期限上的分割状况，以全口径预算取代分割预算，以跨年底预算取代单期预算，从现有分割预算模式逐步走向公共资源的全口径长期预算，促进公共资源的一体化配置。

以政府收支模式改革来促进市场资源配置效率提高：通过财税体制改革，促进市场生产资源的有效配置。提高直接税比重，增加自然人对财政收入总量的直接贡献，逐步形成政府通过干预税收和财政支出来直接干预要素价格，并由市场配置资源的发展模式。使资源自由流动和知识的交汇不仅能创造更多的税收，更能创造更多财富。

长期目标

以推进国家治理和提升国家能力为基本抓手，提高上海的凝聚力和市场向心力，促进上海本地经济的多元化发展。以包容的心态对待迁移劳动者，增强经济的多元化和本地经济对于全球新兴产业的适应能力，促进经济转型升级和长期繁荣。

本部分以提升上海国家能力为核心，研究促进创新和服务业发展的政府收支模式改革。针对上海收支中存在的共性问题和个性问题，本章首先分析了全国和上海现有政府收支模式的基本特征，发现上海财政收入中存在的突出问题是税基不稳定。

第一节　现有政府收支模式特性及上海表现

按照现行预算法，我国政府执行的是“一级政府、一级财政”的预算管理制度。[①] 作为直辖市和全国经济中心，上海总体执行的是省级财政预算。从全国来看，现有预算包括公共财政预算、政府性基金预算、国有资本经营预算以及社会保险基金预算。[②] 2012 年，上述四种预算决算的收入规模分别是 117253.52 亿元、37534.90 亿元、1495.90 亿元和 31411 亿元，总额为 187695.3 亿元，政府收入结构数据为 1∶0.32∶0.01∶0.27[③]。

① 现行《预算法》第一章第二条规定：“国家实行一级政府一级预算，设立中央，省、自治区、直辖市、设区的市、自治州，县、自治县、不设区的市、市辖区，乡、民族乡、镇五级预算。”

② 公共财政预算是现有政府预算的主体，其主体是税收收入。政府性基金，是指各级人民政府及其所属部门根据法律、国家行政法规和中共中央、国务院有关文件的规定，为支持某项事业发展，按照国家规定程序批准，向公民、法人和其他组织征收的具有专项用途的资金，包括各种基金、资金、附加和专项收费。全国来看，国有土地使用权出让金收入是政府性基金收入的主体。国有资本经营预算收入包括从国家出资企业分得的利润、股利股息收入、国有资产转让收入、从国家出资企业取得的清算收入和其他国有资本收入。预算社会保险基金预算包括“全国企业职工基本养老保险、失业保险、城镇职工基本医疗保险、工伤保险、生育保险、居民社会养老保险、居民基本医疗保险基金”等。

③ 预算数据来自财政部网站，GDP 数据来自中国统计年鉴 2013。

扣除财政拨付社保的补助金 3828.29 亿元和国有资本经营预算补助社保的 17.21 亿元，2012 年政府收入总和为 183849.8 亿元，占当年国内生产总值的 516282.1 亿元的 35.61%，高于同发展阶段国家的平均水平近 10 个百分点[①]。支出规模分别为 125952.97 亿元、36330.87 亿元、1402.80 亿元和 23931 亿元，总和为 187617.7 亿元，支出结构数据为 1∶0.28∶0.01∶0.19。如果不考虑债务收支，政府收支呈现赤字 3767.82 亿元。在政府性基金收入中，土地出让收入为 26691.52 亿元，占政府性基金总收入的 71.12%。

省级财政执行的四个预算中，公共财政预算、政府性基金预算和国有资本经营预算的数据可以找到。从实际运行看，公共财政预算和政府性基金预算是地方可执行财力预算的主体。从公共财政预算来看，2012 年上海地方财政决算收入为 3743.7 亿元，在所调查的六个城市（上海、北京、天津、重庆、广州、深圳）中排名第一，其中本级财政收入 1831.6 亿元，在五个城市中也位列第一位（见表 6－1）。从预算完成情况来看，除重庆外，五个城市都略微超额完成了年初公共财政预算的规模，但上海的超额情况较天津、广州略微逊色，稍微好于北京。

从政府性基金预算来，2012 年上海的政府性基金决算收入为 1290.6 亿元，高于北京的 1197.9 亿元，但是低于重庆的 1434.4 亿元，并且只完成了预算的 85.7%，远低于北京的 112.9%，完成情况不容乐观（见表 6－1）。从政府级次来看，本级政府性基金预算完成情况（127.8%）明显好于区县政府，尤其是明显好于广州本级政府完成情况（84%）。与公共财政预算相比，政府性基金承载了更多的事业发展和经济建设功能，政府性基金收入完成表征了经济建设和社会发展资金的缺乏。

① 2009 年我国人均 GDP 为 4000 美元，按照经济发展阶段划分，属于中上等收入国家。当年我国广义宏观税负为 32.1%，而中上等收入国家的平均水平为 21.6%，相差 10 个百分点左右。

表 6－1　2012 年上海与国内主要城市政府收支规模比较

类型	科目	指标	上海	北京	天津	重庆	广州	深圳
公共预算	地方收入	基数(亿元)	3743.7	3314.9	1760	1703.5	1010.55	1482
		完成(%)	101	100.2	105.2	99.6%	102.1	
		增幅(%)	9.2	10.3	21	14.5%	11.1	10.6
	GDP	基数(亿元)	20181.72	17879.40	12893.88	11409.60	13551.21	12950
	地方税负	比例(%)	18.55	18.54	13.65	14.93	7.46	11.44
	地方支出	基数(亿元)	4320.1	3939.4	2112.2	3055.2(86.4%)	1321.8	1565.7
	平衡收入	基数(亿元)	-576.4	-624.5	-352.2	-1351.7	-311.25	-83.7
	本级收入	基数(亿元)	1831.6	1804.5	649.9	718.4	442.8	879
		完成(%)	100.3	100.4	100.1	103.6		
		增幅(%)	9.3	9.7	15.1	16.1	6.2	9.5
	增值税	基数(亿元) 完成(%)	269.8 (84.8%)	168.5 (123.8%)	54.6 (87.3%)	34.9	56	
	营业税	基数(亿元) 完成(%)	441.3 (105.6%)	590.1 (97.3%)	185.6 (94.0%)	202.7	73.5	
	企业所得税	基数(亿元) 完成(%)	481.9 (97.9%)	440.5 (101.6%)	79.9 (89.4%)	61.9	48.8	
	个人所得税	基数(亿元) 完成(%)	163.5 (97.3%)	281.5 (95.8%)	24.4 (85.3%)	17.4	45.8	
	契税	基数(亿元) 完成(%)	29.2 (86.9%)	126.6 (89.9%)		1.2	48.7	
	本级支出	基数(亿元)	1705.5+696.8 =2402.3	2465.8	900.5	1053.7 (80.1%)	512	874.5
	平衡收入	基数(亿元)	-570.7	-661.3	-250.6	-335.3	-69.2	4.5

续表

类型	科目	指标	上海	北京	天津	重庆	广州	深圳
政府性基金	地方收入	基数（亿元）	1290.6	1197.9	948.3	1434.4	421.1	310.91
		完成（%）	85.7	112.9	87.8	101		
		增幅（%）		-11.5	1	1	-24.2	14.69
	地方支出	基数（亿元）	1371.7	1110.9	1035	1464.8（84.5%）	435.2	310.83
	本级收入	基数（亿元）	647.8	580.7	241.1	850.8	237.2	
		完成（%）	127.8	117.7	84	95.7		
		增幅（%）		-32.70%	7.6	-4.3	-35.6	
		土地出让收入（亿元）	465	401.1	193.4（79.5%）	752.9	220	
	本级支出	基数（亿元）	602	538.6	255.9	764.1（83.8%）	232.8	
国有资本经营预算	当年收入	基数（亿元）	81.06	60.3	7.3	31.9	77	25.01
	当年支出	基数（亿元）	81.25	62.3			77	24.46

说明：除广州来自预计执行数据外，数据来自各城市2012年政府决算。由于规模较小，部分城市（例如重庆市）的国有资本经营预算并入公共财政预算，没有单独支出数据。部分数据根据网络搜集。因预算法要求地方政府保持形式预算平衡，我们将公共预算来自其他层级政府、债务收入和以往收入的部分统称为平衡收入。北京市本级支出数据包括对于下属政府追加支出，上海也采用了类似处理，可能造成与其他城市不可比。加粗部分为本级财政收入中的主要税种，括号内的数字是完成情况。

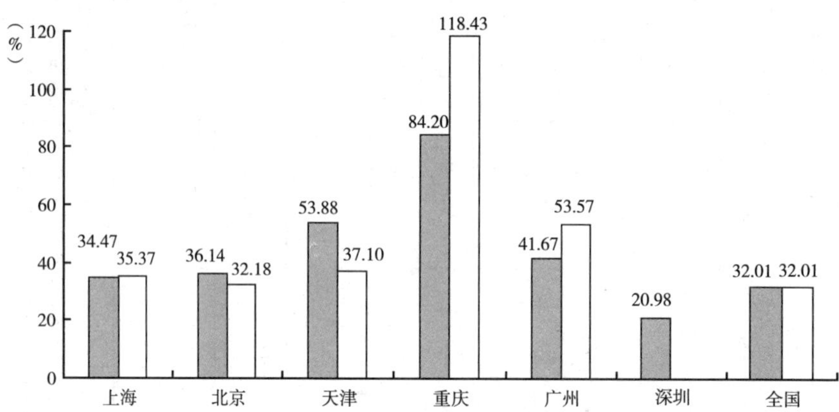

图 6－1　2012 年国内主要城市的政府性基金收入比重

从结构数据来看，上海地方财政政府性基金收入比重高于全国 2.46 个百分点，市本级比重高于全国 3.36 个百分点。土地出让收入是政府性基金的主体，2012 年上海本级政府性基金收入规模为 465 亿元，高于北京的 401.1 亿元和天津的 193.4 亿元，但是远低于重庆的 752.9 亿元。上海政府性基金收入对土地出让收入依赖程度较高，市本级政府性基金中 71.78%，与全国 71.12% 的比重基本持平，虽略低于人均 GDP 较低、正在城市建设期的天津（80.22%）和重庆（88.49%），但是高于北京 69.07% 的比重（表 6－2）。对于土地的过度依赖，是金融危机以来土地市场的波动成为上海本地政府收入波动和政府性基金预算计划不能实现的主要原因，也是造成上海宏观经济波动的重要原因，同时造成了大量的社会福利损失。

表 6－2　2012 年上海与国内主要城市政府收入结构比较

单位：%

指标	上海	北京	天津	重庆	广州	深圳	全国
政府性基金/公共财政（地方）	34.47	36.14	53.88	84.20	41.67	20.98	32.01
政府性基金收入/公共财政（本级）	35.37	32.18	37.10	118.43	53.57		32.01
土地出让收入/公共财政（本级）	25.39	22.23	29.76	104.80			22.76
土地出让收入/政府性基金（本级）	71.78	69.07	80.22	88.49			71.12

除社保基金要求专款专用外，国有资本经营预算目前规模较小，上海仅为81亿元，占公共财政收入的2%左右。广州比重较高，也仅为公共财政收入的7.6%，从而将其并入公共财政预算，没有单独列支，找不到单独的支出数据。但按照《中共中央关于全面深化改革若干重大问题的决定》，除国有资本经营预算会不断强化以外，部分国有资本将会用于充实社会保障基金，2020年国有资本收益的30%将进入公共财政预算，用于保障和改善民生，到时必将进一步充实地方财力。

第二节　现有政府收支模式的缺陷

1. 公共资源分割

独立编制的政府收入意味着分割运行的公共资源。这在公共财政预算与政府性基金预算的分列中表现得最为明显。政府预算不够完整，规范性的公共预算收支占全部政府收支的比重不过60%，不能覆盖政府全部收支。与公共财政预算的“可备案、可审批”性质相比，政府性基金预算、社会保障基金预算和国有资本经营预算部门预算色彩过重，规范性差，可统筹程度过低。政府性基金预算是地方“第二财政”，但是现实中“私房钱”性质较浓，收支运作既不需通过各级人民代表大会的批准程序，也不可能在各级政府层面做统筹安排。社会保险基金预算，虽有相对规范的收支内容、标准和范围，并实行专款专用，但其编制和执行的主导权既非财政部门，又仅限于向各级人民代表大会报告，故而亦属于“备案”性的审议范畴；至于国有资本经营预算，则一方面，进入预算视野的范围仍限于部分国有企业，而且，上交预算的国有企业利润比例远低于国际通行水平。另一方面，即便上交的部分，也在国有企业内部封闭运行。故而至多可算作打了较大折扣的“备案”性审议。除公共财政预算外，其他三个预算都属于基金类，其目的主要是为特定事业发展进行融资，从而很难做到公共财政预算所要求的零基预算和按照公共需求来分配公共资金。①

过多的基金式封闭运行体制，削弱了政府作为公共部门所应当具有的统一配置资源能力。这些问题的形成，主要是由于国家层面上的体制性因素，并不在上海本地可控范围内。从长期来看，公共财政预算作为地方财力的主体地位是不容动摇的。目前国内发达省市政府性基金收入占比过高，上海本级政府性基金收入占本级财政收入的35.37%，高于北京3个百分点，低于天津2个百分点，但是远远低于重庆118.43%的比重，处于基本可控范围（表6－2）。但是政府性基金目前以土地出让收入为主体，在现有的城市建设土地总体规划下，土地出让呈现出两个基本特征，一是出让规模总体有限，可持续性不强，过度出让存在“寅吃卯粮”现象；二是土地市场年度之间波动过大，不利于宏观经济稳定。上海可以以转型升级为契机、以上海自由贸易区为体制改革依托，尝试作为打破不同预算边界，统一配置公共资源的试点。

2. 政府收入结构不合理

我国税收制度存在的主要问题，是间接税收入比例过高，直接税（主要是个人所得税）收入占比偏低，资源、财产类收入占比过低。间接税占比高，意味着税收收入的主体部分由消费来承担。谁消费谁承担税负，相应普通民众承担了大部分税负；直接税尤其是个人所得税占比过低，无法体现量能纳税的原则。随着转型升级过程的加速，劳动力和资本的流动性不断加快，原有的以工业企业为基础的税基越来越不稳定，以不动产为基础的地方税基尚未建立。

关于政府收入结构的三个基本比例是税收收入中间接税占70%、企业缴纳比例为90%、居民个人缴纳的比例不到10%，导致企业税负约等

① 张斌（2012）分析了目前征收的27种专项基金，认为其大部分具有直接增加产品成本的间接税性质，不利于扩大居民消费需求。

于宏观税负[①] 2012 年个人所得税占财政收入比重不到 5%，税收收入比重不到 6%。[②] 这在国内几个大城市表现得也非常明显，2012 年上海本级财政收入 1831.6 亿元中，个人所得税仅为 163.5 亿元，占比不到 9%，而北京 281.5 亿元的个税收入占本级财政收入的比重为 15.6%，比上海高 6.5 个百分点，甚至连广州的个人所得税收入，也比上海高近 1.5 个百分点。

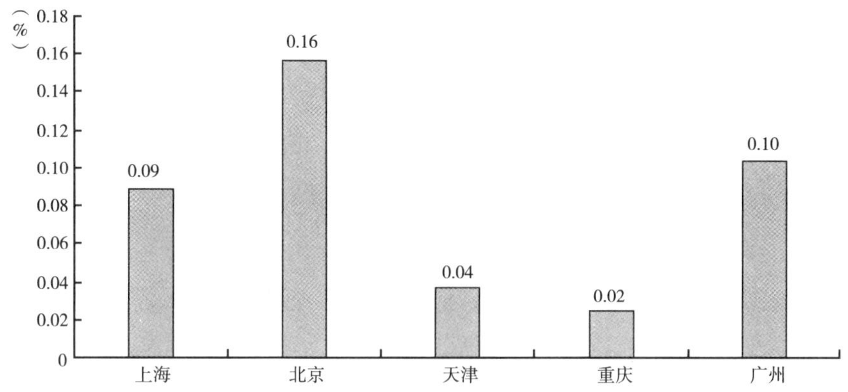

图 6－2　2012 年国内主要城市的个人所得税占税收收入比重

政府性基金预算收入比重过高，尤其以土地出让收入比重过高是以上海为代表的国内发达城市收入结构中明显不合理的地方。按照学术界对美国土地收益历史脉络的梳理，尽管随着经济发展程度土地财政的出现具有必然性，土地收益占财政收入的比重，会从初始状态的 60% 左右逐步下降到财政收入的 30% 并趋于稳定。同时土地收益形式的演进规律是，逐步从出让土地所获得的资产性收益，过渡到以财产税为主体的土地税收收

① 如何计算直接税和间接税，理论界存在分歧。刘佐（2008）对直接税的估计口径最宽，他认为 2008 年的 20 种税收中，车辆购置税、企业所得税、个人所得税、土地增值税、房产税、城市房地产税、城镇土地使用税、耕地占用税、契税、车船税、船舶吨税、印花税、烟叶税和固定资产投资方向调节税等 14 种税收为直接税，增值税、消费税、营业税、关税、资源税和城市维护建设税 6 种税收为间接税。

② 2012 年公共财政收入为 117253.52 亿元，税收收入总额 100614.28 亿元，个人所得税为 5820.28 亿元，占税收收入比例为 5.78%，财政收入比例为 4.96%。

益（以财产保有税为主，以遗产和赠予税、房屋与社区发展收入、环境资源收入和不动产出售收益为辅），并使财产税成为地方财政竞争和城市经营的主要财源。①

3. 支出方式、支出结构不合理

目前公共财政支出用于建设和投资领域的比重基本在25%左右，政府性基金比例则更高。这些财政建设资金干预了微观经济运行，扭曲了价格信号，严重干扰市场机制基础性作用的发挥，同时对于公共产品和公共服务则投入不足。2008年以来的转型升级中，财政对于企业财政补贴的力度远远超过了减税，上市公司在2013年就获得570亿元以各种名义罗列的财政补贴。各种名目的企业补贴项目，使中国成为全球反倾销、反补贴的首要对象。针对中国产品的反补贴税，不但造成了国有财政资金的流失，更是给受援助企业带来沉重的负担。

比财政支出结构更严重的问题是财政支出方式。举凡财政支出，不外乎养人和办事两种。相对于国际上绝大部分国家来说，中国的转移性支出比重过低，项目支出比重过高。即使是民生支出，大多也不是采用转移性支出方式，而是采用民生工程形式。过多的项目支出，是导致过去十年来政府间转移支付膨胀的主要原因，从而使中国有了“项目治国”的治理特征。从调研结果看，项目制运行的实际结果，是用于公益性支出的项目不能提高居民效用，用于经营性支出的项目没有市场收益。

① 美国土地财政的发展阶段是：从土地财政收入以土地出售为主（1776~1861年），到财产税开始在各州普遍征收（内战开始至1900年），再到土地财政收入向地方政府转移（1900~1942年）；最后是地方政府土地财政收入主要以财产税为主（20世纪40年代中期至今）。发展规律是土地财政收入从中央向地方转移、从土地资产性收益向土地税收收益转移、土地财政收入占总财政收入比例先递减再到基本稳定、土地财政税收收入以财产税为主。（王克强、刘红梅、张璇：《美国土地财政收入发展演化规律研究》，《财政研究》2011年第2期）。

4. 公共资源运行不规范

项目支出的特点是不规范，处处要求高绩效，实际却无法科学衡量。用于民生的支出，一般都要进行所谓的绩效考核，但却更多采用公共资源投入指标，与项目受益者之间缺乏必然联系。用于经济建设的项目，更要求绩效考核，但是往往最需要帮助的是需要维持大量就业的中小企业，获得资金的却是资金雄厚的大型企业。在我们对北京四个主城区的调研中，大型企业获得了项目的一多半支出，但是几百万的资金对于年利润数亿元的大型企业来说无异于杯水车薪，也根本不可能衡量出财政支出的绩效。

目前地方不透明的主要问题是地方融资平台所形成的政府性债务。地方政府通过融资平台以企业形式举债，完全脱离了公共部门的监督审计，收支不透明，资金使用效率低下，债务风险增大。审计署数据显示，2010年，地方政府性债务余额共计10.7万亿元，约占2010年全国GDP总额的27.4%。据国际货币基金组织的估算和北大（林肯）中心调查推算，全国地方债规模约为25万亿元左右。除了政府性债务外，地方债的审批、发行、使用、统计、监督各环节均缺乏基本、完整的制度，数据准确性和透明度极低，财政部门不能全面掌握债务信息。

5. 财政顺周期支出情况严重

改革开放35年来，由于缺乏跨期预算制度设计，上海的财政支出总体上是顺周期的。1978~2012年，31个省份公共财政支出的周期系数为0.22。也就是GDP每高于潜在产出1个百分点，财政支出就会增加0.22个百分点。上海同期的顺周期系数为0.33，高于全国水平近50%（见图6-3上），财政支出完全处在顺周期调控的阶段。考虑到近5年以来政府性基金的大幅波动，政府总体支出的顺周期情况会更加严重。实际上，自20世纪以来，上海的财政支出就一直处在顺周期状态，近年来情况还在恶化（见图6-3下），顺周期支出更加严重。

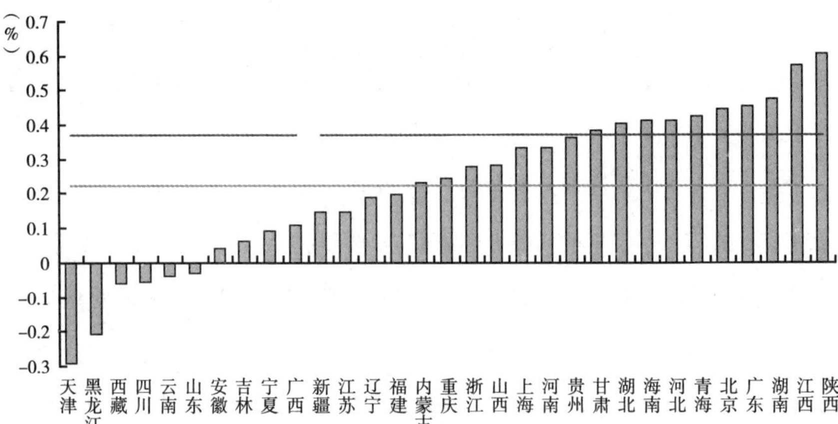

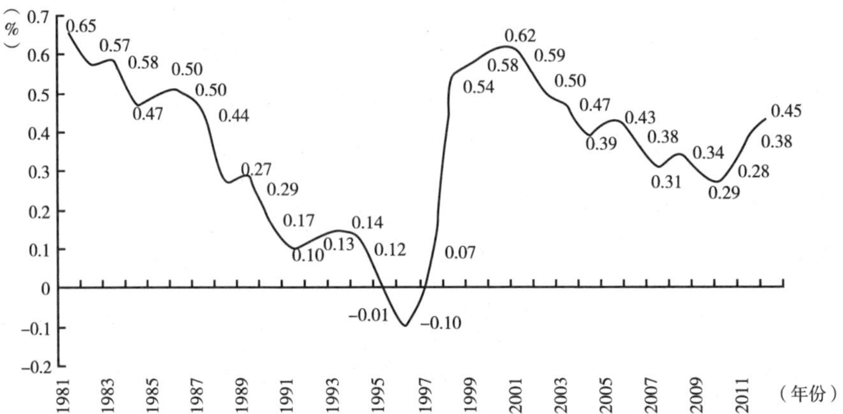

图6－3　全国31个省份公共财政支出的周期特征（上）和上海动态表现（下）

说明：数据来自作者测算，上海动态表现是每10年滚动平均的结果，上图中的细线表示全国平均数。

第三节　世界大都市的政府收入模式特征概括

现代发达国家的城市的收入结构大多呈现出基本相似的特征（表6－3）。从国家层面上，税制结构以直接税为主体。1965年以来的近50年中，若不考虑社会保障缴款，包括个人所得税、企业所得税和财产税为主的直接税体系，为OECD国家贡献了税收收入的56%～60%，2010年这个比重为57%。若考虑社会保障缴款并将其全部纳入直接税，OECD国家的直接税比重会上升到64%～69%，2010年比重为68%。可见，无论是否考虑社会保障缴款，发达国家的直接税远远超过了中国现行不到30%的比重。同时考虑到政府性基金计划都是间接税，中国直接税的比重会更低。

表6－3　OECD的税制结构

单位：%

税种＼年份	1965	1975	1985	1995	2005	2010
个人所得税	26	30	30	26	24	24
公司所得税	9	8	8	8	10	9
社会保障	18	22	22	25	25	26
社会保障:个人	6	7	7	9	9	9
社会保障:单位	10	14	13	14	14	15
薪金税	1	1	1	1	1	1
财产税	8	6	5	5	6	5
一般消费税	12	13	16	19	20	20
特种消费税	24	18	16	13	11	11
其他税收	2	2	2	3	3	3
合　计	100	100	100	100	100	100
税收合计:不含社会保障	82	78	78	75	75	74
个人缴税:不含社会保障	73	70	70	67	65	64
个人缴税:含社会保障	79	77	77	76	74	73
直接税比重:不含社会保障	56	60	59	57	59	57
直接税比重:含社会保障	64	69	68	68	69	68

说明：数据来自OECD Revenue Statistics2012（1965－2011）。

比直接税比重更高的，是税收在企业和自然人之间的分配结构。从左侧坐标轴刻度范围就能看出来，个人直接缴税的比重比直接税高10个百分点左右。若不考虑社会保障缴款，1965年以来，OECD国家个人直接缴税占税收总收入的64%～73%，若考虑社会保障缴款，个人缴税比重会提高到73%～79%（图6－5）。2010年上述两个比重分别为64%和73%。

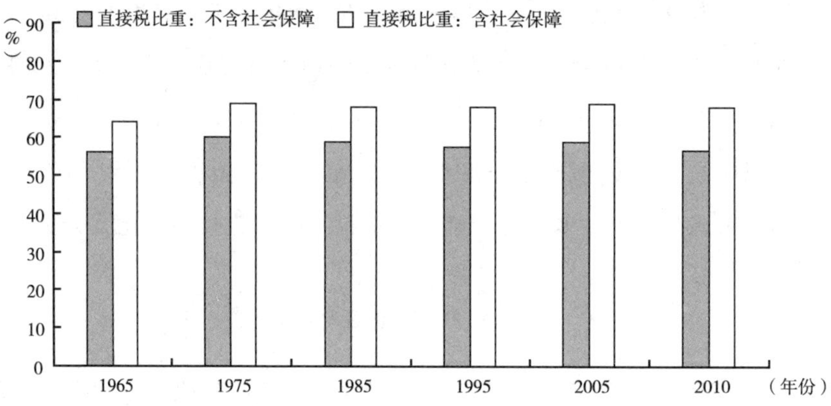

图 6－4 OECD 国家的直接税比重（1965～2010 年）

说明：数据来自 OECD Revenue Statistics 2012 第 23 页。

尽管从长期趋势看，个人缴款的比重是在下降，不含社会保障的个人缴税从 1965 年的 73% 下降到 2010 年的 64%，45 年来下降了 9 个百分点，平均每年下降 0.2 个百分点；含社会保障的个人缴款则从 1965 年的 79% 下降到 2010 年的 73%，平均每年下降 0.15 个百分点。显而易见的是，针对中国个人税收缴款仅为 10% 的比重，结构性特征还是非常明显的。

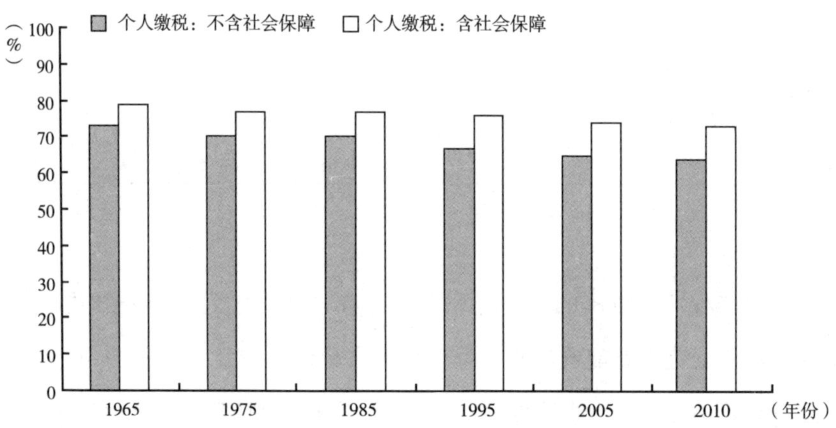

图 6－5 OECD 国家的个人缴款比重（1965～2010）

说明：数据来自 OECD Revenue Statistics 2012 第 23 页，数据见表 3。

从政府收入结构的差异上来看，全球33个发达国家和地区的政府税收收入（不考虑社会保障，下同）数据显示（见图6-6）：2010年全国（地区）政府的财产税占税收收入的比重从奥地利的1.99%到中国香港的26%不等，平均为7.54%，其中西班牙、比利时、以色列、加拿大、韩国、英国、日本、法国、美国等发达人口大国的比重都超过了10%。

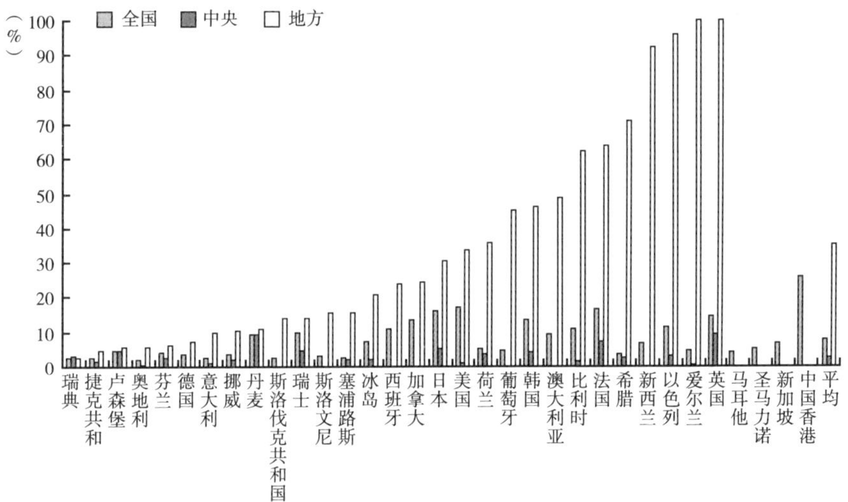

图6-6 全球发达国家的财产税比例

说明：地方泛指除中央政府之外的政府，本部分数据来自International Monetary Fund《GOVERNMENT FINANCE STATISTICS YEARBOOK 2011》。

从政府间财力分配上看，除中国香港、新加坡、马耳他和圣马力诺四个单级政府国家或地区外，其余29个国家财产税对于中央政府税收的贡献率平均为2.48%，其中斯洛伐克、斯洛文尼亚、德国、新西兰、澳大利亚、加拿大六个国家的财产税全部归属地方，西班牙、葡萄牙、奥地利、爱尔兰、意大利五国财产税对中央税收收入的贡献率小于1%，美国的比重为1.05%，英国财产税对中央税收收入的比重最高，为9.12%，丹麦和法国次之，为9.11%和7.35%。

英国是世界上第一个完成工业化，并进入创新和服务业主导的大国经济体，也是世界上最早征收房产税的国家。英国有比较完备和成熟的房产税制度，英国没有“房产税”这一税种，实际征收的是住房房产税和营业房屋税。住房房产税直译为地方议会税，是英国唯一的地方税，该税种由居住地的地方政府征收，由城市、郡、片区三级分享。所以英国财产税对于地方税收收入的贡献率为 100%。英国房产税的纳税主体既包括房屋所有人也包括房屋的承租人，仅对城市房产征税，征收的是保有环节的房地产税种，包括住房财产税和营业房屋税两种，采用累进税率，但各个郡的税级和边际税率均不相同，房产税收入一般应用于公共事业开支。

美国是第二个完成工业化并成功进入创新和服务业主导的经济大国。美国房产税占中央税收收入的 1.07%，却占州和地方税收收入的 33.74%，是地方政府（Local Government）收入的主要税种，占地方政府收入的 70% 以上。美国财产税属于地方税的范畴，美国各州对财产税等各种地方税有独立的立法权。各州把财产分为动产、不动产和无形财产三大类，各州都对不动产征收财产税，不动产是财产税的主要成分。住宅物业、商业物业的税收收入占了财产税收入的绝大部分，2012 年美国住宅物业占总财产税收收入的 63%、商业物业占 19%，支出主要用于当地的教育事业、市政设施建设、卫生服务和治安等地方公共服务。

对于地方政府税收收入而言，29 个多级国家（地区）的财产税平均贡献率为 35%。比利时、法国、希腊、新西兰、以色列、爱尔兰和英国的财产税对地方税收收入的贡献率超过了 60%，其中爱尔兰和英国一样，财产税是唯一的地方税种。

除了税收收入和转移支付外，各地方政府还执行大量的使用者付费机制。使用者付费占 OECD 国家政府支出的 6.3%。使用者付费是地方的典型收入，联邦制国家使用者付费的 75% 以上归属州和地方政府，大部分单一制国家使用者付费收入的一半以上归属地方政府。使用者付费收入是城市预算支出的重要来源，而中国的政府性基金收入也有此类性质，只是作为其主体的土地出让收入并不是典型的使用者一次性消费公共服务付费方式。希腊、爱尔兰和荷兰，使用者付费收入甚至比地方税收收入还要多。在 OECD 主要城市中，使用者付费收入占到了城市预算支出的2% ~ 17%（见图6－7）。

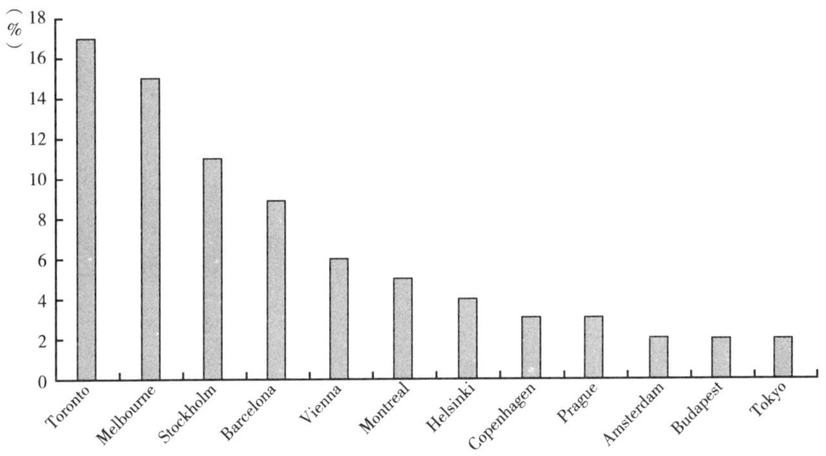

图6－7　2005年使用者付费对全球大城市城市财政收入的贡献率

说明：数据来自 OECD 和中国发展基金会编制《Trends in Urbanisation and Urban Policies in OECD Countries：What Lessons for China?》第182页，图中的城市从左到右依次是（加拿大）多伦多、（澳大利亚）墨尔本、（瑞典）斯德哥尔摩、（法国）巴塞罗那、（奥地利）维也纳、（加拿大）蒙特利尔、（芬兰）赫尔辛基、（丹麦）哥本哈根、（捷克）布拉格、（荷兰）阿姆斯特丹、（匈牙利）布达佩斯和（日本）东京。

第四节　面向创新和服务业发展的政府收支模式改革

城市化伴随的基础设施改善，极大地便利了生产要素的跨区域快速流动，从而对原有的工业税基稳定提出了挑战。而要素的便捷流动，知识的交融与汇合，为创新提供了不竭的源泉。随着上海成为总部经济、创新中心和服务业主导城市，城市收入的基础正在迅速转变，增值税、营业税、企业所得税等税种税源开始明显具有不确定性和流动性，个人所得税和房产税、契税、土地使用税、车船使用税和印花税等具有相对稳定性。保持总部经济时代的政府收入稳定，必须要求中央和地方政府收入的主体转向更加稳定可靠的个人所得税和不动产税。

与工业相比，创新和服务业发展都要鼓励生产要素充分流动。而原有的工业税基及其增值税，则具有相对的市场分割和地方保护特征。众多地方政府为了保护本地企业利润而采取的“与邻为壑”型竞争行为，已经严重不适应创新型经济的要求，相应的政府税收重点必须从本地工业企业利润转向当地消费、所得和财产，从而才会使政府工作的中心从招商引资转向鼓励和促进消费，增加居民收入和保护私有财产。

以政府收支模式改革来实现走出分割，走向一体化配置资源，包含了政府资源自身配置为主体的公共资源配置模式改革和通过政府收支模式改革来提高市场配置资源的广度和深度两层含义。公共资源配置模式改革，要求在空间和时间打破现有的政府预算模式。打破公共财政预算、政府性基金预算、社会保障基金预算和国有资本经营预算之间的空间界限，用全口径预算代替四大预算，减少资源分割，提高资源配置效率，使政府具有统一配置公共资源的能力。只有这样，才能真正做到按需分配公共资金，才能优化公共资源配置。打破时间上的界限，则要促进政府长期经营城市能力的提高，提高预算透明度，逐步允许城市自行发债，用市场来约束政府。逐步以跨年底预算取代单期预算，推进中长期财政支出预算分析，促进公共资源的跨期优化配置。

建设创新型城市，推动转型升级和服务业发展，要求以政府收支模式改革来促进市场资源配置效率提高。这一方面要求改变现有的城市税源，逐步以不动产和所得取代现有的增值税，另一方面则要求增加个人对于税收中的直接贡献，逐步形成政府通过直接税和财政转移性支出干预要素价格、由市场来配置生产型资源的发展模式。使资源流动自由和知识交汇能够创造更大的财富和更多的税收。

表 6-4 主要发达国家政府收入结构

单位：%

全国	时间	收入、利润和资本所得	工资和劳动力	财产	商品和服务	国际贸易	其他税	税收合计	社会保障	补助	其他收入	收入合计
奥地利	2010	12.05	2.64	0.54	11.97			27.2	16.33	0.1	4.52	48.15
比利时	2010	14.99		3.11	10.8		0.02	29.08	16.5	0.06	3.11	48.75
塞浦路斯	2010	11.11	0.98	0.65	13.3	0.21	0.31	26.57	8.96			35.53
芬兰	2010	15.07		1.16	13.16			29.39	12.68	0.24	10.16	52.47
法国	2010	9.45	1.43	4.3	10.66	0.01	-0.22	25.63	18.66			44.29
德国	2010	10.71		0.8	10.87			22.38	16.94	0.14	4.22	43.68
希腊	2010	6.86		0.69	12.11		0.19	19.84	13.09	0.25	6.3	39.48
爱尔兰	2010	10.15		1.04	10.31	0.01	0.54	22.07	7.52			29.59
意大利	2010	14.12		0.81	11.93		1.84	28.7	13.7	0.12	3.31	45.83
卢森堡	2010	13.59		1.26	11.26			26.11	11.78	0.15	3.37	41.41
马耳他	2010	12.51		1.07	13.31	-0.03		26.88	7.42	1.98	3.25	39.53
荷兰	2010	10.81	0.1	1.3	12.11			24.32	14.77	0.07	7.04	46.2
葡萄牙	2010	8.43		1.01	12.07		0.76	22.27	12.27			34.54
斯洛伐克共和国	2010	5.03		0.4	9.87			15.3	12.42	1.12	3.87	32.71
斯洛文尼亚	2010	7.02	0.08	0.62	13.33	0.07	0.01	21.14	16.2	1.82	5.36	44.52
西班牙	2010	9.22		2.15	8.83	0.01		20.21	13.33	0.49	2.25	36.28
澳大利亚	2010	14.54	1.3	2.47	7.1	0.45		25.86			6.82	32.68

续表

全国	时间	收入、利润和资本所得	工资和劳动力	财产	商品和服务	国际贸易	其他税	税收合计	社会保障	补助	其他收入	收入合计
加拿大	2010	14.6	0.66	3.54	6.92	0.21	0.42	26.35	4.57		7.02	37.94
中国香港	2009	7.34		3.27	1.74	0.07	0.1	12.53			7.75	20.28
捷克共和国	2010	6.91		0.43	10.95			18.3	13.71	2.25	2.86	37.12
丹麦	2010	27.03	0.53	4.46	14.46		0.19	46.67	1.94	1.17	5.54	55.32
冰岛	2010	15.59	0.18	2.31	11.98	0.39	0.39	30.84	4.14	0.16	6.33	41.47
以色列	2010	9.76	1.31	3.03	12.28	0.34		26.72	6.82	1.18	5.46	40.18
日本	2010	7.42		2.69	6.06	0.17	0.17	16.51	12.08	13.64	4.05	46.28
韩国	2010	7.09		2.62	7.18	0.91	1.62	19.42	3.65		5.14	28.21
新西兰	2010	18.02		2.09	9.56	1.03	0.21	30.91			7.24	38.15
挪威	2010	19.7		1.16	11.73	0.1	0.01	32.7	9.66		13.58	55.94
圣马力诺	2002	10.94		1.18	10.87	0.47	0.05	23.52	10.09	0.5	12.84	46.95
新加坡	2010	6.09		0.92	4.7		1.96	13.66			4.27	17.93
瑞典	2010	19.09	3.77	1.06	13.45			37.37	8.77			46.14
瑞士	2009	13.92		2.19	6.32	0.19		22.62	7.12	0.03	5.13	34.9
英国	2010	13.14	0.24	4.21	10.86		0.06	28.51	8.41	0.22	3	40.14
美国	2010	10.77		3.15	4.25	0.2		18.37	6.83		6.46	31.66
平　均		11.91	1.10	1.87	10.19	0.27	0.45	24.79	10.70	1.28	5.72	42.50

表 6－5　主要发达国家中央政府收入结构

单位：%

中央	时间	收入、利润和资本所得	工资和劳动力	财产	商品和服务	国际贸易	其他税	税收合计	社会保障	补助	其他收入	收入合计
奥地利	2010	8.31	1.73	0.05	8.33			18.43	15.38	0.16	2.62	36.59
比利时	2010	14.22		0.32	10.07			24.61	14.75	0.08	1.38	40.82
塞浦路斯	2010	10.92	0.86	0.57	13.19	0.21	0.31	26.06	8.96			35.02
芬兰	2010	5.45		0.51	13.16			19.11	12.67	0.66	4.84	37.28
法国	2010	9.45	1.04	1.57	9.52	-0.01	-0.22	21.35	18.63			39.98
德国	2010	4.36			7.14			11.51	16.13	0.26	0.97	28.87
希腊	2010	6.86		0.52	12.03		0.19	19.6	13.09	0.25	5.4	38.34
爱尔兰	2010	10.15		0.15	10.31	0.01	0.54	21.18	7.21			28.39
意大利	2010	12.47		0.22	8.15		1.74	22.58	13.61	0.26	1.6	38.05
卢森堡	2010	12.09		1.17	11.23			24.49	11.77	0.52	2.25	39.03
马耳他	2010	12.51		1.07	13.31	-0.03		26.88	7.42	1.95	3.13	39.38
荷兰	2010	10.81	0.1	0.79	11.2			22.9	14.44	0.19	3.96	41.49
葡萄牙	2010	7.81		0.05	11.53		0.74	20.13	11.9			32.03
斯洛伐克共和国	2010	3.02			9.44			12.45	12.42	1.06	2.98	28.91
斯洛文尼亚	2010	3.81	0.08		13.16	0.07	0.01	17.13	16.2	1.87	3.6	38.8
西班牙	2010	5.98		0.02	5.3			11.29	13.25	0.89	0.68	26.11
澳大利亚	2010	14.54	0.04		5.74	0.45		20.78		0.05	2.8	23.63

续表

中央	时间	收入、利润和资本所得	工资和劳动力	财产	商品和服务	国际贸易	其他税	税收合计	社会保障	补助	其他收入	收入合计
加拿大	2010	9			2. 56	0. 21		11. 77	3. 89	0. 06	1. 3	17. 02
中国香港	2009	7. 34		3. 27	1. 74	0. 07	0. 1	12. 53			7. 75	20. 28
捷克共和国	2010	4. 61		0. 2	8. 71			13. 53	13. 71	2. 25	1. 5	30. 99
丹麦	2010	15. 67	0. 53	3. 09	14. 44		0. 19	33. 92	1. 39	1. 49	2. 89	39. 69
冰岛	2010	8. 64	0. 18	0. 46	11. 8	0. 39	0. 39	21. 86	4. 14	0. 22	4. 17	30. 39
以色列	2010	9. 76	1. 31	0. 71	12. 18	0. 34		24. 3	6. 6	1. 84	4. 37	37. 11
日本	2010	4. 62		0. 48	3. 99	0. 17		9. 26	0. 1	0. 23	2. 01	11. 6
韩国	2010	6. 37		0. 66	6. 06	0. 91	1. 15	15. 15	3. 65		3. 86	22. 66
新西兰	2010	18. 02			9. 38	1. 03	0. 21	28. 64			5. 99	34. 63
挪威	2010	14. 55		0. 57	11. 64	0. 1	0. 01	26. 88	9. 66	0. 08	11. 17	47. 79
圣马力诺	2002	10. 94		1. 18	10. 87	0. 47	0. 05	23. 52	10. 09	0. 5	12. 84	46. 95
新加坡	2010	6. 09		0. 92	4. 7		1. 96	13. 66			4. 27	17. 93
瑞典	2010	3. 71	3. 77	0. 63	13. 45			21. 55	8. 48			30. 03
瑞士	2009	4. 37		0. 52	5. 67	0. 19		10. 76	7. 12	0. 05	0. 68	18. 61
英国	2010	13. 14	0. 24	2. 44	10. 86		0. 06	26. 74	8. 13	0. 22	1. 29	36. 38
美国	2010	8. 53		0. 1	0. 5	0. 2		9. 33	6. 68		0. 94	16. 95
平　均		9. 03	0. 90	0. 82	9. 13	0. 28	0. 46	19. 51	10. 05	0. 66	3. 62	33. 84

表 6-6　主要发达国家地方政府收入结构

单位：%

中央	时间	收入、利润和资本所得	工资和劳动力	财产	商品和服务	国际贸易	其他税	税收合计	社会保障	补助	其他收入	收入合计
奥地利	2010	3.74	0.91	0.49	3.64	0	0	8.77	0.95	-0.06	1.9	11.56
比利时	2010	0.77	0	2.79	0.73	0	0.02	4.47	1.75	-0.02	1.73	7.93
塞浦路斯	2010	0.19	0.12	0.08	0.11	0	0	0.51	0	0	0	0.51
芬兰	2010	9.62	0	0.65	0	0	0	10.28	0.01	-0.42	5.32	15.19
法国	2010	0	0.39	2.73	1.14	0.02	0	4.28	0.03	0	0	4.31
德国	2010	6.35	0	0.8	3.73	0	0	10.87	0.81	-0.12	3.25	14.81
希腊	2010	0	0	0.17	0.08	0	0	0.24	0	0	0.9	1.14
爱尔兰	2010	0	0	0.89	0	0	0	0.89	0.31	0	0	1.2
意大利	2010	1.65	0	0.59	3.78	0	0.1	6.12	0.09	-0.14	1.71	7.78
卢森堡	2010	1.5	0	0.09	0.03	0	0	1.62	0.01	-0.37	1.12	2.38
马耳他	2010	0	0	0	0	0	0	0	0	0.03	0.12	0.15
荷兰	2010	0	0	0.51	0.91	0	0	1.42	0.33	-0.12	3.08	4.71
葡萄牙	2010	0.62	0	0.96	0.54	0	0.02	2.14	0.37	0	0	2.51
斯洛伐克共和国	2010	2.01	0	0.4	0.43	0	0	2.85	0	0.06	0.89	3.8
斯洛文尼亚	2010	3.21	0	0.62	0.17	0	0	4.01	0	-0.05	1.76	5.72
西班牙	2010	3.24	0	2.13	3.53	0.01	0	8.92	0.08	-0.4	1.57	10.17
澳大利亚	2010	0	1.26	2.47	1.36	0	0	5.08	0	-0.05	4.02	9.05

续表

中央	时间	收入、利润和资本所得	工资和劳动力	财产	商品和服务	国际贸易	其他税	税收合计	社会保障	补助	其他收入	收入合计
加拿大	2010	5.6	0.66	3.54	4.36	0	0.42	14.58	0.68	-0.06	5.72	20.92
中国香港	2009	0	0	0	0	0	0	0	0	0	0	0
捷克共和国	2010	2.3	0	0.23	2.24	0	0	4.77	0	0	1.36	6.13
丹麦	2010	11.36	0	1.37	0.02	0	0	12.75	0.55	-0.32	2.65	15.63
冰岛	2010	6.95	0	1.85	0.18	0	0	8.98	0	-0.06	2.16	11.08
以色列	2010	0	0	2.32	0.1	0	0	2.42	0.22	-0.66	1.09	3.07
日本	2010	2.8	0	2.21	2.07	0	0.17	7.25	11.98	13.41	2.04	34.68
韩国	2010	0.72	0	1.96	1.12	0	0.47	4.27	0	0	1.28	5.55
新西兰	2010	0	0	2.09	0.18	0	0	2.27	0	0	1.25	3.52
挪威	2010	5.15	0	0.59	0.09	0	0	5.82	0	-0.08	2.41	8.15
圣马力诺	2002	0	0	0	0	0	0	0	0	0	0	0
新加坡	2010	0	0	0	0	0	0	0	0	0	0	0
瑞典	2010	15.38	0	0.43	0	0	0	15.82	0.29	0	0	16.11
瑞士	2009	9.55	0	1.67	0.65	0	0	11.86	0	-0.02	4.45	16.29
英国	2010	0	0	1.77	0	0	0	1.77	0.28	0	1.71	3.76
美国	2010	2.24	0	3.05	3.75	0	0	9.04	0.15	0	5.52	14.71
平　均		2.88	0.10	1.20	1.06	0.00	0.04	5.27	0.57	0.32	1.79	7.96

说明：表 4 和表 5 的数据来自 International Monetary Fund《GOVERNMENT FINANCE STATISTICS YEARBOOK 2011》，表 6 数据来自 International Monetary Fund《GOVERNMENT FINANCE STATISTICS YEARBOOK 2011》，地方政府数据采用全国数据减去中央政府数据获得，即等于表 4 减去表 5。

实际上，稳定和不断提高政府收入水平，提高直接税比重和个人税收贡献度等，都是发展经济学中关于提高国家能力的核心。现代市场经济通过政府收支，将国家的前途和命运与个人收入、财富和发展紧密结合在一起，使人民和国家同呼吸、共命运。改革现行税制、提高财政透明和司法透明度，是当前提高国家能力的主要手段。以财税能力为核心的国家能力建设，应当成为政府收支模式改革的长期主攻方向。上海应当以推进国家治理和提升国家能力为基本抓手，提高上海的凝聚力和市场向心力，促进上海本地经济的多元化发展。以包容的心态对待迁移劳动者，增强经济的多元化和本地经济对于全球新兴产业的适应能力，促进经济转型升级和长期繁荣的实现。

第七章

案例考察

正如本书第一章揭示的，城市的节点定位了城市在国际产业链分工中所处的位置。通过观察节点的位置可以发现城市产业结构变化的次序及赶超先进城市的前进方向。改革开放三十年的初级重化工的进程已使得上海依赖传统的强政府主导、低成本竞争的优势不再，未来产业系统梯度爬行依赖于经济网络化程度的提高、生产系统的知识配置功能的完善以及创新等方面。本章通过五个案例考察高级产业梯度中的网络、“学中学（Learning by Learning）”与知识配置力来分析上海产业结构升级存在的问题及政策着力点。案例一分析了企业创新过程中水平、纵向交流及信息、资源共享、政府平台建设对创新风险融资的干预。案例二介绍了以知识网络和多样化为特征的高端服务业对于企业技术创新的积极作用。案例三主要介绍了在职培训及行业中介组织对促进企业技术进步和企业之间信息交流和自律机制建立方面的重要性。案例四以服务业外包人才培训和服务业人才培养为特征在企业间创新和企业内创新中的作用。案例五从创新应用性角度阐释了技术创新的理论研究和实践应用相结合，加强企业和科研院所之间的联系，使技术的研发更能适合市场的需求，这同时也能激励科技人员的研发动力。

案例一　张江高科

随着要素价格不断攀升，中国传统的出口导向型工业化增长方式变得日益难以为继，急需实现自主创新驱动的经济增长。根据 Schumpeter（1934）的定义，创新和发明存在明显的区别。一项发明是一种新型或改进的装置、产品、工艺或系统的想法、草图或模型。这种发明常可以获得专利权，但并不必然导致技术创新。从经济意义上讲，创新只是在实现新的产品、工序系统、装置的首次商业交易时才算完成。与此同时，创新同样也可用来描述从研发到生产、销售的全过程。由此可见，创新是一项高风险、高成本的经济活动。实现自主创新驱动的经济增长，必须发挥两种机制的协同作用。首先，需要通过对企业不同创新阶段的风险定价，在风险分散化和风险可控的条件下，实现创新活动专业化分工。这是因为企业从研发到成果商业化应用不确定程度很高，且耗费时间很长，由企业包办原创研发、技术工程化、生产和销售等所有创新阶段（往往长达 10 ~ 12 年）将很难控制相应风险。只有引入各种类型的私募（PE）和风险投资基金（VC）对企业不同创新阶段风险分别定价，并交由具有竞争优势的企业实施，在风险分散化和风险可控的条件下，实现创新活动的专业化分工，才能有效缓解企业技术创新的风险。其次，还必须发展网络型功能服务平台，推进专业化创新活动间的良性互动，并由此获得创新的外溢效应，降低创新成本。创新成本高昂不仅体现在创新活动需要投入高质量的要素，特别是人力资本，而且不同阶段创新活动间的合作还可能产生巨大的交易成本。很显然，技术创新摆脱报酬递减规律制约的难度更大，并不必然构成持久的经济增长动力。那么，只有借助网络型功能服务平台将已经实现专业化分工的创新活动重新组织和连接起来，并进行有效互动，共享知识和信息，才能有效降低创新成本，从而绕过报酬递减的陷阱。发展网络型功能服务平台在发挥上述两种机制协同作用过程中极为关键。这是因为如果将创新成本降低视为正向的供给冲击，创新活动风险或相应的经济波动适度加大反而可能使企业更快地到达投资临界值，从而增加投资和促进经济增长。否则，企业将可能被迫选择风险较小，增长潜力也较小的创新活动。因此，本章将集中考察上海张江高科的公共服务平台建设的相关经验。

1. 张江高科公共服务平台建设：以制药业为例

到目前为止，张江高科共有公共服务平台42个（有公开信息的30个），其中制药业最具代表性，与之相关服务平台共15个，约占总数的1/3强[①]。根据国际经验，一项重大的医药或医疗服务创新平均需要10~12年。如表7-1所示，在美国一种药物的研制需经历规划、研究供临床检验用的药物形态、市场研究、申请专利、研制药物递给方式、临床检验、联邦卫生局批准和上市等不同阶段。医疗服务创新过程也大同小异。从理论上讲，围绕创新活动的每个阶段或供应链的每个环节均可以形成公共服务平台。当然，能够提供全供应链服务的平台层次最高。如表7-2所示，在张江高科园区内，围绕制药业供应链的每个环节都已经形成了相应的公共服务平台。不过，能够提供全供应链服务的平台却只有张江药谷公共服务平台一家。另有4个平台可以提供部分供应链跨环节服务，分别为基于蛋白质晶体学的药物发现与筛选平台（基础研究和规划、研究供临床检验用的药物形态）、药物代谢技术研究平台（研究供临床检验用的药物形态、与知识产权管理有关的服务、其他技术服务和培训）、中药研发公共服务平台（研究供临床检验用的药物形态、基础研究和规划）和药物制剂技术服务平台（研究药物递给方式、研究供临床检验用的药物

① 本章有关张江高科的所有资料均来自上海市张江高科技园区管理委员会—张江在线，http：//www. zhangjiang. net。

形态、药品生产的质量检测）。平台发起人或承担者包括政府机构、大学、医院、公共研究机构、非营利性机构和企业等多种组织形式。不过，由企业作为发起人或承担者的平台主要与药品生产环节有关，如生物工程中试平台（正式生产前的试验）、中药制药研发孵化技术服务平台（正式生产前的试验）以及抗体药物质量检测技术平台（药品生产的质量检测）等。至于提供供应链其他环节服务的平台由政府机构大学、医院、公共研究机构和非营利性机构作为发起人或承担者的情况更为普遍。换言之，能够提供尽可能多的环节供应链服务，承担创新系统集成职能的节点企业尚待形成。

表 7－1 一种药物的研制过程*

（总研制时间 10～12 年）

<table>
<tr><th colspan="2">研发阶段</th><th>所需时间</th></tr>
<tr><td colspan="2">规划</td><td rowspan="2">1～2 年</td></tr>
<tr><td>制造或萃取有效的化合物</td><td rowspan="2">研究供临床检验用的药物形态</td></tr>
<tr><td>动物试验(药物学/毒理学)</td><td>1～2 年</td></tr>
<tr><td colspan="2">市场研究</td><td rowspan="2">1～2 年</td></tr>
<tr><td colspan="2">申请专利</td></tr>
<tr><td colspan="2">盖伦派医学:研制递给方式</td><td rowspan="2">3～4 年</td></tr>
<tr><td colspan="2">临床检验</td></tr>
<tr><td colspan="2">联邦卫生局批准</td><td rowspan="2">2～3 年</td></tr>
<tr><td colspan="2">上市,继续研究</td></tr>
</table>

＊ 根据〔德〕恩斯特·博伊姆勒《药物简史－近代以来延续人类生命的伟大发现》中译本第 2 页图改编，广西师范大学出版社，2005。

由此可见，张江高科制药业公共服务平台竞争力还有较大提升空间。这具体表现在：（1）尽管在制药业每个创新阶段或供应链的每个环节内部创新交流还是较为普遍的，但在不同创新阶段之间或供应链不同环节之间知识和信息的共享仍有待进一步提高。（2）公共服务平台的节点企业无论在数量上还是质量上都需要大力发展。

表7-2 张江高科制药业公共服务平台

平台名称	平台发起人或承担者简介	平台发起人或承担者性质	平台主要服务内容	平台服务的供应链环节
1. 国家人类基因组（南方）研究中心	该中心的成立得到863计划、973计划、中国科学院、国家自然科学基金委员会和北京、上海市政府的大力支持。	政府机构	基因测序、基因扫描分析。	基础研究
2. 上海生物芯片有限公司	公司由上海创业投资有限公司、中科院上海生命科学研究院等十一家在上海的国内知名大学、研究员、医院和企业共同组建而成。公司主营业务为生物芯片的技术创新与服务、产品开发、生产与销售。	大学、医院和企业	基因检测，组织样本库。	基础研究和规划
3. 基于蛋白质晶体学的药物发现与筛选平台	平台由上海美迪西生物医药有限公司承担。中美合资上海美迪西生物医药有限公司是由南京长江医院集团等数十家国内医院投资管理公司与美国美迪西生物医药公司共同投资兴建，从事生物医药方面的研发、技术服务的高新技术企业。	国内医院投资管理公司和外企	平台的主体服务内容为：基因克隆、基因克隆+蛋白表达、基因到结构、基因到先导化合物、化合物筛选。	生物医药基础研究和规划；研究供临床检验用的药物形态（生物制药合成化合物、药物筛选）
4. 新药筛选技术服务平台	平台由国家新药筛选中心承担。国家新药筛选中心是由国家科技部、中国科学院和上海市共同投资建设的，是目前我国唯一的国家级新药筛选中心。中心面向全国，提供专业咨询和化合物样品筛选服务、建立各种药物筛选模型、研究应用高通量和高内涵筛选技术以及建设国家化合物样品库。	政府机构	筛选服务、同位素检测、Luciferase冷光检测、荧光偏振检测、高内涵技术服务。	研究供临床检验用的药物形态（药物筛选）
5. 新药安全评价服务平台	平台由国家上海新药安全评价研究中心（NCDSER）承担。国家上海新药安全评价研究中心是由国家“九五”攻关重点建设项目“新药研究与产业化开发”1035工程项目立项，根据原国家科委、原国家药品监督管理局、中国科学院、上海市政府卫生部、上海市政府联合协议的决定，于2000年12月建成，2001年1月18日通过科技部验收并开始运行。2003年5月19日通过国家食品药品监督管理局GLP检查，成为全国首批通过国家GLP认证的新药非临床研究机构。	政府机构	该中心主体业务是对外承接新药临床前毒理试验（GLP）。	研究供临床检验用的药物形态（毒理学）

续表

平台名称	平台发起人或承担者简介	平台发起人或承担者性质	平台主要服务内容	平台服务的供应链环节
6. 浦东新区动物实验和药物安全评价公共服务平台	平台依托上海中医药大学实验动物中心和上海中医药大学药物安全评价研究中心组建。其中上海中医药大学药物安全评价研究中心的前身为中药新药药理毒理研究中心，是全国中医院校中唯一一家具有 GLP 资质的药物安评机构。2003 年 11 月实验动物设施通过上海市实验动物管理委员会的验收，获得使用许可证。2006 年 7 月安全评价研究中心通过 SFDA 的 GLP 论证。	大学	实验动物饲养、动物实验操作技术、实验动物和动物实验方面的咨询、急性毒性试验、长期毒性试验、局部毒性试验、溶血试验、免疫原性试验、安全性药理试验、毒代动力学试验。	动物试验（药物学/毒理学）
7. 药物代谢研究技术平台	平台由上海药物代谢研究中心承担。上海药物代谢研究中心为独立事业法人单位，业务主管单位为上海市科学技术委员会，技术依托单位为中国科学院上海药物研究所。	非营利性机构	药物吸收、分布、代谢、排泄及毒代动力学研究；生物样品中微量药物及代谢产物分析；候选化合物药物代谢筛选；药物制剂的生物利用度和生物等效性评价；药物代谢相关的化合物制备、新方法开发；技术服务、技术开发、技术转让、技术咨询及学术交流与专业培训。	研究供临床检验用的药物形态（药物学/毒理学）；与知识产权管理有关的服务；其他技术服务和培训
8. 中药研发公共服务平台	平台由上海中药创新研究中心承担。上海中药创新研究中心是由上海市科委、上海市浦东新区政府和上海市张江高科技园区开发公司共同投资组建的中药现代化研究和开发机构，是国家生物医药基地重点建设的“一所六中心”之一，也是“国家中药现代化（上海）创新中心”的依托单位，是国家级中药现代化专业孵化器之一。	政府机构以及相关企业	分析测试、合成服务、植物化学服务、中药基因组研究服务。	研究供临床检验用的药物形态；基础研究和规划
9. 药物制剂技术服务平台	平台由上海现代药物制剂工程研究中心有限公司即国家药物制剂工程研究中心（NPERC）承担。上海现代药物制剂工程研究中心旨在对我国医药工业中落后的给药系统（DDS）和成果转化中最薄弱的环节——工程化进行研究，突破带共性的关键技术，促进我国药物制剂工业的发展。	公共研究机构	药物制剂释药系统研发、药品包装材料检测、临床前药代动力学研究。	研究药物递给方式；研究供临床检验用的药物形态（药物学/毒理学）；药品生产的质量检测（包装材料）

续表

平台名称	平台发起人或承担者简介	平台发起人或承担者性质	平台主要服务内容	平台服务的供应链环节
10. 浦东知识产权公共服务平台	平台由浦东知识产权中心管理和运营。平台的主管部门为浦东新区科学技术委员会（知识产权局），日常管理和运行主体为上海浦东知识产权中心。平台设置了知识产权代理诉讼、纠纷调解、质押融资、数据检索、人才培训、政策落实等全方位的公共服务功能。	非营利性机构	专利等知识产权申请服务、专利咨询服务、专利检索分析以及制订专利战略服务、知识产权专业培训服务、专利、商标、版权等许可服务。	知识产权管理
11. 张江生物医药信息检索平台	平台由张江生物医药职业技能培训中心承担。上海张江生物医药职业技能培训中心是在浦东新区政府相关职能部门的支持下，由上海张江生物医药基地开发有限公司出资成立的非营利性机构。中心主要开展国际标准的实训教育、企业需求的个性化培训、职前培训、证书培训以及科技知识的专题讲座等。	非营利性机构	文献检索、数据查询、培训与其他技术咨询。	技术服务、培训
12. 生物工程制药中试服务平台	平台由上海乔源生物制药有限公司承担。上海乔源生物制药有限公司是由上海新药研究开发中心与上海医药工业研究院合资组建的生物制药企业。	公共研究机构创办的企业	冻干粉针剂的制剂中试、冻干制剂工艺的实验室研究、发酵工艺的研究、发酵工艺的中试研究①。	正式生产前的试验
13. 中药制药研发孵化技术服务平台	平台依托上海中药制药技术有限公司组建和提供服务。上海中药制药技术有限公司是由国家中药制药工程技术研究中心改制而成立的。是经国家科技部批准，由国家中医药管理局和上海市科委直接领导，并有上海医药集团、上海中医药大学、上海天友高新技术产业投资有限公司等九家股东，共同参加组建的科技型企业。专业从事中药制药新技术、新剂型的工程化研究和中药产业现代化的拓展，重点解决科研成果向工业化生产转化的研究、开发、孵化、生产的企业。也是国家中药产业现代化战略研究的一个技术平台。	公共研究机构改制企业	固体中药的技术中试、产品中试。	正式生产前的试验

续表

平台名称	平台发起人或承担者简介	平台发起人或承担者性质	平台主要服务内容	平台服务的供应链环节
14. 抗体药物质量检测技术平台	平台由中信国健药业有限公司承担。上海中信国健药业有限公司(CPGJ)是由香港中信泰富有限公司和上海兰生(集团)有限公司共同投资的生物医药高新技术企业,已发展成为集研发、中试、生产和销售一体化的大型企业。公司主要从事人源化单克隆抗体新药的研制和产业化。	企业	生物活性测定、纯度与含量检测、肽图分析、杂质检测、理化性质检查。	药品生产的质量检测
15. 张江药谷公共服务平台	平台由张江药谷公共服务平台有限公司承接。上海张江药谷公共服务平台有限公司是由上海新药研究开发中心、浦东科技投资有限公司和张江生物医药基地开发有限公司共同投资,成立于2004年9月。公司提供与药物研发相关的一系列服务,包括实验室分析测试,试验用药品贮藏、临床试验方案设计、临床试验机构选择、受试者招募、临床试验监查和稽查、数据管理与统计分析、临床试验总结报告编写、产品注册、GCP认证咨询等。公司还针对生物医药的研发企业对于场地和资金的需求,提供孵化楼租赁和投融资咨询等配套服务。	公共研究机构和企业	1. 提供研发实验所需用房,以及创业孵化服务; 2. 提供高效液相色谱、药物蛋白纯化、超速冷冻离心、红外光谱检测、紫外光谱检测、比旋度检测、核磁共振、细胞形态学观察(荧光显微镜)、细胞培养室、PADE胶扫描成像、在线咨询、药品注册、临床研究等服务; 3. 提供CRO服务。主要从事与新药研发相关的技术咨询服务,如临床试验管理、药品注册、投资咨询等。	全供应链管理

①中试又称中间阶段的试验（Pilotscale Experiment）或正式投产前的试验（Conduct Research），是在大规模产量前的较小规模试验。在确定一个项目前，第一要进行试验室试验；第二步是“小试”，也就是根据试验室效果进行放大；第三步是“中试”，就是根据小试结果继续放大。中试成功后基本就可以量产了。产品经理确定项目是否可做，试验室试验归属研发部门完成，“小试”和“中试”统归属中试部门完成，两个部门有各自的工艺和质量人员参与。目前的现状是中小企业的中试部门基本都是从研发部门中衍生出来的，在人员学历和素质上都不能很好地提出建设性的意见，此外，有些中试部门甚至归属于研发部门垂直管理。中试部门还主要承担与制造中心、供应链体系之间的良好、有效的沟通，包括完成一些特殊订单，这些都对中试工程师自身能力有很好的要求。

2. 张江高科园区管委会对企业融资平台的全面干预

考虑到金融中介在创新风险定价中不可替代的作用，简要分析一下张江高科企业融资平台发展情况无疑十分必要。与制药业公共服务平台相比，张江高科园区管委会对企业融资平台的干预更加突出。如表7－3所示，OECD经济体政府对企业融资平台的干预仅限于在企业种子和起步阶段提供财政融资，以培育市场，弥补市场失败。相反，张江高科园区管委会，作为承担诸多政府职能的管理机构，对企业融资平台的干预则要广泛、全面得多，这具体表现在：

第一，园区管委会创设非营利性的企业信用自律组织，承担政府委托的企业融资信用体系建设工作，并对此进行全方位的资助，创造金融机构对企业信用风险定价的有利条件。(1) 资助企业内部信用管理和建设企业信用数据库。(2) 资助企业信用评估。资助同时涉及企业信用评估费用和纳入试点的信用评估机构。(3) 鼓励并资助企业信用报告的使用。除了政府率先使用信用报告外，还资助和奖励银行、创投机构、场外市场交易所等机构在贷款、企业改制上市、非上市股份转让、信托债券及创业风险投资等融资过程中批量使用信用报告。(4) 资助培育园区信用文化，这包括资助研发园区内信用产品的创新性适应性研发，培养专业信用服务队伍以及探索园区内奖惩机制，以建立园区企业信用信息发布制度等一系列内容。

第二，园区管委会组建了上海张江中小企业信用担保中心，促进中小企业增信，缓解中小企业贷款难问题。担保中心一般以“先资产后信用，先有形后无形”原则接受企业反担保申请；试行订单、股权和知识产权质押等反担保手段；对提供无形资产作为反担保措施的企业，一般要求企业主要经营者提供个人无限责任担保。

第三，园区管委会直接承担部分金融中介职能，广泛参与中小企业融资平台的运作。这方面的典型案例包括：(1) 浦东新区政府出资3亿元于2008年10月13日成立了上海浦东科技金融服务有限公司，是委托科委管理的全国资公司。该公司在与国家开发银行科技型中小企业贷款合作业务的基础上，专为科技型中小企业提供包括委托贷款、投贷联动及相关投融资咨询等综合服务的专业投融资机构。公司通过贷款与投资相配合、资金扶持与专业化辅导相结合、政府引导各类社会主体共同参与技术创新与科技创业的服务模式，致力于解决科技型中小企业融资难的问题。(2) 交通银行上海市分行小企业信贷服务中心创建了张江高科模式，与张江高科技园区、上海市住房置业担保有限公司合作推出“张江企业易贷通”，通过园区平台推荐中小企业，解决银企间信息不对称的难题；通过引进专业担保机构，解决了小企业担保难的问题，同时为向交行融资的科技型中小企业提供信用贷款。(3) 上海银行小企业金融服务中心通过建设创智贷－科技型小企业融资平台，发放科技型小企业履约保证保险贷款和知识产权质押担保贷款。其中科技型小企业履约保证保险贷款为在政府相关机构支持下，银行与保险公司合作，搭建科技型企业业务平台，为符合条件并投保“中小企业短期贷款履约保证保险”的科技型企业提供融资支持；知识产权质押担保贷款为在政府相关机构支持下，银行与科技园区等相关单位合作，搭建融资担保平台，为符合条件、但缺乏抵押的科技型小企业提供融资支持。(4) 上海浦东发展银行成立了上海分行中小企业业务经营中心暨科技企业服务中心，并在浦东张江地区和杨浦创智天地区域设立专营机构，试点科技金融业务，由此形成浦发“银元宝”信贷模式。“银元宝”扩大了园区平台的资源使用，使担保公司、开发园区、政府财政支持、政策支持、风险投资基金、小额贷款公司等各种平台各尽所长形成合力与互补，充分发挥各方的优势和专长，对于缺少抵押物、缺少可供质押应收账款的中小企业，多方合力，共同协助企业获取运营所需资金。

第四，园区管委会决定从 2011 年 1 月 1 日起到 2015 年 12 月 31 日，对园区内供应链所有环节的融资进行全面扶持。(1) 园区管委会实行对知识产权全流程管理的扶持，有关措施包括国内发明专利奖励、知识产权质押融资奖励、维权补贴和购买（知识产权公共服务平台和专业化服务机构）服务等。(2) 园区管委会按照供应链先后次序对园区内不同种类产业组织进行差异化补贴。这些产业组织包括创业苗圃、孵化器、孵化企业、毕业企业、加速器及加速企业、委托（孵化器）管理企业、高端人才创业、参与证券市场外交易市场（OTC）挂牌和发行的企业以及公开上市发行企业。

第五，园区管委会对其所拥有的创业投资专项资金进行市场化运作。2012 年，园区管委会对上海市张江高科技园区创业投资专项资金长期股权投资管理进行规范，主要涉及对种子基金和引导基金的决策管理，其中种子基金用于园区初创期项目投资，引导基金用于引导和集聚国内外创业资本投资园区项目。种子基金内部治理结构安排如下：首先设立专项资金理事会，由理事会委托专业机构作为管理单位，负责资金的日常运营管理。管理单位再根据理事会要求设种子基金投资决策委员会，投资决策委员会成员由理事会任命。投资决策委员会作为种子基金对外投资业务的最高决策机构，在理事会授权范围对项目的产业领域、研发阶段、地域范围、投资额度、投资方式等内容进行决策。投资决策委员会成员分别由管理单位 3 名主要负责人、园区管委会计划财务处处长、经济发展处处长、科技创新处处长和张江创业中心负责人组成。同时根据项目需要在行业专家库中挑选若干名不固定的行业专家，对投资决策提出参考意见。至于引导基金采用政府引导、市场化运作方式，主要采用参股基金方式对外合作投资。

由此可见，张江高科园区管委会不仅同样在企业种子和起步阶段提供财政融资，而且还通过促进企业融资信用体系建设、担保增信、直接参与中小企业融资平台运营、扶持企业在供应链其他环节的融资以及市场化运作政府所有的创业投资资金等方式干预园区内企业融资平台发展。很显然，张江高科园区管委会通过多种方式实现了对企业供应链所有环节融资的参与。这种对企业融资平台的全面政府干预不仅会导致金融风险向园区管委会过度集中，而且可能阻碍能够提供全供应链融资服务平台的有效形成。这是因为尽管园区管委会对企业供应链所有环节融资都进行了干预，但每个环节融资扶持都是相对孤立的，特别是政策带有明显过渡特征，对行业协会、产业联盟等科技中介组织（可能是潜在节点企业的组织形式）以及公共服务平台的融资扶持才刚刚开始。比如从 2011 年 1 月 1 日 ~ 2015 年 12 月 31 日，园区管委会出于不同政策目的对园区内所有产业组织实行融资扶持。这具体表现在：（1）将园区内企业区分为优质企业、高新技术企业、软件企业、集成电路企业、生物医药企业、政策期满企业、规模企业、微型总部和平台经济 9 类进行分别补贴。（2）为了引导园区内主导产业发展，园区管委会提供了重大产业配套、企业并购资助、重大技术装备业绩突破奖励、产业联盟项目资助和技术示范项目资助等一系列扶持措施。（3）以签订购买服务合同的方式支持科技中介组织，如园区发协委、社团组织、行业协会、留学生服务中心、产业联盟等参与园区管理工作。购买服务合同分为基础服务合同、专项服务合同两类。基础服务合同分三档予以支持（支持额度最高不超过 60 万元人民币），专项服务合同根据工作具体内容配置相应金额。（4）园区管委会不仅对平台使用方和提供方进行相应补贴，而且采用购买服务方式扶持园区内科技公共服务平台发展。

3. 结论

根据上面的分析，为了使公共服务平台获得更大的竞争力，张江高科园区管委会需将政策重点放在能够提供全供应链服务的平台培育上，并特别注意发挥可以提供多环节供应链服务，承担创新系统集成职能的节点企业作用。为此，张江高科园区管委会除了应在企业种子和起步阶段提供财政融资，以培育市场，弥补市场失败以及促进企业信用体系建设之外，还需加大对行业协会、产业联盟等科技中介组织（可能是潜在节点企业的组织形式）以及公共服务平台的融资扶持力度。

表 7-3　促进创新的金融工具*

金融工具	在融资中的关键特征	对工具的评价
银行贷款	最通常运用的金融工具之一，需要提供贷款的抵押和担保。	承担偿债义务。
政府奖励和补贴	用于对创新型初创企业和中小企业的种子融资。	弥补市场失败，在企业种子和起步阶段提供融资。
商业天使基金	在企业风险更大的早期阶段提供融资，并同时对企业提供咨询并监督其商业管理。多以集团或网络形式进行投资。	在企业起步和早期阶段提供融资。
风险投资基金	倾向于在企业风险更小的更后发展阶段进行投资。在具有耐心资本长达10~12年时间跨度的投资、培育成熟，并退出时，开始介入。	在企业更后的扩张阶段提供融资。
公司风险投资	大型企业出于战略或金融目的，用作对创新型初创企业进行投资的工具，以提高公司竞争力。	出于战略动机的融资。
大众基金	一种通过互联网进行运作的集合融资工具，可以更加方便小型商务在种子和早期阶段筹集资本。	存在潜在欺诈风险。
税收激励	一种对研究和发展（R&D），创业投资的广泛税收激励。	间接的和非歧视的。

* OECD, OECD Science, Technology and Industry Outlook, 2012.

资料来源：OECD（2011），OECD Science, Technology and Industry Scoreboard; OECD（2011），Financing High-Growth Firms; NIST（2008），Corporate Venture Capital, and other sources。

参考文献

恩斯特·博伊姆勒：《药物简史——近代以来延续人类生命的伟大发现》中译本，广西师范大学出版社，2005。

上海市张江高科技园区管理委员会—张江在线，http://www.zhangjiang.net. OECD, OECD Science, Technology and Industry Outlook, 2012. Schumpeter, J. A., The Theory of Economic Development, English Translation, Harvard, 1934。

案例二　上海琥智数码科技有限公司

上海琥智数码科技有限公司的调研案例，给予我们两点启示：一是工业化阶段演进到城市化阶段，随着服务业的发展，以多样性、网络性为特征的“彩虹经济”开始出现。二是伴随着经济向高级阶段进化，我们认为，问题认识角度也应从“结构主义”转变到“功能主义”，以便把握相应阶段的重要问题。

根据生产性质和产品的作用，琥智数码科技公司应该属于知识密集型商业服务业（KIBS）一类。这类服务业在国家创新系统中知识基础的改进领域扮演着重要角色，并且是高附加值产业持续增长的主要技术源泉。KIBS 运用专业技术知识，为其他企业生产和销售提供解决方案、促进企业竞争力提高。创新、网络互动是其重要特征。

我们把 KIBS 的网络化过程，扩展到更加广泛的服务经济背景中分析。有的研究者喜欢用“彩虹经济（Rainbow Economy）”的概念来理解服务经济，说的是随着专业化程度提高和经济迈向高级阶段，（无论是制造业还是服务业）企业的服务功能越来越广泛——包括市场、设计、售后、交易、送货等。每一环节上的创新多样性和可能性，使得现代服务经济的理念与传统工业经济注重生产 - 规模的理念显著不同。“彩虹经济（Rainbow Economy）”的实质，是将传统创新概念嵌入企业网络中理解，在创新定位、创新组织、创新过程等方面强调要素投入的整体联系和功能，是多样性创新和质量升级创新在网络经济中的形象表述。

1. 琥智数码科技有限公司的创新要素、创新途径和创新成果

（1）公司简介

琥智数码科技有限公司（简称琥智数码科技）的前身是创新科技（中国）有限公司，是新加坡 CREATIVE 旗下一家研发型的子公司，当时其主要的目标是配合支持创新科技在数码产品方面的研发。随着近几年的持续发展，也为了更好地推动以中国市场为基础的研发技术向全球市场发展，琥智数码科技于 2011 年 9 月转型成功并正式成为一家自主研发及创新型公司，未来的发展方向将基于以创新科技公司 Zii 芯片组平台，主要

致力于数码产品和互联网服务的研发，为海内外客户提供整体设计理念和解决方案。琥智数码科技总公司位于中国上海张江创意大厦，并在合肥设置分公司。

（2）创新要素和创新途径

琥智数码科技的核心业务是满足未来通信行业、互联网与社会网络之间以及商业合作之间的分享与互动。在长期研发资源积累的基础上，琥智数码科技在移动设备开发、移动应用以及互联网开发及服务等方面建立了强大的研发团队，并成为为数不多的有能力在数码产品研发、社交网络和互联网产业的合作发展中提供创新型服务的公司。琥智数码科技以充分获知市场的潜力，通过先进的技术和多平台支持，以满足全球市场的需求。同时，为了提高技术实力，公司将持续对研发进行投入，以及与业内专业人员进行合作来达到更高的发展目标。

（3）创新成果

该公司的创新成果集中体现于六个解决方案之中：

第一，数码产品与解决方案。提供基于 ZiiLABS ZMS－08（Cortex－A8 1Ghz）单核和 ZMS－20（Cotex－A9 1.5Ghz）双核处理器的平板电脑和机顶盒解决方案，支持最新的 Android 3.x Honeycomb 操作系统。同时能为客户提供包括外观、结构、硬件（电路原理图、PCBA）、软件（BSP、驱动、UI、系统、应用）、质量测试及生产线支持在内的全套平板电脑和机顶盒产品设计服务，提供 ODM/OEM 等业务模式。

第二，应用软件开发。提供在 Windows、iOS 及 Android 平台上的应用程序和 Widget 开发，为智能手机、手持设备及其他移动智能设备提供完整的软件解决方案。为企业提供移动应用开发、软件移植服务以及后端服务整合服务，包括设计、开发和质量保证测试。

第三，音箱产品与解决方案。为数码娱乐产品提供声学设计，包括为手机、平板电脑、PMP 等产品提供电声器件的评估、测试、模型设计及性能验证。可以为客户提供家用桌面音响设计方案，平板电视的音响设计方案，Soundbar 设计方案，Karaoke 音响系统设计方案等服务，并可为客户提供音效处理方案及应用技术。

第四，互联网应用于解决方案。提供全方位（移动）互联网需求解决方案；海量且不断补充的高清高质内容与移动设备应用，完美解决内容需求问题；世界一流的产品设计团队，强大的技术领先研发团队，让产品插上网络飞翔的翅膀，迅速飞落到世界每个网络覆盖到的地方。

第五，软件测试服务。软件测试部门根据客户的需求，提供从软件测试计划制定、软件测试用例编写、软件测试、脚本开发、软件测试流程优化等整个软件测试过程的软件测试服务。公司秉承以“客户为先，产品质量为主”的理念为客户提供最优质的软件测试服务，以诚信树立品牌。

第六，多语言客服中心。公司拥有十多年国际化客户服务运营管理经验；一直为欧、美、亚、非、拉等区域近百个国家客户提供客户服务支持；提供英、法、德、意、西、俄、波兰、日、中文简体、中文繁体等多种语种支持；高品质的服务，提高客户满意度，提升企业形象；灵活的合作方式，降低客户成本。

2. 知识密集型商业服务业（KIBS）的创新理念：网络、功能与障碍

琥智数码科技公司案例，是知识密集商业服务业（KIBS）创新及作用的一个缩影，这个案例有助于创新、增长关系认识的进一步深化。对上海这样经济结构已经现代化的大城市来说，如何理解服务业、服务业创新以及要素作用非常重要。首先澄清的一个基本认识是，经济结构服务化或者服务经济，不仅仅是服务业部门的增长，而应当理解为经济整体中服务业功能的增强－主要是服务网络的密集化及服务质量的提高。

（1）知识密集型商业服务业（Knowledge-intensive Business Service，KIBS）

从生产技术和产品特征看，琥智数码科技公司应该属于知识密集型商

业服务业（KIBS）一类。不少研究认为（如 Smith，1995 等），这类服务业在国家创新系统中知识基础的改进领域扮演着重要角色，是高附加值产业持续增长的主要技术源泉。KIBS 运用专业技术知识，为其他企业产品生产和销售提供解决方案，以此促进企业竞争力提高。

德国欧洲经济研究中心（ZEW）曾经使用 Nonaka and Takeuchi（1995）的创新过程模型，对知识密集型商业服务业（KIBS）的一些特征给出过定量说明。立足于服务经济，Nonaka and Takeuchi（1995）把知识创造和转化系统分为四个相互联系的过程：第一，社会化过程，即通过观察、模仿和实践获得默认知识；并经由企业－客户互动，使这些知识能够被彼此分享。第二，外在化过程，也就是企业把分享而来的默认知识转化为创新性理念，以便把握创新突破的关键。第三，整合过程，即通过创新人才培训或者引进高级人才，形成创新的企业环境，这是创新性理念形成的前提条件；第四，内部化过程，也就是把默认知识转换成企业内部特有的知识技术。

ZEW 的研究发现，KIBS 比非 KIBS 在社会化过程做得更加充分，尤其是在使用供应商、竞争对手和市场咨询的技术信息方面。通过内部研发形成创新理念的外在化过程方面，KIBS 通常比非 KIBS 有更多的 R&D 支出。整合过程中，KIBS 有 71% 的创新来自于培训。内部化过程中，60% 以上的知识被 KIBS 转化为企业专有知识。也就是说，KIBS 的存在，对于知识创新网络的扩张起着重要作用。

（2）多样化、网络与“彩虹经济（Rainbow Economy）”

我们把 KIBS 创新与成长的网络化过程，扩展到更加广泛的服务经济背景中。一些研究者喜欢用“彩虹经济（Rainbow Economy）”的概念来理解服务经济。说的是随着专业化程度提高和经济迈向高级阶段，（无论是制造业还是服务业）企业的服务功能越来越广泛——包括市场、设计、售后、交易、送货等。每一环节上的创新多样性和可能性，使现代服务经济的理念与传统工业经济注重生产-规模的理念显著不同。

立足于创新、功能和网络，我们可以对“彩虹经济（Rainbow Economy)”有关理念做出下面的具体描述（Coombs and Miles，2000）：

扩展传统R&D定义：不仅包括企业内（in-House）研发投资，而且包括企业对市场环境改变所进行的研发投资；

扩展传统创新（Innovtion）定义：即综合考虑经济中每一部门“物质的”或“非物质的”变化——“物质的”变化不仅包括产品创新，也包括生产过程（或生产过程）的创新；“非物质的”变化主要指厂商-客户关系增进，或厂商内部联系的增进。

创新（Innovtion）定位：重新组织创新活动结构，强调参与性和相互性。把本企业的创新定位于创新网络的某个特定过程，这样做有利于创新企业之间的互动。

创新（Innovtion）组织：强调创新活动在企业内部各单元之间的扩散，即侧重于创新活动的“方案”（注重整体设计）特征，而非简单的“R&D”管理。

创新过程的网络性：强调网络水平上的创新，注重甄别网络环节的问题，关键是企业之间的创新合作与互动。

创新的经济效应：相对于（价值）链和网络而言，（部门或）结构问题并不重要；在这种情况下，有关的经济部门和结构分析，可以被更有意义的创新网络分析替代。

因此，现代经济增长更加强调生产、过程（工艺）和组织的一体化。作为经济活动演进过程的一个高级阶段，服务经济阶段对于网络组织和互动的重视，本质上不同于以往工业化阶段关于增长驱动力和规模经济问题的分析。即供给面和需求面要素功能性分析开始受到应有的重视。（也正是立足于网络性功能分析，很多研究认为服务业的创新能力可能被低估了，因为许多隐含于网络环节中的技术创新，并没有被合适地衡量出来。）

（3）障碍

抑制网络和创新的一些障碍也受到关注。Preissi（2000）借鉴德国欧洲经济研究中心（ZEW）的分类，把服务业创新的抑制因素分为4类：市场风险、金融约束、法律与官僚障碍、公司内部约束。其中，市场风险包括创新风险、竞争风险和成本风险；金融风险包括内源性融资不足、银行贷款困难以及外部资助不足。具体为：①政治因素：对于信息传媒的规制；消费者信息使用规制；公共服务部门的程序性规制等。②市场吸收能力：创新服务理念在制造业中难以推行；制造业缺乏服务外包理念，难以和服务提供商合作；高质量服务因其高价格难以被客户接受；创新服务应用于消费者市场时，其经济效果不能被厂商识别。③技术问题：新技术的市场风险；研发计划不能得到相应技术知识的支撑；新技术应用经验的缺乏。④资质因素：企业资质条件不足；员工缺乏管理思维；管理技能培训费用昂贵；传统假期培训不能满足新员工的岗位技能需要；员工知识获取和增进的连续性问题；教育投入减少对未来资质水平的潜在影响。

（4）服务经济发展的路径

障碍的消除，有利于服务业网络的疏通和创新环境的塑造，或者有利于每个创新节点和创新环节功能的发挥。强调经济高级阶段网络化的作用，意在强调经济增长溢出效应和外部性的最大利用。此时，区域内部网络的有序衔接，为其要素作用的发挥准备了条件；区域网络与外部网络的有序衔接，为外部要素的使用准备了前提。无论怎样，不断的网络更新，是城市经济良性循环的重要保证。

3. 城市创新功能推动城市产业结构升级：功能主义的方法论－调研分析的延伸

上述分析给予我们的重要启示在于，服务经济与传统工业经济的认识思路或许存在很大不同。

工业化之所以叫工业化，是为了改造非工业化的经济结构，提升经济发展，这是“结构主义”的认识方法。城市化高级阶段，要素、部门之间的良性互动——或者网络化受到重视。联系的观点，属于功能主义的范畴——尤其是当把经济体演化与生物有机体成长相类比的时候，功能主义认识论色彩更加浓重。

于是，我们把经济阶段由工业化向城市化演化及相应问题分析方法的转变，归纳为“结构主义”分析方法向“功能主义”分析方法的转变。

罗斯托和库兹涅茨的著名争论，主导了经济学方法论半个多世纪的认识。罗斯托的“现代增长本质上是一个部门过程”，体现了鲜明的结构主义思想；库兹涅茨的“经济增长是一个总量过程……”被形式主义分析者严格遵从。从经济阶段和产业结构演进角度看，罗斯托的部门观点比较容易引起发展经济学家的共鸣；库兹涅茨的总量观，实际上并没有触及经济学形式主义方法论的本质。

由贫穷经济到发达经济的演进，伴随着经济结构由不平衡到平衡的演进。城市的兴起，起着增长均衡化的加速器作用。当经济演进到成熟城市化和均衡时期（就像 20 世纪 70 年代以来发达国家那样），结构主义的认识方法逐渐淡化，取而代之的是注重联系和要素质量分析的“功能主义”认识方法，这种方法论与库兹涅茨所谓“总量过程”是根本不同的。

我们认为，现代经济学功能主义的认识论，在内生增长理论中开始出现。目前经济学文献中对“新卡尔多事实”的关注，实际上是对要素质量提升和要素联系如何维持内生增长路径的关注，这种关注在结构演进到发达阶段的时候有其必然性。因此，城市化高级阶段上对功能主义认识论的强调，合乎经济发展和理论发展规律。

本课题组（2012）把中国经济增长分为两个阶段：以结构变动促进效率提高的工业化阶段，和以效率提高促进结构优化的城市化阶段，体现了中国经济长期增长分析——由结构主义向功能主义变化的认识逻辑。本课题组（2011）关于上海经济问题的前期研究，也在一定程度上运用了结构主义分析方法。但是，如果要给出解决这些问题的进一步思考，结构主义分析方法显然不够用了。

像上海这样的大城市，经济结构已经演进到高级阶段。进一步的发展已经不是传统的经济结构调整或业态问题（如大力发展服务业）问题，而是增强和改善产业、要素功能、联系问题。通过产业、要素集成效率的提高，优化产业结构，提高城市竞争力。这是强调功能主义认识论的主要现实因素。

主要参考文献

B. Preissi, *Service Innovation: What Makes it Different?, in J. Metcalfe and Miles, Innovation Systems in the Service Economy*, Kluwer Academic Publishers, 2000, pp. 139 – 141.

R. Coombs and I. Miles, *Innovation, Measurement and Service: The New Problematique*, in J. Metcalfe and Miles, Innovation Systems in the Service Economy, Kluwer Academic Publishers, 2000, p. 101.

K. Smith, "Interaction in Knowledge Systems: Foundation , Policy Implications and Empirical Methods," in OECD, *STI Review*, 1995; No. 16, pp. 69 – 102.

I. Nonaka and H. Takeuchi, *The Knowledge-Creating Company*, *Oxford*, New York: Oxford University Press, 1995, pp. 62 – 70.

案例三　德国工商总会上海代表处

教育作为提高劳动力质量、提升劳动者人力资本的重要渠道，其对经济增长的促进作用在现有的文献研究中已得到证实（Nelson and Phelps, 1966; Aghion 等，2009）。根据 Becker（1962）的研究，人力资本的增长除依赖于正式教育、健康投资以外，还包括工人在职期间的培训（on the Job Training）。作为正式教育的补充，Mincer（1962）分析了美国工人在职培训的成本和回报，他发现工人的在职培训支出自1939年以来稳步增长，并且高技能工人培训支出增长速度高于低技能工人。OECD（2008）从在职培训的支出来源、工资效应、工人流动性、工人职业发展和劳动者效率等角度对现有的文献进行了综述，总体而言，由雇佣单位组织和负责经费支出的培训构成了在职培训的主要来源。参加培训的工人能够有效提高其工资水平，但是提高幅度除了依赖于培训时间外还取决于受训者的教育背景、技能高低、性别以及前期是否参加过在职培训。在职培训提高了工人的流动性，然而，企业的专门培训由于只针对本企业的实际技能提高从而能够降低工人的流动性。参加在职培训能够提高工人未来的发展空间，促进其企业内部流动和增强了参与工作的积极性。此外，在职培训在提高劳动者人力资本的同时加快了知识的外溢性从而促进企业劳动生产率的改善（Dearden，Reed and Van Reenen，2000）。由此，我们可以发现，形形色色的在职培训不仅增加了工人的人力资本投资，促进了知识的传播和专业化分工，有效解决劳动力市场与就业市场的错配现象，保持经济的可持续增长和减少经济波动。

随着中国人口结构的快速转变，中国经济快速增长依赖的廉价劳动力优势正在逐渐消失。中国未来经济可持续增长将逐渐由劳动力数量推动转变为劳动力质量推动。并且受到高校扩招以及高校专业设置与企业用人需求的不一致等因素的影响，中国劳动力市场的结构性过剩现象突出，一方面是规模日益扩大的劳动力大军，另一方面是高层次、高技能劳动力的短缺，这种结构性矛盾的日益突出成为影响经济稳定快速增长的减速器。如何解决就业难的问题？一个可循的思路是加强现有在职工人培训和促进高校（特别是职业院校）课程设置与就业市场更好地衔接以更好地发展职业教育。然而，许多中小企业利润微薄不足以支付相对高昂的培训费用，职业教育机构与企业的稳定合作关系尚未建立，使得我们有必要借鉴国外成熟市场经济国家的经验对职业教育进行更好的规划，以增强中国经济增长的内生性。作为欧盟和世界重要的经济强国，德国在职业教育、继续教育及在职培训走在世界的前列，本案例通过考察德国工商总会上海代表处对在职教育进行了详细介绍并提出了一些有益的思考。

1. 德国工商总会职能简介

德国工商总会（也称德国工商大会，简称 DIHK）是 82 个德国本土工商会和 120 个海外商会的行政联合机构，在国内和国际代表 360 万个会员企业，是德国最重要的经济利益代表组织，主要职能涉及：代表工商界面对政府和公众，帮助德国企业建立与政界及欧共体的对话，维护市场自由竞争，组织职业教育、继续教育培训，开展旨在保持德国企业竞争力的人才培训，组织和协调德国本土商会和海外商会的职业教育活动，颁发权威德国职业资格证书。

当前德国的培训分为多个层次，既有初级的技工培训，也有相对复杂的机电培训，还有更高层次的双元制大学培训（技师培训）。根据肖争鸣（2010），双元制模式涉及学校和企业两个元素，实行校企合作、工学交替的“3+3”人才培养模式，即每个学期在学院理论学习 3 个月、在企业实践学习 3 个月；而根据钱闻明（2004）在德国萨克逊州的调查，该州实行的是每周 3 天半在企业、1 天半在工厂的培训方式（有的其他州是“4 天+1 天”模式）。双元培训要求学校教育和企业培训紧密结合，内容高度一致，交替进行，修满学分毕业颁发本科文凭，授学士学位。德国双元培训特别重视企业培训，与学校相比，企业的技术、工艺以及构想都是最新、最接近市场前沿的，因此企业方面的职业教育占双元培训 50% 以上的比重。

对于培训的费用问题，根据钱闻明（2004）在德国萨克逊州的调研，学生在企业的培训费用由企业承担，在学校的费用由州政府提供；根据詹鑫（1999），德国所有企业，无论是否由培训企业，都必须定期向国家交纳一定数量的经费，由国家统一支付给培训企业和跨企业培训中心，如果企业不参与培训，则不能得到国家的培训经费。并且，培训的职业、年限、企业规模和地区经济发展水平会影响其所获得的国家培训经费的多少，一般企业获得的国家经费占其净培训费用的50%～80%，有的新兴前沿职业，由国家经费支付企业的全部培训支出。根据寿祖平（2005），德国企业每月还会向每位学徒支付500欧元的生活补贴。

2. 德国商会上海代表处业务开展情况

德国工商总会海外商会（AHK）是遍布全球的驻外机构，其中，上海代表处（简称上海AHK）是经德国政府授权的培训机构，负责组织中国境内的培训活动，也是海外商会中最大、最重要的机构之一。上海AHK有三部分职能有：作为商会，是在中国投资的德国企业的服务平台（目前共有2500家会员），是企业与政府主管机构的合作伙伴，并与德国本土的工商会展开合作；作为代表处，在两国经济政治互访互动中有重要的政治意义；作为服务机构，提供中德工商技术咨询，组织开展相应的职业培训，根据德国标准开展认证和考试，并通过培训将政治对话、机构交流和企业参与三者结合起来。

在职业教育方面，上海AHK在国内开展双元培训时，负责提供德国标准，配备德国专家，对国内进行师资培训，开展考试论证服务，拓展交流平台，重视双元制的本土化，积极与国内职业教育融合。为了保证职业教育的质量，上海AHK设有职业教育培训中心、职业教育委员会和考试委员会，两个委员会里有中德两国的专家，既保证双元培训的质量，又照顾到中国国情。目前，上海AHK在太仓、无锡、济南和沈阳设有四处直属职业教育培训中心，地点的选择充分考虑了当地的地区优势。在每一个中心都有一个董事会，其成员包括政府、学校、企业和上海AHK的人员，董事会讨论决定教育、管理等方面的事宜，以保证培训中心的长期规范运行。为了更广泛地推广双元培训，还建立了一些外部合作培训中心，如博西华南京、汉诺威考试中心等。

3. 双元制培训情况及面临的问题

上海 AHK 在为德企服务的过程中发现，德资企业在中国面临的最大制约因素是缺乏专业的熟练工人。事实上，不仅德企，包括中国企业在内的所有企业都面临熟练工人缺乏的情况。很多中资企业作为德资企业中间产品的供应商，他们很希望中方企业能通过更好的培训来提升劳动力素质从而提高产品质量。因此，AHK 逐渐意识到在中国提高生产率的关键在于培养专业熟练工人，重视培养蓝领。

上海 AHK 在中国做双元培训注重中德结合，以结果为导向，一方面保证企业得到优良的技术工人，另一方面注重学生获得足够的技能，并拥有上升空间。开展双元制培训，对于学员，可以提高其工作技能，提高其收入和生活水平；对于学校，可以减轻学校教育压力，使学校专注于现代教学方法，保证理论与实际相结合；对于企业，双元培训提供了大量优良专业人才，有助于提高企业和整体经济的国际竞争力；对于社会，可以有效降低青年失业率。根据上海 AHK 的观察，在德国，青年人的失业率是 7%，葡萄牙、意大利超过 30%，而西班牙甚至达到了 53%，因此推广双元制培训不仅仅解决了青年人的失业问题，更能够促进经济增长和社会稳定。

然而，囿于多种因素，双元制培训在中国的推广还面临着多种问题，主要表现在：

第一，中国长期忽视职业教育，职业教育质量较低。

长期以来，中国教育制度上过分偏袒学术教育，而轻视职业教育，造成高校毕业生数量猛涨的同时，技术工人的比例却在不断下降，技术工人的上升渠道也相对较窄。相反，德国在实践中长期重视职业教育，使蓝领工人有比较好的职业规划和较好的上升通道。

在职业培训质量方面，中德也存在明显差异。在中国企业，专业工人的定位是精通某一生产环节和具体分工节点的熟练产业工人；而德国企业，专业工人则需要对整个生产环节有清晰的了解，同时还要关注管理、技术改进等方面，并且随着职业的发展和企业的需要产业工人还会通过继续教育、专业高级技师等渠道提升自己的人力资本。

第二，双元制培训中企业作用不突出，学校和企业培训内容不对接。

调研中，我们发现中德双元制合作进行了十几年，但是效果却不够显著。主要原因是中国在职业教育方面过度重视学校教育，忽视了与企业培训的结合。在德国的双元制培训中，来到企业的学生不是实习生，而是培训学徒，他们与企业有专门的培训合同，有量身定制的培训内容，有专门的培训师来教授技能，德国企业培训在双元制培训中居主体地位，这与中国来到企业的实习生角色形成鲜明的对比。值得注意的是，中国的德资企业在实践中也存在此种情况，部分原因是德资企业的 HR（人力资源管理）大多是中国人，他们对德式培训体系了解甚少，这在一定程度上影响了双元制培训的功能。另外，通过研究我们发现，不同于德国双元制培训和中国过分强调学校教育的情形，一些国家的培训走向了过分偏倚企业的倾向，即过于强调企业在培训中的决定性地位，学徒的培训计划完全由企业制定，这可能导致学徒的受训内容过窄、技能过于专有化，从而影响了学徒未来择业范围和流动性，一定程度上抑制了知识和技能的扩散和传播。

第三，企业短期的逐利性和行业中介组织的缺乏导致企业培训投入动力丧失。

众所周知，教育投资的特征是前期成本的沉淀性而后期收益可能并不能有立竿见影的效果，因此双元制教育中一个现实的问题是，企业无法在短期内直接从培训投入中获利，那么在德国如何保证企业的参与积极性？从德国经验看，德国企业之所以愿意参与职业教育，是因为企业与员工签有合约来约束学徒的“跳槽”行为，以此保证企业从学徒技能增长中得到足够的收益。另外，商会等行业协会的缺失导致企业之间沟通机制不畅，企业之间处于闭门造车的境地，导致培训分散和内容单一重复，培训费用投入严重不足。

第四，“中国双元制”过程中存在内容缩水、大纲及课程设置不合理等问题。

上海 AHK 观察发现，中国在推行双元制的过程中存在严重问题。譬如，以机电为例，在德国培训课时有 3300 学时，但移植到中国后教学大纲里只规定 2200 学时，培训内容严重缩水。此外，在中国大学的课程设置很不合理，很多学时被用在了缺乏实际意义的课程上，这进一步压缩了有效学时。

第五，职业划分种类繁杂和职业教育认证体系滞后直接影响了职业教育的健康发展。

目前中国的职业培训存在两个突出问题。一是企业的培训需求分散、集中度低，导致培训机构在效益上缺乏激励；二是中国的认证体系不健全，缺乏继续教育新认证，对激励企业员工学习和企业开展在职培训等方面产生不利影响。

从职业种类划分标准看，在德国有 350 多种职业，相比之下在中国相关部门却规定了 1700 多种职业，这直接影响了认证标准的可操作性，职业种类的过度横向扩展同时也影响了职业的上升通道。此外，中国在标准制定方面，既涉及中央与地方的纵向权限问题，又涉及不同部门的横向权限问题。当前中国职业标准要通过考试体现，而负责考试的机构基本是教育部门或劳动部门的职业技能鉴定中心，这一体系未能很好解决培训标准问题。中国学生毕业时得到两个认证，一个是教育部颁发的学历认证，另一个是劳动部的职业等级证书。但这两个认证并不能充分显示学生的技能水平。随着市场经济的发展，中国也出现了很多第三方培训认证，如微软认证、Cisco 认证、CFA 认证等，但这些是继续教育认证，和职业教育认证还存在较大差别。

第六，政府间交流机制不畅通，影响了双元制培训的效果。

当前在职业教育方面已经建立了中德政府联盟，双方都有政府机构参与，但由于两国国情不同，沟通存在很多问题。例如，在德国，双元制的实施不是在学术性大学里，这与中国很不相同。两国在交流时，由于德国教育部也负责管理职业培训，因此带的是企业培训方面的人；在中国，企业培训师归劳动部管，结果教育部只带大学教育方面的人。双方的交流不在一个领域或层面上，自然影响了交流效果。

4. 相关建议

经过调研，对于如何改进中国的职业教育和培训，我们提出如下建议：

第一，促进企业和培训机构积极参与德国商会的合作项目，更广泛地开展各种平台的合作。

目前德国商会在中国所实行的双元培训的服务对象只限于德国企业，因此未来如何将中企纳入是一个挑战。虽然他们已经与中方开展了很多合作，但目前尚未找到合适的平台将中方纳入他们的培训体系。2013 年 4 月 8 日上午我们调研了上海市张江创新学院，交流过程我们得知，创新学院已经与上海 AHK 开展了一定的合作，但是就我们所知，双方合作规模有限。我们设想是否可以更广泛地展开“平台 + 平台”式的合作，从而更好地放大两个平台的作用。合作过程中务必保证双元培训在中国不缩水、不变质。

第二，完善法律和机制设计，激励企业参与培训。

双元制培训在中国难以实行的一个重要原因是企业不愿参与、不愿在学徒身上投入成本，这可以从两个角度来解决：一是消除企业所面临的学徒受训后跳槽的风险，完善相应的法律规章，规范企业和学徒的合约，保障企业在学徒培训投入上能得到足够的回报。二是在培训费用方面需要设计一个良好的激励体制，我们可以借鉴德国的做法，所有企业都必须按期向国家交纳一定数量的费用，然后由国家统一向实行培训的企业进行补贴，以此激励企业参与培训。

第三，推进线上、线下职业教育相结合和资源共享，促进企业间的信息交流。

我们发现，在上海 AHK 的网站上有一些与培训有关的公开课，但是其内容较少，覆盖面非常有限。2013 年 4 月 11 日我们调研了沪江网，这是一家从事网上教育的公司。由此我们设想，是否可以将相关的职业教育课程以网络教育的形式、作为对学校教育和企业培训的补充？网络教育不但可以讲解学校课程，更可以涉及企业具体的专业化的生产技能，在传统的二元培训体系里，再加入网络培训作为一个双向强化因素，充分发挥知识以极低成本外溢的特点。其中的运作，可由沪江网这样的网络培训机构负责，网站可以向课程的制作方提供报酬，向课程的需求方（学校和企业）收取费用。

第四，加大政策支持力度，从更宽和更深层次上设计促进职业教育的制度规划。

首先，合理设置职业教育课程安排，加强职业教育与企业需求的衔接，做到文化学习和企业实践相结合。可以考虑在上海这样的发达地区先行试点，职业学校学生文化成绩和企业实践成绩各占毕业设计的一半，使职校学生文化和技能双翼齐飞，满足国家和企业对高素质技工的需要。其次，规范统一职业教育和培训体系认证，精简职业划分标准，使职业教育和培训在有关部门、企业和学校三方的努力下为职业教育健康发展保驾护航。最后，壮大商会等中介组织，促进企业内部信息交流共享。这样一来可以提高企业行动的针对性，更重要的是能够减少信息不对称，让外界了解行业内企业的所需，这样就能为职业教育的发展提供方向。

参考文献

Aghion P, Boustan L, Hoxby C, et al., "The Causal Impact of Education on Economic Growth: Evidence from US," *Unpublished Paper*, 2009.

Becker G S., "Investment in Human Capital: A Theoretical Analysis," *The Journal of Political Economy*, 1962, 70 (5): 9-49.

Dearden L M, Reed H, van Reenen J M., "Who Gains When Workers Train? Training and Corporate Productivity in a Panel of British Industries," *CEPR Discussion Papers*, 2000.

Mincer J., "On-the-job Training: Costs, Returns, and Some Implications. *The Journal of Political Economy*," 1962, 70 (5): 50-79.

Nelson R R, Phelps E S., "Investment in Humans, Technological Diffusion, and Economic Growth," *The American Economic Review*, 1966, 56 (1/2): 69-75.

案例四 张江创新学院

积极融入国际市场和承接国际产业转移是我国加入 WTO 以来经济生活中出现的最显著特征，对我国经济高速增长和促进经济国际化产生了重大影响。20 世纪后期以来，国际分工的显著特征是产品间分工向产品内分工转变，产品内分工使产品的生产过程被分解为不同的工序，一些发达国家跨国公司为了降低产品生产成本、增强企业核心竞争力，将其产品生产非核心环节通过合约的方式转移给其他企业去完成，外包逐渐成为世界经济新一轮产业转移的主要推动力量。发展中国家集中于企业产品的生产，而发达国家则专注于产品设计、销售等环节。因此，加入世贸组织后，中国利用本国廉价劳动力和资源优势，承接更多的是企业产品的生产过程，这虽然能够一定程度上促进企业规模的扩大和技术水平的提高，但是容易陷入“比较优势陷阱”，使产业升级难度增大。如何使我国由国际产业链分工的下游水平进入以服务业为主的上游环节，成为打造中国经济“升级版”的关键因素。生产性外包属于知识附加值高、技术密集的新型产业，其发展壮大对于带动先进制造业和传统工业升级具有重要的作用。此外，其资源消耗低、环境污染少、吸纳就业能力强、国际化水平高等特点成为未来产业转型的新方向。人才是推动产业升级的主要障碍。改革开放以来，工业、制造业的发展培育了相对成熟的一批产业工人，然而服务业人才特别是生产性服务业人才却比较缺乏，上海张江创新学院对服务外包人才的培养及为企业创新、青年创业提供咨询服务为高端服务业的更好发展带给了我们一些有益的启示。

1. 张江创新学院简介

张江创新学院成立于2006年10月，是在商务部和上海市政府、浦东新区区委和区政府的共同领导下由上海张江（集团）有限公司负责承办成立的，是一个大学学历学位后高层次职业培训机构，也是全国唯一一家不从事学历教育但以“学院”命名的职业培训服务机构。

张江创新学院成立的目的是为政府解决大学生就业问题、服务外包产业发展人才缺乏的问题，培养创新创业人才，孵化和扶持优秀的创新创业项目；为高校解决大学生毕业后的“出路”问题、教育内容与产业脱节问题；为企业解决招聘难、培训成本高、用人成本高等问题；为高新技术产业解决发展的人才瓶颈问题。

张江创新学院的功能定位主要包括：（1）培训板块：国家商务部“千百十工程”认定的国家级服务外包培训基地、国家商务部中国服务外包培训中心的培训实施载体、上海生物医药和信息技术工程师研修基地、上海市服务外包人才培训基地；（2）就业见习板块：国家人力资源和社会保障部认定的高校毕业生就业见习示范基地；（3）公共服务平台板块：国家商务部和上海市认定的服务外包公共培训服务平台的载体、浦东新区公共培训服务平台的载体；（4）研究和咨询板块：国家商务部中国服务外包培训中心人力资源专题的研究载体、上海市劳动和社会保障局职业技能指导中心合作的专业咨询机构、上海市张江高科技园区博士后工作站的分站；（5）创新创业板块：中欧张江创新创业研究中心的载体、上海市外商投资企业协会研发中心工作委员会常设秘书处；（6）国际培训交流板块：学院与美国斯坦福大学、美国麻省大学、美国麻省技术中心、美国陶森大学、美国波士顿大学、新加坡南洋理工大学建立了合作关系。

成立七年来，张江创新学院现已形成了一个规模体系健全的培训与创新机构，现已拥有软件与信息技术分院、生物医药分院、现代农业分院、金融服务分院、文化创意分院、微电子设计与应用分院和科技创业培训分院等七家分院，整合了陆家嘴软件园分部、江苏太仓分部、浙江杭州分部和复旦国际四个分部，并向上海市其他社会培训机构输出品牌和培训管理。

2. 张江创新学院业务状况

张江创新学院是在中国原有的技校体系基本消失、而现有的学历教育未能承担起必要的职业技术教育导致专业技术工人培养培训面临巨大困境的背景下建立的。1949 年后，随着计划经济建立的分系统技工学校体系承担了为各系统培养人才的任务，这一系统一直持续运转直至十余年前，当时在教育大众化发展的过程中，技工学校受到高校扩招、中专学校大量升格组建高职院校等因素的冲击招生锐减，技工体系基本失去作用。近年来许多地方政府逐渐意识到缺乏坚实的技术工人培养培训体系对产业升级和经济增长有巨大的制约，而通过社会职能解决部分教育培训投资较小的产业人员教育问题，而不能解决如化工、电力等重要但需要耗费大量资金进行培训教育的行业所面临的问题。这使一些地方政府逐渐开始探索一些解决思路，张江创新学院就是上海市政府为了解决这一问题而成立的。

张江创新学院与政府、企业、高校与行会都有接口，目前的业务主要是创新培训与创新调研。据该学院介绍资料与负责人员的介绍，张江创新学院的业务包括以下六块：

（1）专业人才培训

专业人才培训主要包括员工的继续教育、针对本科和研究生毕业生的职前培训、在职培训、创业培训等内容。张江创新学院为园区企业提供多个系列的服务产品，主要包括：

一是培训服务，主要是根据企业特殊需求，定制培训项目；为企业组织、筛选、评估和团购培训产品；调研企业需求，根据不同行业、不同专业，开设技术性讲座与公开课；为企业的内训开展提供相关服务，如为企业自主研发培训课程提供教务、管理等咨询服务，与企业合作开发培训课程，为工程师研修培训活动提供专业的设施、教室和实训场地支持。

二是以人力资源网络平台提供综合性的HR服务，包括建设电子化学习平台；定期组织校园招聘，社会招聘，猎头招聘，海归人员招聘；为企业与高校搭建互通的桥梁，安排高校向企业输送本科生、硕士生进行实习，为企业培养工程师后备队伍；提供岗位能力测评服务；为张江园区"千人计划"企业量身定做个性化中高端专业技术人员的人力资源服务。张江创新学院建成了上海市职称评定张江受理点，为企业提供中高级职称评定的咨询和代办服务，并提供博士后工作分站申报和博士后政府资助申请的支持。

三是每季度为园区企业安排和提供工程师研修基地专家委员会、工程师协会和行业协会的智库服务，包括行业的科技、创新和技术发展动态咨询；提供专业培训和人才咨询及培训项目研发咨询。

上海张江创新学院与跨国公司、大型服务外包企业达成员工培训的全面合作，实现企业的知识流程服务外包（KPO），为之提供培训管理和培训资源整合。从学院的介绍资料来看，现已完成英特尔多核编程课程、高知特Java、Testing、.Net等新员工岗前培训班、花旗软件班、新致软件新员工 Java 班、惠普全球软件服务中心培训等项目。

张江创新学院在技术工人培训中一个值得注意的特点是他们实训基地的合作机制。实训基地是职业技术培训中的关键要素，但通行的方式往往有内在的缺点：培训机构要么购买设备以保证设备能反映最新技术，但这种采购往往由于设备采购与维护费用高昂而令人望而却步；要么采用租借等方式向企业借用设备器材，但往往由于培训机构对设备不够了解而难以发挥设备的作用。张江创新学院与合作单位共建的嵌入式实训基地，将培训与实际操作项目紧密联系起来，克服了这一问题。

（2）培训解决方案

张江创新学院力图打造第三方托管及运营企业大学的平台，并建立职业培训的商业网站。现已依托商务部认定的“公共培训服务平台”，打造服务于培训的资源、产品交易的网站平台。

同时，创新学院还承接了张江集团的管理培训。上海张江创新学院正逐渐地承担起上海张江（集团）有限公司的年度的、系统的管理培训和员工专业培训。培训课程覆盖专业办公软件、财务、人事、产业概论、宏观经济、孵化器管理等专业领域。

（3）培训的研发与创新

张江创新学院致力于课程设计与研发，其本部已经过长时间的培训实务开发出了信息技术工程师研修课程、集成电路工程师研修课程、生物医药工程师研修课程、服务外包职业素养、服务外包知识产权、国际服务外包领军人才培训等课程和项目；软件分院则开发了 SOA 系统架构师项目培训、嵌入式开发系统项目培训、. Net 培训、数据库等课程与培训项目；生物医药分院开发了新药临床助理员、实验室安全操作等课程；其他分部也开发了诸如 IC 版图设计、PUB 课程等课程。

另一方面，张江创新学院还致力于培训项目的设计与研发，总院设计了证券投资顾问、期货投资顾问和分析师、2. 5D 动画制作、集成电路测试、软件测试（服务外包T）、Java（服务外包W）、程序员（Java）、企业信息化管员（IMT）等培训项目；软件分院设计了.NET（服务外包N）、数据库管理（服务外包S）、嵌入式系统开发（服务外包Q）、SOA系统架构师（服务外包A）等培训项目；生物医药分院设计了国际药品临床研究、管理实验师（生物、化学）、实验室安全规范和管理、生物医药信息等培训项目；金融服务分院设计了金融服务外包项目管理员、金融服务外包项目操作员、企业ERP信息化实施服务等培训项目；现代农业分院设计了现代设施农业的管理和栽培技术等培训项目。

（4）职业培训咨询与研究

张江创新学院还致力于培训和人力资源相关问题的研究，至今已开展了集成电路行业培训需求调查研究；接受上海市人力资源和劳动保障局委托项目，开展现代服务业人才状况调查研究；开展创新创业培训课程设计研究；承接商务部白皮书《中国服务外包发展报告2008》第四章——中国服务外包人力资源和人才培训的撰写，目前该报告已经于2009年5月出版发行。

（5）国际培训交流

自2008以来，张江创新学院先后与美国斯坦福大学、新加坡南洋理工大学、中欧国际工商学院开展合作2009年5月，在新泽西州政府官员和新泽西州的生物医药孵化中心负责人的交流会上，上海张江创新学院和与会方就中美孵化器企业的培训问题进行了深入交流，颇有收益。2009年5月，在亚特兰大国际生物医药展会上，上海张江创新学院对美国Iowa大学和Louisville大学的生物医药技术培训课程确定了合作意向。

（6）科技创业人才培训和团队的优化配置

2008年5月，在张江集团的领导下，成立并运营“中欧张江创新创业研究中心”。

2008年底，在张江集团的统一领导下，张江创新学院与张江科技投资公司及张江企业孵化器经营管理公司一起在上海市大学生基金会的参与和支持下，筹备成立“上海市大学生科技创业基金会张江分基金会”，以聚焦支持全国各高校的科技项目和科技创业在张江园区落地。

2008 年 7 月，上海张江创新学院与上海交大等高等院校签署创新创业人才培养合作协议，开展和落实系列的科技创业培训。

3. 企业研发创新与专业管理面临的困难

创新和创业作为张江学院的特色服务板块，同时也为中国企业创新所面临的极为艰难窘境创造破解的钥匙。当前企业创新的现状是，跨国企业的研发投入大，且成效显著，而国有企业、民营企业虽然认识到了研发对企业的重要性，在研发上也投入了大量资金，但研发的效果并不太好。国家鼓励企业进行创新研发，但效果很不看好。其原因主要有以下几个：

（1）关键技术领域遭遇瓶颈

国内在一些关键领域对核心技术的掌握严重滞后，在技术研发和产品标准方面缺乏话语权。如集成电路，作为现代制造业的基础零件，目前国内尚未掌握制造大规模集成电路的核心专利，导致中国在对外贸易中受人掣肘。根据张江学院的调研数据，每年集成电路进口的外汇支出大于 1900 亿美元，远高于石油等外汇支出购买的传统产品。中国是集成电路的使用大国，但 70% 的集成电路中国无法制造出来。这一技术瓶颈的后果是非常严重的，因为集成电路对于航空导弹等生产极为关键，在美国禁运等外来压力的影响下，集成电路生产的落后状况甚至对国防安全造成了阻碍。

（2）专业技术创新领域人才紧缺

国内专业技术创新领域人才紧缺，培养与培训严重滞后，造成产业发展严重受阻。以集成电路生产为例，人员缺口已成为中国现有的集成电路生产滞后问题的主要原因。据有关机构的调研数据，中国全部高校一年培养出来的集成电路专业毕业生（含本科毕业生与硕士研究生）仅 1000 人左右，而单上海一地每年的需求缺口就达2.5万人。由于集成电路产业的战略重要性，该领域的人才培养与技术安全关系到国家安全，近日集成电路的设计、测试、制造、封装等四个主要领域的专家联名向党中央上书，建议将集成电路产业上升到国家战略，以解决人才培养问题。

台湾地区的集成电路行业发展为中国提供了重要借鉴。十年前成立了工业研究所与半导体学院，工业研究所牵头与大学、行业、企业安排确定高校招生规模，弥补高校人才缺口，与大学合作培养行业急需的人才，第一年培训的费用政府承担80%。这样就可使台湾的集成电路人才培养缺口迅速得到填补，台湾新竹科技园区集成电路相关企业就得以成为该领域全球重要的生产商。

（3）专利缺乏全程管理

虽然国内已经认识到专利申报的重要性，但缺乏专利全程管理，导致专利价值低、使用效率低，甚至出现专利被国外狙击等严重问题。中国近年来专业申报数量越来越多，但绝大部分专利并没有起到提升技术水平的作用，这主要是目前国内的体制不重视产权专利的全过程管理，科学家们只注重研发，企业则缺少对专利管理的认识，导致产学研结合不顺畅。虽然中国的注册专利数在2011年已经超越美国，据世界知识产权组织（WIPO）的数据，2012年中美两国的专利申请数分别为526，412和503，582，中国已成为世界最大的专利申请国家（WIPO，2012），但是由于缺乏必要的管理和利用，目前70%的专利无法转化为生产技术和产品，这让专利和技术研发人员都感到非常痛心。专利管理人才的缺乏，表现之一是在作为专利研发的重要机构的高校中，专利管理大都由缺乏技术知识的行政人员负责，无法进行有效的管理和运作。表现之二是在专利的管理人员配备上，美国平均每项专利由30人负责管理，而中国只有2人，无法进行有效的专利管理。

专利缺乏管理的后果非常严重，不仅导致专利转化率低，也可能专利研发缺乏审核导致研发失败浪费研发费用，还导致中国的专利遭到国外专利围剿，使得国内企业和研发机构花了巨资的专利研发费用付之东流，反而还需要向国外支付巨额专利费用。典型案例如上汽集团，该集团每年研发投入20多个亿，但这些投入大多都没有起到提升技术的作用，研发成功后因国外企业迅速破解和注册专利，导致该企业在量产阶段都不得不向国外企业支付专利费用。张江创新学院调研中还了解到一个专利管理失败的案例，涉及国务院某部部长，该部长当时牵头耗巨资研发某项目，但由于缺乏专利管理，专利申请后被西方国家迅速研究破解并迅速注册专利，最后成果成了西方国家的专利，中国需要支付巨额专利费用以使用该项技术。这一典型案例是中国许多专利缺乏管理导致专利被破解并被西方注册的众多案例中的一个。其实中国的研发在许多领域已处于国际领先水平，但由于缺乏利用，很容易被其他国家进行专利围剿。

中国政府虽然注意到专利的重要性，成立了专利局，但并没有认识到专利管理的重要性，因而不能从根本上解决这一问题。同样，政府前些年批准成立了专利流通市场，认为这种市场的出现能推动专利的使用和管理，但实际上这种流通市场上所流通的大都是类似于90年代前后大量涌现的小发明，对于高度工业化阶段中占主要地位的成套设备的专利而言没有任何意义，后者则更需要建立专利的全过程管理。

专利的全过程管理要求在设置研发计划时就应组织专家评估研发的必要性，或许有时通过技术购买与引进更有利于技术进步。日本在20世纪50~60年代就通过购买获得了大量技术专利，从而大幅提高了生产技术，且避免了研发失败造成的资金损失。全程管理还需要不断筛选技术创新的计划，找到最有利于技术创新的研发方向。在研发的过程中，要进行严密的监控与管理，确保研发过程中不至于出现泄密等情况。在研发成功后，要迅速进行注册和量产，以避免遭遇专利围剿。

与集成电路人才一样，中国目前知识产权管理专业人才奇缺，特别是懂科技、英语、管理和法律四个重要领域的复合型人才屈指可数。正如贾菲等（2007）所指出的，美国现行的复杂专利保护制度更容易发动专利围剿，因而对创新更多的是压抑而非鼓励，这要求中国企业配备深入了解美国专利保护制度及具有较强应对能力的专业人才。更重要的是，为做好专利的全程管理，需要具有高度宏观驾驭能力的架构师，对研究计划的可行性、研究计划的分解与组合、研究过程的监控与管理及研究后的专利注册利用都能进行深入细致的管理。这也对企业家提出了极高的要求，要求企业家既熟悉技术，也熟悉管理。无论是国企还是民营企业，都应通过设计良好的机制，找到最优秀的管理者，同时也应为企业家创造良好的环境。

（4）沟通缺乏创新平台

国内缺乏必要的创新平台，由政府主导的产业创新难以成功，而单个企业的创新则难以奏效。单个企业由于势单力薄，或出于搭便车的心理和不正当竞争的因素，不能或不愿承担与政府沟通的角色，而政府又由于对市场信息的不了解，完全承担对产业的各种决策责任，容易造成决策失误，从而给该行业带来灾难性后果。不久前宣布破产的尚德集团，很大程度上就表明了政府不恰当地代替企业和行业协会进行大规模产业发展决策，很容易造成产能过剩从而使产业面临崩溃的境地。另外，若国家掌握太多权力与资源，而这些权力与资源的分配则会由于信息不对称而成为一个复杂的问题。太多的企业会通过各种途径向有关部门寻求资源和政策，导致政府难以准确获得企业与行业发展的信息而做出错误决策。因此，在政府与企业之间，需要一个创新的协作平台，沟通与协调企业和政府的互动，规范企业和市场行为。

从发达国家和地区的发展经验来看，行业协会由于能更好地代表企业的利益，熟悉产业发展的规律，能更快地对市场信息做出反应，且能较好地规范企业行为，可以成为产业发展的主要决策主体。事实上，许多发达国家的行业协会，对于该行业的发展起到了非常关键的作用。如台湾的行业协会与工业研究院及半导体学院的联系与协作是台湾半导体产业发展的重要原因。美国医学会每年都会对医学类专业的未来人才需求进行分析和评估，根据其分析和评估的结果对各大学医学类专业的招生人数进行配额，以保证该行业人才的供应与行业的健康发展。德国的企业行会也能对企业的生产与人员培训等行为进行约束和规范，且能为企业争取到培训人员的免税政策。这些行业协会在很大程度上能代替政府对企业和市场进行监管，更好地保证了行业的规范发展。因此，国家也应更多地支持企业协会与行业协会的发展。

4. 打破人才培训瓶颈的尝试

人才需求是中国经济向高端制造业和现代服务业转型的最重要的瓶颈。中国高等教育经过数十年的发展，对经济增长起到了较好的智力支持作用，但由于高校往往对经济现实环境不够了解，高校毕业生仍需要一段时间的适应才能发挥作用，而针对性的高端制造业和现代服务业的职前培训就成为企业弥合人才知识技能不足的重要环节。同时，随着高端制造业和现代服务业的高速发展，在职员工的知识储备很容易老化，也有必要进行定期的在职培训，以保证现有员工的专业知识的更新。在调研中我们了解到，国内外一些培训机构相继建立或进入中国，为中国进行高端人才培训。以金融业为例，下列机构的人才培训已具有较大的影响。

（1）上海国际银行金融学院

上海国际银行金融学院（SIBFI）由上海财经大学（SHUFE）、德国法兰克福金融管理学院（Frankfurt School of Finance and Management）、世界银行集团国际金融公司（IFG）与德国投资与开发有限公司（DEG）等国际知名组织联合发起成立，于 2004 年 4 月获得中华人民共和国教育主管部门的办学许可，是一所具有独立法人资格的中外合作的国际性银行培训和咨询机构，致力于培养能适应国际竞争、高新技术发展的金融管理人才、金融创新人才、金融营销人才和金融应用人才。

上海国际银行金融学院的特点是依托雄厚的国际、国内银行业资源，引进国际先进的金融业教育服务体系，为中国的金融机构提供培训和技术支持，提升金融机构各层面、各部门人才的技能从而增强其核心竞争力。其业务主要包括：①职业认证：CPA、ACCA、CGA、CFA、CMA 等国内外高端“财金”系列职业认证考试辅导；②国际交流：海外实习、银行短期游学；③金融银行：网点转型咨询、卓越人才阶梯培养、银行认证考试、高级金融研讨、EAP 项目；④EDP 项目：私募与新三板场外交易 EDP 总裁研修班。

（2）深圳金融联银行培训

深圳金融联培训中心隶属于“深圳金融电子结算中心”及“深圳联合金融服务集团”，成立于 2002 年 10 月，致力于金融行业的人才培养。先后承办过人民银行现代化支付系统、会计核算系统、小额支付系统等大型培训项目，已形成了一系列核心产品，主要包括商业银行境外交流考察、营销和管理能力提升、商业银行经营管理沙盘演练、卓越支行长训练、标杆网点建设、人才测评及任职资格体系建设、人力资源体系建设、培训体系建设等综合性管理咨询及培训服务。

深圳金融联银行培训的课程设计模式包括：①专业核心课程——专业课程设计侧重于银行业务管理、技术操作等层面，让学员深入了解国际先进银行的管理模式并学习掌握实际操作技巧；②相关辅助课程——辅助课程设计主要针对金融业与各银行的营销管理以及人力资源管理等，让学员掌握更全面的管理艺术，提升学员的综合管理素质；③实地考察交流——拜访新加坡本地及外资银行，与同业人员座谈，交流国际银行的管理与运作模式，取长补短；拜访新加坡本地金融机构，了解国际金融业的发展趋势。

（3）新加坡国际人才交流中心

新加坡国际人才交流中心是在新加坡登记注册的教育机构，并已获得中国国家外国专家局的境外培训资格认定。中心的目标是“以新加坡为基点，建设通向世界各地的教育网络，吸引各类人才到新加坡考察、培训、学习，推动交流与合作。”中心致力于现代管理理念的传播和新加坡国家治理经验的介绍，面向各级政府机关，金融机构及企、事业单位的各级各类人员，已开设了涵盖公务员培训、金融管理、企业管理、医疗卫生、教育等领域的专题培训课程。中心采用课堂讲授、个案分析、专题讨论、机构考察的形式，提供内容丰富、讲求实效的专题培训。该中心在中国香港、上海、北京、深圳等地均设有业务代表机构，专业培训业务主要包括金融培训、政府公务员培训、企业培训、医疗培训、教育培训等五个方面。

新加坡国际人才交流中心的金融培训很有特点，包括以下几个方面：①新加坡金融业介绍，包括新加坡的历史和基本国情的介绍、新加坡金融业发展与概况、国际金融业与商业银行的发展趋势等内容；②商业银行业务运作，包括商业银行的市场定位与发展战略、商业银行住房信贷管理、商业银行国际业务管理、商业银行的业务创新、商业银行竞争与客户拓展战略等内容；③个人银行业务，包括新加坡个人银行市场概况介绍、业务运作与战略规划、个人理财金融产品种类及产品创新、个人理财品质管理、个人银行贷款业务风险及其控制、个人银行的客户关系管理等内容；④企业资本运作及上市，包括企业资本运作程序及风险控制、新加坡上市的条件、规则、流程、成本及操作要点、新加坡资本市场运作及上市的有利因素、企业资本运作程序及风险控制等内容。

（4）香港金融管理学院

香港金融管理学院是一所从事学位教育和专业培训的教育机构，总部地处香港港岛西环，在上海设立了分支机构—上海晋才专业教育培训中心，并在北京设立了代表处，为内地客户提供全面周到的服务。该学员长期致力于提供高质量、高层次的教育和培训，广泛服务于政府部门、金融机构、企业单位、教育、卫生系统等相关从业人员。

香港金融管理学院主要业务包括“学历学位教育”、“短期专业培训”、“国际高级专业资格证书考证培训”和“咨询服务”。学院开展短期专业培训业务的目的是将境外特别是香港先进的管理理念和有效的管理方法向国内推荐和输送，以满足国内经济、社会协调发展的需要。该学院在2001年已获中华人民共和国国家外国专家局的境外培训机构资格证书。学院是上海市政府在境外的第一个“境外培训基地”，学院还先后与安徽省人事厅、山西省人事厅、福建省人事厅、云南省外专局、深圳市人事局、宁波市人事局、南昌市人事局等签署了“人才培训合作协议”。通过多年的努力，接受过该院短期培训的学员已遍及全国33个省、市（计划单列市）、自治区。

短期专业培训主要在香港进行，即受训单位派出团队（一般在30人以上）赴香港接受为期2至4周的集中培训，还可以选择内地加香港培训：受训单位派出团队到该院分支机构所在地（深圳、上海、北京）和香港两地接受集中培训；内地培训：受训单位派出团队到该院分支机构所在地（深圳、上海、北京）接受集中培训；当地培训：由学院派出师资，在受训单位所在地组织学员进行集中培训。

上海晋才专业教育培训中心为香港金融管理学院在上海设立的国际专业资格培训机构。自2002年9月正式在上海运作以来，中心不断将一批有广泛影响力的海外高级专业认证课程引入中国，受到内地相关从业人士的欢迎。晋才培训中心是英国ACCA总部授权的黄金级培训机构及机考中心，更于2005年起，经ACCA授权升格为上海唯一CPD培训机构。

（5）其他培训机构

金融方面还有许多国外机构开设了面向国内客户的培训项目，比如新加坡金融培训网①。该网是目前东南亚及大中华区唯一一家为客户提供高

---

① 参见新加坡金融培训网主页：http：//www. financialtraining. sg/。

端金融培训的“一站式”集成服务平台。总部位于亚太金融中心和世界级财富管理中心新加坡。新加坡金融培训网致力于为东南亚及大中华区的高净值人士提供财富管理和金融培训相关服务。目前新加坡金融培训网与世界著名大学和金融培训机构合作，为客户提供高品质的财富管理和金融咨询、培训等服务。但新加坡金融培训网的培训都是在新加坡进行的。

5. 中国经济的新增长点

对于中国而言，多年以来的经济增长主要依赖于改革红利、人口红利与全球化红利，但目前发达地区的经济增长已进入减速通道，原有的增长方式难以持续，就必须有新的增长点。在以要素投入为主要推动的粗放式增长已走到尽头的发达地区，缺乏对新增长点的理论与现实认识的条件下，政府促进增长的政策往往招致较大风险，其典型如政府对光伏产业的大力支持反而造成该产业龙头企业尚德的破产。因而，从现实入手寻找市场可能已有一定实践经验的增长点，并从理论上论证该增长点的可行性与政策路径，或许有助于中国发达地区维持稳定且高质高效的增长方式。张江创新学院的考察，使我们感受到了企业和机构都已经在微观实践中认识到了新的增长点，而学术界对于这方面的研究或许已有些滞后。虽然西方主流经济学界在新增长理论中已经提出了一些新的增长点，但仍然缺少对这些增长点与现实联系的认识。

(1) 大力发展通用技术，提高工业制造技术水平

随着信息化的不断普及，集成电路、数控机床等产业对整个制造业的重要推动作用，他们认为，集成电路和数控机床是许多产业的生产基础（诺布尔，2007）也提出过类似观点，需要政府大力扶持。这一观点与经济增长理论中的通用技术（General Purpose Technologies，GPT），或是Neches et al.（1991）等所说的“启动技术”（enabling technology）等概念的相关理论命题一致。在中国这种发展中国家，大力发展通用技术的确可以成为新的经济增长点。

Bresnahan & Trajtenberg（1995）最先提出通用技术（General Purposes Technologies）这一概念并对其进行了理论分析。据他们的定义，通用技术是指在许多部门都有广泛运用的潜力且技术演进富有技术活力的技术，随着通用技术的发展演化，这种技术逐渐扩展到整个经济各部门，从而带动了经济生产率的提高。通用技术的典型代表是蒸汽机、电力、半导体、计算机、网络等重大技术变革。Bresnahan et al.（1995）提出了通用技术的树形结构，主要发起技术位于树形结构的顶部，从主要技术向四周扩散出各种衍生技术，从而提高整个经济的技术水平。Helpman（1998）提供了通用技术的多个一般均衡模型框架，其中有多个模型是在包括熊彼特模型在内的内生增长理论模型的基础上发展的，这些模型理论讨论了通用技术对要素市场的影响、对资本存量的影响、对垂直整合的影响等，也被用来分析诸如劳动分工、工资不平等、生产率减速等问题，显示出了很强的解释力。

Aghion & Howitt（2009）引述了一个基于熊彼特增长理论的通用技术模型（Helpman & Trajtenberg，1998）。该模型的基本思路是，通用技术由于普遍需要巨大的重置和调整成本，因而其产生过程不是平稳的，也是不能预料的，与传统的技术进步理论有关技术进步能促进经济增长的结论不同，初始的通用技术进步会造成短期内的产出、生产率与就业水平的降低。这是因为对于通用技术而言，原有的中间产品和生产技术都不再适用，需要重新开发，这就使得企业要等到原有的通用技术足够低效才会开发新技术。因而从新的通用技术被发现直至其在经济中被全面实施，由于许多资源被用于开发新通用技术而暂时不能发挥生产作用，产出、生产率与就业水平可能都将下降。更新的通用技术研究的综述请参见 Jovanovic & Rousseau（2005）、Hornstein，Krusell & Violante（2005），系统性的理论阐述请参见 Lipsey，Carlaw & Bekar（2006）。

通用技术理论所描述的经济环境主要是处于技术前沿的西方经济，这些经济体由于生产方式全面采用最先进前沿的技术，很容易受到技术范式的变化而呈现出创造式毁灭的周期性特征，因而通用技术理论在西方经济研究中的重点是解释技术带来的短期增长率的停滞与周期性特征。但在相对落后的发展中国家，由于远离技术前沿，生产方式与组织效率也未达到最优水平，因而通用技术带来的增长停滞和周期性特征表现不明显，而更多的是增长中技术的外部性与大推进的特征。

根据通用技术理论，单一企业采用通用技术会降低利润率，因而没有足够的动力和实力采用前沿的通用技术。如果所有企业都不采用通用技术，会使得整个经济远离技术效率最优点，不利于经济长期增长与竞争力的形成。这就使每个企业是否采用通用技术对原有技术进行改造的决定，对其他企业乃至整个经济会产生一定的影响，这体现了通用技术的外部性特征。而当所有企业都采用了通用技术，整个经济的技术水平相对于原有的技术水平会有一个很大程度的提升，经济增长也会有较大的促进。

通用技术的存在，为发展中国家政府干预促进经济增长实现赶超式增长提供了一个很好的思路。由于未处在技术前沿，发展中国家可以直接考察发达国家的生产技术应用情况以确定哪种技术是目前流行的通用技术，不仅可以减少搜寻和确定生产技术的风险成本，还可以直接通过引进、逆向技术等方式迅速研究并掌握该种生产技术，这就是林毅夫（2003）等多次倡导的后发优势。发展中国家政府可以通过补贴、技术赠予等方式支持企业全面采用通用技术，以消除通用技术在短期对企业效益的负面影响。相比之下，中国企业单纯紧跟西方技术研发前沿，不加改进地直接吸收西方的一般性技术，很容易面临张平（1995）所述北京吉普面临的适应性技术的问题。因此，国家在制定产业政策与研发支持政策时应尽量避开非通用技术，以避免错误判断产业发展趋势、支持非适应性技术、支持效果不佳等风险，而支持通用技术则可以避免这些风险，有助于产业结构升级和增长的稳定持续。

对于中国而言，目前可以大力发展的通用技术其实还比较多，除了集成电路和数控机床之外，还包括高端发动机、高精金属冶炼、机器人等多种技术。在这方面，中国的经济学家可以通过分析研究西方发达国家的产业与企业层面数据，以确定可选的通用技术发展选项；然后深入分析中国经济的产业与企业层面数据进行对照，通过建立投入产出等数理模型，对发展这些通用技术的可行性与政策效果进行模拟和评估，为政府调整产业政策提供具有科学性和可操作的政策建议。

（2）通过职业教育与培训，促进研发成果向量产转化

人力资本是内生经济增长中的重要内容。经济学家对于人力资本的认识，主要强调对正式学历教育与工作经验的积累（参见 Savvides & Stengos（2009）的详细介绍），虽然主流研究也注意到了培训对于人力资本积累和经济增长的影响，但对职业教育与培训及其与大学学历教育之间的关系缺乏深入了解，也就难以理解不同国家实行的不同教育制度及其对经济的不同影响。

从各国情况来看，一些国家实行的是以学历教育为主的教育体制，中学毕业生的主要目标是进入高等学校接受高等教育，这种教育体制的典型代表是美国。另一些国家实行的是学历教育与职业教育并重的教育体制，除了高等教育外，职业教育也是中学毕业生重要的流向，这种教育体制的典型代表是德国和苏联。事实上，职业教育是一些后发国家（如日本、德国和苏联）实现快速赶超的重要原因。德国很早就建立了与高等教育并行不悖的职业教育体系，一大批高中毕业生进入职业教育序列，并在技术工人岗位建立终生的事业，承担了大量技术研究和生产运作管理的职责，从而使得德国产品成为技术先进、质量过硬的代名词，德国职业教育也成为世界瞩目的职业技术教育体系。在苏联，工厂实行八级工制度，顶级技术工人的地位与待遇都与高级科学家无异。

中国实行的教育体制先受到苏联的深刻影响，而后又逐渐向美国靠拢。苏联的技工制度随着1949年后社会主义政治制度建立而引入中国，

为新中国早期的工业发展打下了坚实的基础。但后来工人序列逐渐被管理序列打压，毕业于高等院校毕业生逐渐代替了高级技术工人在工厂中的重要地位。特别是在改革开放以来，美国式的蓝领、白领分化与高等教育大众化的趋势席卷中国，工人不再承担高技术含量的工作，从事生产的蓝领工人逐渐成为工厂地位最低的群体，这就使工人成为不受尊敬的职业，对于年轻人的吸引力严重下降，进一步导致工人群体去技术化，非熟练工人、非技术工人占据了工人群体的主体。这一格局使中国制造业在全球产业链中处于加工装配的最低位置，产业升级面临严重阻碍。

为什么改革开放以来中国引进的美国方式不能达到美国的高度呢？这首先需要我们进一步理解美国方式的特点。美国实施的是以科学研究与更新进行技术革新，对操作工人的要求并不高，这一思路的典型案例就是福特制的出现与广泛采用，打破了欧洲当时强调高级熟练工人的传统做法。这一做法消除了对熟练工人的要求，从而充分调动了美国人口进入制造业，支撑了美国成为世界第一强国。但这一生产体系的背后是科学技术的高度发展，这种科学技术不仅表现为科学研究推动生产可能性边界的外移，还表现为运用科学技术简化生产流程。因此，在没有巨大科学技术资源作为支撑，很难想象美国式生产方式能够维持下来。这也是中国在改革开放后虽然采用了美国式的生产方式，但缺乏科学技术资源的支持，导致生产方式仍然维持较为低下的技术水平，这也使得中国作为世界工厂的地位并未带来产业升级。

进入 21 世纪以来，发达国家也进入了经济结构的转型时期。特别是 2008 年金融危机以来，发达国家掀起了再度工业化的浪潮，德国制造业的一枝独秀使得世界其他国家都再度重视德国职业教育的先进经验，据报道美国也已开始向德国学习高级技术工人的培训体制①。在这一趋势下，

① 参见英国金融时报的评论文章：爱德华·卢斯：《美国的“德国妒嫉症”》，2013 年 04 月 17 日，http://www.ftchinese.com/story/001049950?full=y。

蓝领和白领的界限逐渐模糊，蓝领工人的培养和培训成为各国经济的一个新增长点。这种熟练工人的培养与培训体制对于中国这样的发展中国家更加重要。由于中国仍然处于较低的发展阶段，人均资本水平仍然较低，因此正如袁富华（2012）所指出的，中国经济仍需要工业的长时间持续发展，在与美国、德国等发达国家制造业的合作与竞争中，中国的制造业水平仍有待提高，而提高的重要途径就是通过职业教育与培训，提高工人的技术水平。

从上面的比较分析可以看出，职业教育与高等教育（尤其是高等教育所支持的高端研发）存在一定程度的替代效应，这种替代效应却没有在经济增长理论中得到解释和分析。更重要的是，职业教育与培训的发展如何能够提高经济增长绩效？虽然从新古典经济增长理论或内生增长理论角度可以认为，职业教育和培训是一种人力资本投资或劳动增进的技术进步，但这种简单归类可能过于简化职业教育与培训的功能，无助于理解职业教育与培训相对于高等教育的独特作用。

事实上，从中国企业研发与生产的现实中，我们容易得出结论，中国目前的研发能力已经处于世界前列，但许多研发出来的尖端产品在量产时受制于生产制造的可靠性水平。以中国的高端涡轮发动机为例，我国已经研制成功“太行”“昆仑”等大推力、大涵道比涡扇发动机，已具备自主研发第三代航空发动机的能力，但由于量产时需要生产 400 ~ 500 片各类叶片，这对中国企业的全过程质量管控能力是一个巨大的挑战[①]。而要提高量产过程中的可靠性水平，除了提高企业的管理水平和机器装备条件外，操作工人的技术水平也是一个关键因素，甚至可以说，企业的管理水平和机器装备条件的发挥，也取决于操作工人的技术水平。在张江创新学

---

① 参见《中国质量报》的相关报道：朱祝何：《急需建立自主质量管控及售后服务体系》，2012 年 12 月 17 日，转载自 http：//focus. stockstar. com/SS2012121700002695. shtml。

院的调研过程中，我们就能看到工人的职业教育与培训，是与质量管理和最新设备完全结合的。

从目前的文献来看，经济增长理论关注企业研发对经济增长的影响，但很少关注企业研发成果如何转化为量产过程中的实际生产技术。这一问题也许对于美国来说并不重要，因为美国可以凭借巨大的研发投入，进一步将复杂的操作嵌入到机器设备中去，以实现操作的傻瓜化，从而降低对工人技术水平的要求。但中国在目前的发展阶段，不可能有足够的研发和资本投入来支撑这种生产方式，因而德国式的提升工人水平与机器生产相匹配的生产方式更有利于中国。目前中国的生产状况是，工人水平的限制，中国企业广泛采用的生产技术，并非是中国经济可以利用的技术水平，因而是缺乏技术效率的。正是这一原因，造成了中国一些行业全要素生产率的低下。

工人的技术水平限制导致技术效率乃至全要素生产率水平低下，也为发达地区进一步提升经济增长率和增长效率提供了一个很好的切入点。在要素投入难以持续的条件下，政府可通过教育政策调整，大力发展职业教育，引导一部分优秀中学毕业生进入职业教育序列，提升工人素质；通过技术免税、补贴等方式，支持企业进行员工培训；同时，努力建立校企合作等方式，将职业教育与企业培训结合起来。具体来说，中国的经济学研究者在分析企业层面数据的基础上，可以得到中国经济各行业生产效率水平的评估，为政府发展职业教育和引导企业培训提供政策支持，以尽快全面提升中国各行业的生产技术水平，促进研发成果向批量产品转化。

（3）培养生产组织全面管理的系统架构师，提升与优化要素配置

调研中，我们发现中国企业目前面临的问题是缺乏全程管理的人才，包括生产组织的全面管理和产权的全程管理等。事实上，这种对生产过程的全程管理，对要素的配置与优化，正是企业家的重要特征。

正如 Wennekers & Thurik（1999）所指出的，新古典经济增长模型中假定经济人都是完全理性和拥有完美预见能力的，因而并没有企业家的容身之处。但由于这一理论与现实并不相符，一些经济学家逐渐开始重视企业家精神，但除了新制度经济学和行为经济学等边缘学科之外，企业家才能对增长的影响研究机制并不多见。

经济学家未能将企业家才能纳入增长理论以合理解释企业家才能的贡献，其主要原因可能是经济学家缺乏对企业家才能的深刻理解。有学者提出，企业家才能表现为资本主义精神，即对未来的耐心（导致高的储蓄率）和对劳动的热爱（导致高的劳动供给），从而形成了韦伯式的新教伦理，正式的经济学理论模型由 Doepke & Zilibotti（2005）和 Doepke & Zilibotti（2008）等所提出。但这种模型本身就已经被包含在新古典主义经济增长理论中，这种单纯要素投入式的企业家虽能解释产业革命后资本家对于封建地主的胜利，不能解释现代资本主义发展过程中企业家的重要作用。此外，还有许多研究认为，发明创造和承担风险是企业家才能（Entrepreneurs）的体现（参见 Wennekers et al.（1999）的全面综述）。但事实上前者是由科学家完成的，可在 R&D 框架中处理，后者是资本家完成的，可在不完全信息视角下处理。

因此，企业家才能在经济增长中的重要作用主要体现在对要素的组织和提升上。企业家才能应当定义为对生产过程和投入要素的重新组织，使得生产率大幅提高。其典型案例是福特引入流水线生产，将生产工艺划分为若干个简易的流程，降低了生产难度，从而能够将大批非熟练劳动力运用到生产中去，通过降低对劳动力要求从而扩大劳动投入和深化分工两个途径大幅提高了劳动生产率。

经济理论中虽然对于分工促进经济增长有较为深入的探讨（参见 Becker & Murphy（1992）及杨小凯（Yang，2003）等人的分工理论），但并未注意到分工产生原因的不同所造成经济增长的差异。这些研究大都将分工的产生视为外生，或是自然演进的产物，但实际上在工业革命以来，分工的演进大都是企业家的优化设计的结果。企业家为了应对市场竞争，设计出最优的生产组织流程和生产方式，将各种可得的生产要素进行独特的组合与优化，以最大限度地利用要素以实现利润最大化。分工本身固然重要，更重要的是如何分工，即设计生产流程，这就是企业家应当发挥作用的地方。

对于中国企业而言，由于仍处在结构变迁阶段，在国外已拥有大量高科技高水平的生产技术但国内无力或无法获取的条件下，企业家如何像福特一样重新设计生产流程，以适应国内生产要素水平的生产条件，最大限度地合理配置要素资源，以实现提升企业效益的目标。从目前来看，这种企业家实际上在中国已出现许多，包括淘宝的马云、腾讯的马化腾等，都主要是通过要素的重新组织实现企业目标的。

对于这一问题，从理论方面来看，经济学研究人员可以进一步发展分工理论，将 Becker et al. （1992）的分工过程进一步内生化，加入企业家对分工程度的理性选择，并分析企业通过降低协调成本以提高分工程度乃至企业绩效的可行性与条件。在论证企业家能够设计更好的分工体系与要素配置体系的基础上，我们就能够对中国企业现有的企业家才能水平进行评估，并就如何提高企业家才能提出政策性建议，以帮助发达地区政府促进企业发展，为经济重铸活力。

（4）建立创新平台，打破垂直分割体系

中国经济仍然保留了计划经济的一些特点，“条块结合、以块为主”的管理体制仍然主宰着中国的政治经济。这一体制投射到上海市这一个行政层级上就体现为不同体系的垂直分割，表现在同为上海地区的经济开发园区分属不同部门领导。据上海市开发区协会数据，上海现有外高桥保税区、张江高科技园区、金桥出口加工区、闵行经济技术开发区、漕河泾新兴技术开发区、虹桥经济技术开发区、陆家嘴金融贸易区、上海紫竹高新技术产业开发区、上海化学工业经济技术开发区等 9 个国家级经济开发区[①]，这些不同后缀的开发区对应了不同的上级主管部门，如保税区对应的是海关，高科技园区对应的是科技部，经济技术开发区对应的是商务部，金融贸易区对应的是中央银行。这些不同的开发区就是在这些不同的条块间进行招商引资和为企业服务的各种工作。从这些开发区的发展状况来看，很难说除了主管部门不同之外，这些开发区之间有着显著的差异。

这种管理方式带有深刻的计划经济的痕迹。“条块结合、以块为主”的管理体制，就是钱颖一等（1993）所归纳的 M 型组织，这种组织在低水平低人力资本的计划经济条件下相对于苏联式的计划经济体制而言由于具有更高的灵活性，因而能够促进经济在一定阶段的快速增长。这是因为，要对经济实施全面管理，在缺乏必要的现代管理技术的条件下，就需要将经济系统尽可能进行细分。这种细分的好处是，由于国家对于经济系统的管控程度非常精准深入，容易在短期内达到提高产量等政策目的。这一优势对于处于赶超阶段的经济而言具有重要的优势，但对于已处于技术前沿的经济而言，由于经济的未来走势并不清楚，应如何对未来的经济进行划分就无从下手，仍然沿用原有的条块体系，在应对未来经济不确定性的过程中，由于各条块之间缺乏必要的沟通就容易产生各分割体系，不利于企业在长期保持竞争力。

从理论上看，垂直分割的体系构成了对经济发展目标的一个分解，管理部门和企业有清晰的管理手段和发展目标，因而产生了一种类似分工的效果。这就是 M 型组织在一定阶段维持相对效率的原因。而正如 Becker et al.（1992）对分工的分析所指出的，分工的最优程度还受到协调成本的影响，分工过于细致，就容易导致从事不同工种工人之间协调的困难，特别是当面临不确定的外来冲击和挑战时，如何应对就将成为一个问题。

---

① 参见上海市开发区协会网址：http：//www. sidp. gov. cn/park/。

Becker & Murphy 以就医为例，某儿童生病要去看医生，如果所有医生都高度专业化，那么他的父母可能需要把所有医生都看一遍才能确定生的什么病。类似的，对于经济而言，M 型组织效率的发挥依赖的是经济中不存在或可以忽略未知的外来冲击或挑战，因为 M 型组织并不知道如何将这些未知的外来冲击进行归类并划给哪一个垂直体系。因而，在经济发展到一定阶段，就需要用更为灵活的体制来替代垂直分割体系，以保证企业和市场对未知冲击和未来不确定性做出正确的反映。从这个角度来看，利用 Becker 等开创的分工理论，我们可以进一步对影响 M 型组织效率的协调成本进行深入研究，分解这种垂直分割体系所隐含的各种成本，发展出适应中国现实的经济增长促进机制的理论模型，并为发达地区打破垂直分割体系提供政策建议。

从现实来看，上海已经开始有了一些打破垂直分割体系的做法了。比如说在企业之间成立广泛的企业协会，帮助企业跨部门跨体系争取资源。上海市开发区协会就是一个典型的例子，其前身为上海市工业开发区协会，成立于 2002 年 9 月，是由上海市开发区以及从事工业开发区规划设计、土地厂房开发、信息沟通、环境建设、招商引资、对外交流、投资融资和中介服务等活动的 120 家企事业单位组成的专业性社会团体。为了更广泛沟通开发区与政府部门之间的联系，进一步拓展协会的工作空间，2004 年 3 月上海市工业开发区协会名称变更为“上海市开发区协会”。类似的企业协会还有很多家①。

但是，仅建立企业间或企业与政府机构间联系恐怕是不够的。垂直分割体系的建立主要是政府有关部门为进行经济管理所建立的，因而确保政府间沟通协调是更为关键的内容。但中国各地区经济发展水平不一，M 型组织在一些经济相对落后的地区仍有发挥作用的空间，因而不太可能在

① 参见上海市经济与信息化委员会的介绍：http：//www. sheitc. gov. cn/hyxh/index. htm。

现阶段全面改变垂直分割的经济管理体制。但对于上海这种发达地区而言，率先成立跨部门、跨体系的协调机构，归口来自不同部门不同体系的类似政策资源，与企业行会或协会之间进行沟通互动，有助于经济应对各种未知与不确定因素，有助于企业灵活应对市场信号，从而促进经济持续增长。事实上，政府与企业及行会之间的跨平台沟通协调，是韩国经济在增长的重要原因（参见赵利济（2006）的详细论述）。

6. 结语

张江创新学院作为上海尝试为企业和市场解决现代服务业人才缺乏及服务咨询欠缺的尝试，为我们关注和研究中国发达地区所存在的问题和产业升级所面临的困难提供了丰富的素材，也为我们从微观现实中找寻中国经济新的增长点提供了多面的视角。在要素驱动式增长在发达地区已经逐渐落幕的条件下，政府如何维持并促进经济增长已成为中国面临的一个重要问题。上海等发达地区地方政府应积极调整经济政策，使企业和市场发挥在资源配置中的基础性作用，进一步理顺政府与市场的关系，为产业升级创造良好的发展环境，促进经济可持续增长。

参考文献

Aghion, Philippe; and Howitt, Peter, *The Economics of Growth*. Cambridge, MA: The MIT Press, 2009.

Becker, Gary S.; and Murphy, Kevin M., "The Division of Labor, Coordination Costs, and Knowledge", *The Quarterly Journal of Economics*, 1992, 107 (4), 1137 - 1160.

Bresnahan, Timothy F.; and Trajtenberg, M., "General Purpose Technologies:" Engines of Growth "?", *Journal of Econometrics*, 1995, 65 (1), 83 - 108.

Doepke, Matthias; and Zilibotti, Fabrizio, "Social Class and the Spirit of Capitalism", *Journal of the European Economic Association*, 2005, 3 (2 - 3), 516 - 524.

Doepke, Matthias; and Zilibotti, Fabrizio, "Occupational Choice and the Spirit of

Capitalism", *The Quarterly Journal of Economics*, 2008, 123 (2), 747 - 793.

Helpman, Elhanan (ed.) *General Purpose Technologies and Economic Growth*. Cambridge, MA: The MIT Press, 1998.

Helpman, Elhanan; and Trajtenberg, Manuel, "A Time to Sow, a Time to Reap: Growth Based On General Purpose Technologies", in Helpman, Elhanan (ed.) *General Purpose Technologies and Economic Growth*, Cambridge, MA: The MIT Press, 1998, 55 - 83.

Hornstein, Andreas; Krusell, Per; and Violante, Giovanni L., "The Effects of Technical Change On Labor Market Inequalities", in Aghion, Philippe; and Durlauf, Steven N. (eds.), *Handbook of Economic Growth*, *Vol. 1A*, Volume 1, Part B, Amsterdam, The Netherlands: Elsevier B. V., 2005, 1275 - 1370.

Jovanovic, Boyan; and Rousseau, Peter L., "General Purpose Technologies", in Aghion, Philippe; and Durlauf, Steven N. (eds.), *Handbook of Economic Growth*, *Vol. 1A*, Volume 1, Part B, Amsterdam, The Netherlands: Elsevier B. V., 2005, 1181 - 1224.

Lipsey, Richard G.; Carlaw, Kenneth I.; and Bekar, Clifford T., *Economic Transformations: General Purpose Technologies and Long Term Economic Growth*. New York, NY: Oxford University Press, 2006.

Neches, Robert; Fikes, Richard E.; Finin, Tim; Gruber, Thomas; Patil, Ramesh; Senator, Ted; and Swartout, William R., "Enabling Technology for Knowledge Sharing", *AI magazine*, 1991, 12 (3), 36.

Savvides, Andreas; and Stengos, Thanasis, *Human Capital and Economic Growth*. Stanford, CA: Stanford University Press, 2009.

Wennekers, Sander; and Thurik, Roy, "Linking Entrepreneurship and Economic Growth", *Small Business Economics*, 1999, 13 (1), 27 - 56.

WIPO, The, *World Intellectual Property Indicators*, 2012 *Edition*. Geneva, Switzerland: World Intellectual Property Organization, 2012.

Yang, Xiaokai, *Economic Development and the Division of Labor*. Blackwell Publications, 2003.

贾菲、勒纳：《创新及其不满：专利体系对创新与进步的危害及对策》，罗建平、兰花译，中国人民大学出版社，2007。

林毅夫：《后发优势与后发劣势——与杨小凯教授商榷》，《经济学（季刊）》2003 年第 3 期，第 989 ~ 1004 页。

诺布尔："生产力：工业自动化的社会史"，李风华译，中国人民大学出版社，2007。

钱颖一、许成刚：《中国的经济改革为什么与众不同——M 型的层级制和非国有部门的进入与扩张》，《经济社会体制比较》1993 年第 1 期，第 29 ~ 40 页。

袁富华：《工业化：历史与偏见》，2012 年工作论文。

张平：《技术优势与跨国公司的产业控制——北京吉普案例的分析》，《经济研究》1995 年第 11 期。

赵利济：《韩国现代化奇迹的过程》，吉林人民出版社，2006。

案例五 “中国制造”转变为“中国创新”——基于上海三鑫科技发展有限公司技术创新案例分析

1. 问题的提出

计划经济和国际垄断企业将生产进行功能划分，我国企业生产仅仅是国际分工中的一部分，成为世界的“中国制造”。由于历史和产业技术原因，我国产业生产在国际分工中失掉了主导权；同时，各企业间的生产要素（人力资本、资本及技术创新）缺少再配置，从而造成了我国在技术创新及创新能力提高不明显，这就出现了缺少“中国创新”。与此同时，我国技术创新上却出现了另一种情形，如以我国申请的专利和发表的论文数来说，我国技术创新已达到了先进国家行列，实际上，在世界产业中，我国拥有自己品牌和知识产权的产品屈指可数的。技术创新如以申请专利量或论文量及技术先进程度作为标准，这并没有真正理解技术创新的真正目的。技术创新的真正目的应是提高经济竞争力和获取盈利能力。如一个企业唯独追求申请专利数量和科技研究水平，如没有将这些转化为现实的生产力和市场化，那这些就是技术的游戏。目前我国技术创新可能走向了唯技术创新而技术创新，并没有更多考虑技术创新在产业链中的作用，并没有出现“中国创新”。

如何由“中国制造”转变为“中国创新”，这关乎于我国经济增长方式的转变和可持续增长。我国的民营企业在“中国制造”转变为“中国创新”方面进行了不断探索，如上海三鑫科技发展有限公司是一个较好的典范。

2. 技术创新的构建师——企业领导者

公司创始人应立富，1977 级上海财经大学毕业生，1991 年下海经商，从事房地产业。应立富认为，民营企业经济所具有流程少、决策快、效率高、牵制少；国有企业经济所具有的特点为：程序化流程多、决策慢、效率低、牵制多。但民营企业原有的赚钱方式为偶然性的和投机性的，在新的历史条件下，这样的赚钱方式应转变为具有核心技术的创新机制且与其他企业联盟具有国际竞争力的国际型企业。应立富用下海经商从事房地产业的原始积累于 2008 年 10 月开创了上海三鑫科技发展有限公司。

上海三鑫科技发展有限公司创始人应立富在其职业企业家成长历程中，始终怀着一个人生梦想，他立志要在激光影像显示领域鼎扛起“中国制造”的民族振兴大旗，奋力打造世界一流的民族创新品牌，投入全球高技术领先之林。担当起推动“中国制造”走向世界舞台的使命。进行了第二次转型创业，选择了最为切实可行的创业。于 2008 年 10 月创建了三鑫科技发展有限公司实现了由传统行业向高技术转型的变化。在市场调研和科学论证的基础上，以具有国际大视野的预期和魄力，投身于激光显示技术领域。

上海三鑫科技发展有限公司成立于 2008 年 12 月，位于张江国家自主创新示范区，专注于激光显示高技术领域，以“全球投影引擎供应商和显示终端解决方案服务商”为品牌核心定位和企业服务宗旨，于 2010 年被上海市科委正式认定为上海市高新技术企业，并牵头成立了上海激光显示产业技术创新资料联盟。与此同时，和国内知名科研院校进行产学研合作，致力于抢得先机突破激光显示产生上下游被国外垄断的核心技术，集结了国内数十位院士专家，注册成立了上海三鑫激光影像研究院。

高新技术创新的管理主要的在于技术创新构建人，负责技术创新流程的各个方面。在这当中，技术人员生产出的样机与市场化生产的成品之间存在如下的差距：样机是技术创新的结果，其测试报告是技术成果的评定的依据，一般而言，技术人员倾向于技术先进程度而并不顾及生产的成本；而技术创新的生产化涉及规模化生产和成本收入分析。科研与产品之间的关系：做核心技术和核心平台。研发高端技术运用平台进行培育新的技术创新体。

3. 技术创新力量培育和使用

我国高校及研究机构储藏着大量的技术创新人才以及海外人才，但这些人才追求技术先进性和创新性，并不注重技术的实用性和市场化的可行性。高新技术企业成败的关键在于充分利用好企业内的技术创新和高校科研所等社会技术创新，并将它们有机结合起来发挥各自技术创新优势，及高新技术创新的管理。技术创新队伍的培养。技术人员的培养及识别，充分利用公司内部的技术力量和公司外的技术力量相结合的方法。技术就是骗子，这是因为高新技术中存在严重的信息不对称。如何解决信息不对称以及建立合理的激励机制，是技术创新管理的关键。就是公司内部的公开的技术创新和公司外的不公开的技术创新相结合（应增加内容）。

真正的高科技是充分利用现有的专利，找出其漏洞，然后进行技术创新。其效果有如下：一是最为先进的技术方向；二是具有潜在的生产价值；三是技术处于领先地位；四是节约了专利费用同时避免了抄袭专利的法律纠纷。这是因为：在现有的专利基础上进行技术创新，涵盖了现有专利技术，但同时超过了现有专利技术，同时具有新的技术创新。

上海三鑫科技发展有限公司牵头联合中国科学院苏州纳米技术与纳米仿生研究所、福建福晶科技股份有限公司、成都欧迪精密模具公司共同开展的“高性能微型激光引擎关键技术研究及产业化”课题被列入国家863计划。

高性能微型激光引擎关键技术及产业化研究可联动上下游产业共同突破关键技术，它的成功实施，将进一步确立我国在激光显示领域与世界同步的优势，加速我国微型激光投影终端产品规模商用化进程，使三鑫科技发展有限公司的技术进一步实现成为全球领先的投影引擎供应商和显示终端解决方案服务商的目标。

4. 产业牵头及企业联盟

三鑫科技将凭借自身掌握的核心技术，带动国内上游企业（LD激光光源制造商、LCOS面板制造商、投影镜头制造商等），联合下游企业（微型投影机、手机、笔记本、平板电脑、游戏机、照相机等），提升中国在新型显示技术上的国际话语权，争抢主动权、开启一个全新的影像时代。

蓝光氮化镓衬底和蓝光激光二极管核心技术产品性能均达到了国际领先水平，打破了日本在该领域的垄断。基于蓝光氮化镓衬底核心技术的蓝光氮化镓衬底单晶材料，这大大提高外延膜的晶体质量，降低位错密度，提高器件工作寿命，提高发光效率，提高器件工作电流密度。研制成功了氮化镓衬底蓝光器，其性能接近于国际先进水平。它的使用将在激光投影仪及蓝光器领域中大量使用。

企业拥有全球领先的激光显示相关核心技术自主知识产权，在微型投影和投影电视领域以专利布局注重技术保护，基本实现相关领域的覆盖。公司已申报/拥有相关专利80项，基本实现了激光影像显示和投影电视领域专利的全覆盖，拥有了自主的知识产权。同时，与“中国电子技术标准化研究所”紧密对接，在国家工信部的支持下，积极主导了《激光投影光机通用技术要求及测量方法》和《激光微投影机通用规范》两项行业标准制订。80余项国内发明专利、实用新型专利，4项核心国际PCT专利申请，成为全球领先的激光显示产品的供应商和解决方案服务商。产品应用于家庭、商务、娱乐、教育、医疗卫生、政务、国防等显示领域。

显示产业是年产值超过千亿美元的战略性新兴产业，是信息时代的先导性支柱产业，产业带动力和辐射力强。显示技术处于多种技术路线并存、产业发展迅速的黄金阶段，激光显示将会是未来的主流显示技术，是最有可能领先国际水平的显示技术，目前，激光显示技术和产业均处于蓄势待发阶段，“十二五”新型显示科技发展经济类主要指标：产值 100 亿元/年，产量 50 万台/年；光源模组生产线 2 条；激光显示影院系统占有率达到 30%。

图书在版编目(CIP)数据

产业升级 效率提升：上海经验/张平等著. —北京：社会科学文献出版社，2015.5
(基地报告)
ISBN 978-7-5097-7390-1

Ⅰ.①产… Ⅱ.①张… Ⅲ.①产业结构升级-研究-上海市
Ⅳ.①F127.51

中国版本图书馆CIP数据核字（2015）第076194号

·基地报告·
产业升级 效率提升
——上海经验

著 者 / 张 平 等

出 版 人 / 谢寿光
项目统筹 / 恽 薇 陈 欣
责任编辑 / 许秀江 刘宇轩

出 版 / 社会科学文献出版社·经济与管理出版分社（010）59367226
地址：北京市北三环中路甲29号院华龙大厦 邮编：100029
网址：www.ssap.com.cn
发 行 / 市场营销中心（010）59367081 59367090
读者服务中心（010）59367028
印 装 / 三河市尚艺印装有限公司

规 格 / 开 本：787mm×1092mm 1/16
印 张：20.25 字 数：276千字
版 次 / 2015年5月第1版 2015年5月第1次印刷
书 号 / ISBN 978-7-5097-7390-1
定 价 / 89.00元